Catherine Ryan Hyde
Eine glückliche Zuflucht

TINTE & FEDER

Das Buch

Norma vertraut Tieren mehr als Menschen. In der kleinen Stadt Sloot an der Grenze zwischen Utah und Arizona lebt sie mit ihren Hunden und ihrem Pferd. Sie hilft als Freiwillige beim Suchtrupp eines Nationalparks – auch als die junge Jill als vermisst gemeldet wird.
Norma findet Jill – in einer Höhle, ohne Verpflegung und voller Verzweiflung. Denn Jill versteckt sich vor ihrem gewalttätigen Freund Jake. Heimlich bringt Norma sie in Sicherheit.
Als Jake Jahre später wegen Mordes an der tot geglaubten Jill angeklagt wird, steht Norma vor dem Dilemma: Soll sie ihr Geheimnis weiter für sich behalten? Oder muss sie jetzt erzählen, was wirklich passiert ist?

Die Autorin

Die mehrfach ausgezeichnete amerikanische Autorin Catherine Ryan Hyde hat bislang knapp dreißig Bücher veröffentlicht. Auf Deutsch von ihr erschienen sind neben weiteren Titeln »Tage der Hoffnung«, »Als ich dich fand« und »Ich bleibe hier«. Ihr bekanntester Roman »Das Wunder der Unschuld« wurde in mehr als 23 Sprachen übersetzt und unter dem Titel »Das Glücksprinzip« mit Kevin Spacey und Helen Hunt verfilmt.
Neben dem Schreiben ist Catherine Ryan Hyde auch als Referentin tätig und stand bereits dreimal zusammen mit Bill Clinton als Rednerin auf dem Podium.
Catherine Ryan Hyde unternimmt gerne Wanderungen und Reisen und ist eine große Hobbyfotografin.

Catherine Ryan Hyde

EINE GLÜCKLICHE ZUFLUCHT

ROMAN

AUS DEM AMERIKANISCHEN
VON LOTTA FABIAN

TINTE & FEDER

Die amerikanische Ausgabe erschien 2023 unter dem Titel »A Different Kind of Gone« bei Lake Union Publishing, Seattle.

Deutsche Erstveröffentlichung bei
Tinte & Feder, Amazon Media EU S.à r.l.
38, avenue John F. Kennedy, L-1855 Luxembourg
März 2024

Die Übersetzung dieses Buches wurde durch Amazon Crossing ermöglicht.

Umschlaggestaltung: zero-media.net, München
Umschlagmotiv: © Pelagija / Shutterstock; © Heather Reeder / ArcAngel
Lektorat: Birte Lilienthal, Ute-Christine Geiler, Agentur Libelli GmbH
Gedruckt durch:
Amazon Distribution GmbH, Amazonstraße 1, 04347 Leipzig /
Canon Deutschland Business Services GmbH, Ferdinand-Jühlke-Straße 7, 99095 Erfurt /
CPI books GmbH, Birkstraße 10, 25917 Leck

ISBN 978-2-49671-444-9
e-ISBN 978-2-49671-445-6

www.tinte-feder.de

Teil Eins

Kapitel Eins

Nur ein weiterer Abend in Sloot

An dem Tag, an dem Jill Moss als vermisst gemeldet wurde, betrat Norma den Pub um acht Uhr abends. Daran war an sich nichts bemerkenswert. Um diese Zeit erschien sie immer, wenn sie zum Dienst eingeteilt war. Eigentlich war an dem gesamten Tag nichts bemerkenswert gewesen und Norma hatte keine Ahnung, dass irgendetwas Bedeutsames passieren würde, so wie das nie jemand hat. Es war einfach ein weiterer der vielen Umstände in ihrem Leben, die erst im Rückblick klar wurden.

An diesem Abend war Betty mit ihr zusammen eingeteilt, die bereits hinter dem Tresen stand und mit einem großen Touristen redete. Sonst war niemand da. Betty schaute zu ihr und verdrehte leicht die Augen. Norma hängte rasch ihre Jacke auf und machte sich bereit, ihrer Kollegin Rückendeckung zu geben.

Der Typ war jung – aber andererseits kamen Norma alle jung vor – und trug einen Bart, der schon sehr lange nicht mehr getrimmt worden war. Er hatte sein Handy am Ohr und telefonierte mit jemandem.

»Ich bin in einer Kleinstadt namens Sploot«, erklärte er gerade überlaut. Vielleicht war die Verbindung schlecht. Oder vielleicht war er einfach grundsätzlich laut.

»Sloot«, korrigierte ihn Norma.

»Was? Moment, nicht beide gleichzeitig. Wo das Kaff ist? Entweder in Arizona oder in Utah, keine Ahnung.«

Er legte seine Hand über das Mikrofon des Smartphones und sah erst Betty und dann Norma fragend an.

»Wir wissen das auch nicht«, beteuerte Betty.

»Das weiß niemand so genau«, fügte Norma hinzu.

Der Mann nahm die Hand weg und hob das Handy zurück an sein Ohr.

»Und die Einheimischen machen sich über mich lustig«, rief er ins Telefon.

»Stimmt nicht«, widersprach Norma. »Es ist nur eben eine Frage, auf die es keine einfache Antwort gibt.«

Sie war sich nicht sicher, ob ihre Worte überhaupt zu ihm durchdrangen. Seine Aufmerksamkeit schien eindeutig der Person am anderen Ende der Leitung zu gehören.

»Genau«, sagte er. »Ja, geht klar. Bye.«

Er schob das Handy in seine Tasche und musterte Norma. Warum sie und nicht Betty, war Norma ein Rätsel. Schließlich war sie gerade erst gekommen.

»Was meinen Sie damit, dass es keine einfache Antwort auf diese Frage gibt?«

»Die Stadt liegt genau auf der Grenze. Das Lokal hier ist in Utah. Aber wenn ich heute nach der Arbeit nach Hause fahre, bin ich in Arizona und ich wohne bloß vier Minuten mit dem Auto entfernt. Außerdem heißt es Sloot, nicht Sploot. ›Sploot‹ nennt man es, wenn ein Hund sich flach auf den Bauch legt und die Hinterpfoten gerade nach hinten ausstreckt.«

»Moment, was?«, erwiderte er verwirrt.

In Norma keimte der Verdacht auf, dass der Mann möglicherweise nicht ganz nüchtern war.

»Egal, nicht wichtig«, entgegnete sie. »Nur kein ›p‹. Sloot ohne ›p‹.«

»Sagen Sie bitte nicht dauernd ›p‹«, verlangte er und trat plötzlich hektisch von einem Fuß auf den anderen. »Ich hab viele Stunden im Auto gesessen und die ganze Zeit Bier getrunken. Jetzt brauch ich dringend eine P…pause, wenn Sie wissen, was ich meine.«

Betty deutete auf ein Schild in der Ecke hinter ihm und er drehte sich um und lief los. Dann blieb er noch mal stehen und warf einen Blick zu ihnen zurück, die Lippen zu einem schiefen Grinsen verzogen.

»Ich wollte, dass es in Utah ist, denn dann könnte ich es ›Sloot Ute‹ nennen. Wie der Berg, verstehen Sie?«

Norma schaute ihm ins grinsende Gesicht.

»Das haben wir ja noch nie gehört«, bemerkte sie trocken.

Ein paar Sekunden lang kaufte er ihr das tatsächlich ab.

»Sehen Sie, ich kann witzig sein«, erklärte er strahlend. »Das habe ich mir ganz allein ausgedacht …«

Er brach ab, als er den Gesichtsausdruck von Betty bemerkte, die den Typen leicht gequält betrachtete und kaum merklich den Kopf schüttelte.

»Oh«, meinte er. »Hab's verstanden.«

Damit verschwand er in der Männertoilette.

»Er kriegt erst mal nichts mehr, oder?«, fragte Norma Betty.

»Bestimmt nicht. Keinen Tropfen.«

Norma begann die Bierkrüge abzutrocknen, die Betty bereits gespült und zum Abtropfen auf das Gitter gestellt hatte.

»Der Himmel bewahre uns alle vor dem Spring Break«, sagte sie über ihre Schulter. »Typen wie ihn kann ich nicht leiden.«

»Du kannst Menschen ganz allgemein nicht leiden, Norma. Warum gibst du das nicht einfach zu?«

Norma unterbrach ihre Arbeit, drehte sich zu ihrer Kollegin um und sah sie direkt an.

Betty war eine große, selbstbewusste Frau mit einer Mähne blond gebleichter Haare und falschen Wimpern. Sie trug Make-up – jede Menge Make-up – und flirtete mit den männlichen Gästen, wenn sie die Mühe wert waren. Damit unterschied sie sich von Norma so sehr, wie das bei zwei Frauen Ende fünfzig nur möglich war. Trotzdem mochte Norma Betty. Zumindest soweit sie andere Menschen überhaupt mochte.

»Zugeben? Soll das ein Witz sein? Ich hab es mir zwar vielleicht nicht auf die Stirn tätowieren lassen, aber das ist auch das Einzige. Ich überlege noch, ob ich irgendwo festhalte, dass es auf meinem Grabstein stehen soll. Und hör auf, das so zu sagen, als wäre es etwas Schlechtes. Es beweist einfach nur, dass ich über gute Menschenkenntnis verfüge.«

»Es muss doch ein paar Leute geben, die du für erträglich hältst.«

Norma seufzte.

»Ja, vermutlich schon. Ein paar von ihnen sind wohl in Ordnung.« Sie wandte sich wieder den Bierkrügen zu und trocknete sie weiter ab. Halblaut fügte sie hinzu: »Aber selbst die besten unter ihnen sind kein Vergleich zu Hunden oder Pferden.«

»Was, wie bitte?«

»Ach, nichts.«

Betty öffnete den Mund, um etwas zu erwidern, doch in dem Augenblick kehrte der bärtige Mann zurück.

»Ich krieg ein Bier«, verlangte er.

»Nein, kriegen Sie nicht«, entgegnete Norma. »Sie bekommen nichts mehr.«

»Wieso das denn? Ich bin erst seit ein paar Minuten hier und hab noch gar nichts bestellt.«

»Sie haben erzählt, dass Sie Auto gefahren sind und dabei die ganze Zeit Bier getrunken haben. Es ist uns gesetzlich verboten, einem Gast Alkohol auszuschenken, wenn es Grund zu der Annahme gibt, dass der Betreffende gegen das Verbot von Alkoholgenuss in der Öffentlichkeit verstoßen hat oder das tun wird. In dem Fall ist es uns nicht erlaubt, dem Betreffenden Alkohol auszuschenken.«

Einen Moment lang stand er schwankend da.

Dann fragte er: »Wie können Sie mir sagen, was das Gesetz im Bundesstaat vorschreibt, wenn Sie nicht mal genau wissen, in welchem Staat wir uns eigentlich befinden?«

»Arizona und Utah haben in der Hinsicht gleichlautende Gesetze.«

Norma wappnete sich innerlich für das, was als Nächstes kommen würde. Grundsätzlich zeigten sich Leute nicht von ihrer besten Seite, wenn man ihnen den Alkoholnachschub kappte. Besonders wenn sie bereits eine größere Menge intus hatten. Für eine erstaunlich lange Weile geschah nichts. Oder vielleicht erschien es ihnen auch nur lang, dabei waren es in Wirklichkeit lediglich ein paar Sekunden. Sekunden, die man an den Fingern einer Hand abzählen konnte.

Dann drehte der Mann sich um und marschierte zur Tür, stieß sie mit der Hand auf und verschwand auf den dunklen Parkplatz.

Sie warteten einen Moment oder zwei, ohne ein Wort zu wechseln, bis sie sich sicher sein konnten, dass die Sache tatsächlich beendet war.

»Hoffen wir mal, dass er nicht zu seinem Auto rausgegangen ist, um sein Gewehr zu holen.«

»Amen«, meinte Betty. »Gibt es so ein Gesetz wirklich?«

»Keine Ahnung«, antwortete Norma. »Hat sich aber überzeugend angehört, oder?«

* * *

Es herrschte Hochbetrieb, als Norma die Textnachricht erhielt.

Der Pub war bis zum Bersten gefüllt, nachdem eine Gruppe von vielleicht fünfundzwanzig Kletterern auf dem Rückweg vom Canyonlands-Nationalpark eingekehrt war. Sie waren alle erschöpft und schmutzig, und die Erschöpfung war offenbar dafür verantwortlich, dass ihnen der Alkohol besonders schnell zu Kopf stieg. Jedenfalls veranstalteten sie alle zusammen einen Höllenlärm. Sie fanden irgendetwas außerordentlich witzig, und das schon einige Zeit.

Norma wusste nicht, was so komisch war, doch andererseits glaubte sie, dass es am besten war, das nicht so genau zu wissen. Die Chancen, dass sie es so komisch fand wie die anderen, waren eher gering.

Ein junger Mann näherte sich, immer noch lachend, der Theke.

»Noch drei Bier«, verlangte er und musste schreien, um sich überhaupt verständlich zu machen.

Norma stellte ihre Ellbogen auf die Bar, stützte ihr Kinn in die Hände und starrte ihm ins Gesicht.

Er wich einen Schritt zurück. Diese Wirkung hatte Norma häufig auf Leute.

»Und wer fährt?«

»Paul und Suzy«, erklärte er. »Und die trinken nichts.«

»Okay«, sagte Norma.

Sie begann, Bier in die Krüge einzuschenken.

Der junge Mann schien die Spannung mit ein bisschen Small Talk brechen zu wollen. Norma hasste Small Talk. Besonders, wenn man schreien musste, um verstanden zu werden.

»Das war so witzig«, meinte er.

»Was genau?«

»Dieser neue Typ, dieser Greg. Er wusste nicht, wie man einen Friend richtig anbringt, wollte das vor uns allerdings nicht eingestehen, weil es ihm peinlich war. Also ist er auf diesen Felsvorsprung vorausgeklettert, der ihn getragen hat, weil er gerade mal fünfzig Kilo oder so wiegt, doch den Typen hinter ihm hätte es fast gerissen. Gott sei Dank hatte der genug Erfahrung, um es erst mal zu testen, bevor er sich darauf abgestützt hat. Das Stück Fels ist prompt abgebrochen und es war nur gut, dass er anderswo festen Halt hatte.«

Norma zapfte die drei Bier zu Ende und stellte sie auf ein Tablett auf dem Tresen. Aus dem Augenwinkel bemerkte sie, dass Betty genau beobachtete, ob sie die Geduld mit dem jungen Mann verlor.

»Sie haben einen seltsamen Sinn für Humor«, teilte sie ihm mit. »Sie alle. Es ist noch nicht lange her, da habe ich einen jungen Mann tot am Fuße einer Steilwand liegen sehen, der offenbar auch nicht wusste, wie man einen Friend anbringt. Und wissen Sie, was? Es war kein bisschen komisch.«

»Sorry«, erwiderte der Typ. Seine Stimme war jetzt leiser und er hatte den Kopf gesenkt.

Er nahm das Tablett mit den Krügen und entfernte sich hastig.

»Ich muss dich loben: Du hast dir größte Zurückhaltung auferlegt«, stellte Betty fest. »Vor allem wenn man bedenkt, dass es erst vor ein paar Wochen passiert ist.«

»Ich hab eine neue Theorie«, sagte Norma und war schon ganz heiser, weil sie die ganze Zeit so schreien musste. »Ich weiß, dass man die Meinung eines anderen ohnehin nicht beeinflussen kann, also warum sich die Mühe machen? Wenn man einem Idioten erklärt, dass er ein Idiot ist, versteht er das ja nicht einfach und verhält sich von da an vernünftig. Nein, er ist schlicht weiter ein Idiot. Ich denk mir, ich lebe einfach mein Leben und halte mich von ihnen fern.«

Und genau in diesem Moment, genau am Ende dieses letzten Satzes, erhielt Norma die Textnachricht. Sie wusste, es war Ian, weil sie ihr Handy so eingestellt hatte, dass ein anderer Ton erklang, wenn eine Nachricht von ihm kam. Und sie spürte wieder dieses flaue Gefühl im Magen, den leichten Anflug von Übelkeit, denn dieser Ton bedeutete, dass jemand vermisst wurde. Jemand steckte in Schwierigkeiten. Es handelte sich nie um jemanden, den Norma kannte, daher war sie sich nicht sicher, warum sie jedes Mal so empfand. Aber so war es eben.

Sie zog ihr Handy aus ihrer Tasche und las den Text, den Ian in der Gruppe gepostet hatte.

> Bei Sonnenaufgang am Rocky-Ridge-Zeltplatz. Wenn jemand wie Norma bis tief in die Nacht arbeiten muss, seid bitte so früh da, wie es eben geht.

Norma wusste, sie würde genauso früh dort sein wie alle anderen im Team.

»Jemand wird vermisst?«, fragte Betty und trat näher.

»Woher weißt du das?«

»Die Nachricht hat einen anderen Ton.«

»Verdammt.«

»Wusstest du nicht, dass Nachrichten in der Gruppe einen besonderen Ton haben?«

»Doch, natürlich. *Ich* weiß das. Es ist ja mein Handy. Ich hab das schließlich extra so eingestellt. Mir war nur nicht klar, dass *du* das ebenfalls weißt.«

Betty trat näher, stieß mit der Schulter gegen Normas, als wolle sie die Nachricht lesen. Norma steckte das Handy zurück in ihre Tasche.

»Wer wird dieses Mal vermisst?«

»Das verrät Ian in der Textnachricht nie. Man erfährt es erst, wenn man am Treffpunkt auftaucht. Dann erläutert er alles und gibt uns die Informationen dazu, nach wem wir suchen.«

»Na, dann hoffen wir mal, dass es nicht ein weiterer Kletterer ist, der allein unterwegs war.«

»Aber echt. Oder ein weiterer Wanderer, der keine Ahnung hat, wie wichtig Wasser ist.«

In ihrer Zeit als Freiwillige bei Such- und Rettungsmissionen hatte Norma insgesamt zwei Tote entdeckt, und merkwürdigerweise, nachdem sie mehrere Jahre lang Glück gehabt hatte, beide im letzten halben Jahr.

»Du solltest nach Hause gehen und dich hinlegen«, riet ihr Betty. »Ich kann hier die Stellung halten und nachher abschließen.«

»Bist du sicher? Es ist echt viel los.«

»Nicht mehr lange. Ich werde diese Idioten jetzt vom Nachschub abschneiden.«

»Okay, vielleicht nehme ich das Angebot an«, erwiderte Norma.

Obwohl sie vermutete, dass sie gar nicht würde schlafen können, wenn sie jetzt heimfuhr. Denn das passierte ihr gewöhnlich in der Nacht vor einem Rettungseinsatz.

* * *

Ihre beiden Spürhunde Gracie und Lonny erhoben sich nicht mal, als sie nach Hause kam. Sie wedelten, blieben jedoch auf dem Teppich vor dem Kamin liegen, auch wenn darin kein Feuer brannte. Einfach aus Gewohnheit vermutlich.

Gracie hatte sich hinter den Rücken ihres Bruders gelegt. Sie hatte die Hinterbeine hinter sich ausgestreckt, die Ballen nach oben, und robbte auf dem Bauch vorwärts. Dann wandte sie den Kopf zur Seite und legte ihr Kinn auf Lonnys Rücken.

»Also das ist ja mal ein Sploot, wie er im Buche steht«, meinte Norma.

Die Hunde wedelten beim Klang ihrer Stimme erneut.

Sie schlüpfte in ihren Schlafanzug, putzte sich die Zähne und stellte ihren Wecker, dann kroch sie ins Bett.

* * *

Wie sie es schon geahnt hatte, schlief sie tatsächlich nicht viel.

Sie lag da, hellwach, und blickte immer wieder zum Wecker, um die Uhrzeit zu lesen und sich auszurechnen, wie viel Zeit ihr im Bett bliebe, wenn sie jetzt einschliefe.

Je früher der Wecker klingelte, desto unwahrscheinlicher war es, dass sie überhaupt Ruhe fand. Sie wusste aus Erfahrung, dass immer wieder nachzurechnen, wie viel kleiner das Fenster für Schlaf für sie wurde, alles nur schlimmer machte, aber irgendwie schien sie die Gewohnheit nicht ablegen zu können.

Irgendwann gegen Viertel nach drei döste sie schließlich für eine Stunde oder so ein. Doch das war auch alles für diese Nacht.

Und das war wirklich ungünstig, weil die nächsten paar Tage Norma mehr abverlangen würden, als sie gewohnt war. Und dabei war sie einiges gewohnt.

Kapitel Zwei

Was auch immer wir finden

Der letzte Kilometer der Schotterpiste, über die sie zum Zeltplatz fuhr, war voller Schlaglöcher, daher drosselte Norma das Tempo und schaute immer wieder zu ihrem Pferd im Anhänger.

In dem hatte sie eine Kamera angebracht und auf dem Armaturenbrett einen kleinen Monitor, sodass sie die ganze Zeit im Blick hatte, was Fred dahinten so trieb. In letzter Zeit hatte sie sich allerdings zu fragen begonnen, warum sie das ganze Zeug überhaupt angeschafft hatte, denn Fred tat nie viel. Er war ein Meister darin, auch auf unebener Strecke trittsicher zu bleiben, und alles, was es für sie zu sehen gab, war, wie er immer wieder vorsichtig kleine Büschel aus seiner Heutasche zupfte.

In der Zwischenzeit liefen die Spürhunde auf der Rückbank der erweiterten Fahrerkabine des Pick-ups von einer Seite zur anderen und winselten aufgeregt.

Sie hielt ein paar Meter von Ian entfernt an, sprang aus dem Wagen und ließ die Hunde raus. Dann öffnete sie die hintere Klappe des Pferdeanhängers, bevor sie zu Ian ging.

Er war ein kleiner, kräftig gebauter Mann von ungefähr vierzig Jahren mit einer sachlichen Art. Norma hatte ebenfalls wenig Geduld mit übertriebenem Gehabe, daher kamen sie beide bestens miteinander aus.

Die Hunde liefen erfreut um ihn herum und schlugen ihm mit ihren wedelnden Schwänzen gegen die Beine.

»Ma'am«, rief jemand. »Ma'am, Ma'am.«

Es war ein junger Mann mit langem Haar, den Norma noch nie zuvor gesehen hatte.

»Was?«, fragte sie und ihre Stimme verriet, dass sie keine Zeit für irgendwelchen Unsinn hatte.

»Ihr Pferd ist nicht angebunden.«

»Das weiß ich.«

Sie schaute zu Ian, bereit für seine Anweisungen. Aber der junge Mann ließ es nicht auf sich beruhen.

»Ma'am, er kommt gleich aus dem offenen Anhänger.«

»Na, das will ich doch hoffen«, erwiderte Norma. »Wir müssen ja gleich los.«

Sie stand Ian gegenüber, lauschte auf die Geräusche von Freds Hufen auf dem Boden des Anhängers, während er sich bedächtig selbst auslud. Sie blickte über ihre Schulter zurück und sah, dass der Bursche nach den Zügeln des Pferdes greifen wollte.

Wie immer hatte sie Fred bereits fertig gesattelt und gezäumt, mit gebissloser Trense und geteilten Westernzügeln, die sie lose um den Sattelknauf geschlungen hatte, damit er nicht drauftreten konnte.

Norma öffnete den Mund, um den jungen Kerl zu warnen, dass er ihr Pferd nicht anfassen sollte, aber Ian kam ihr zuvor.

»Lass das Pferd in Ruhe«, rief er. »Man fasst das Pferd eines anderen nicht an.«

Seine Stimme duldete keinen Widerspruch und klang so energisch, dass der Bursche beide Arme in die Luft hob, als wäre er das Opfer eines Raubüberfalls oder ergäbe sich der Polizei.

»Was, wenn er wegläuft?«

»Wenn der Besitzer sagt: ›Hey, halt bitte mein Pferd fest‹, dann tust du das, ansonsten lässt du die Hände von einem fremden Pferd. Außerdem, macht dieses Pferd auf dich den Eindruck, als wolle es weglaufen?«

Fred stellte sich zu Norma, direkt hinter ihre rechte Schulter. Dann reckte er den Hals, sodass sich seine Nase immer dichter zu Ian schob.

»Du hast besser eine Möhre für ihn dabei«, meinte Norma.

»Natürlich.«

Er holte eine aus seiner Hemdtasche und brach sie in drei Stücke, hielt sie dem großen Falben nacheinander hin.

»Guten Morgen, St. Fred«, begrüßte er ihn.

Das Pferd kaute laut und zufrieden direkt an Normas Ohr.

»Du hättest ruhig ein bisschen länger schlafen können«, erklärte Ian und wandte seine Aufmerksamkeit Norma zu.

»Ich wünschte, das hätte geklappt, aber daraus ist nichts geworden. Was haben wir heute?«

Doch der junge Mann war noch nicht fertig damit, ihre gewohnte Routine zu stören.

»Das Pferd ist ja wirklich riesig!«, stellte er fest. »Was für ein Stockmaß hat er? Ein Meter achtzig?«

Norma hatte Mühe, nicht zu lachen. Manche Leute konnten das Stockmaß eines Pferdes schätzen, einfach indem sie es anschauten. Andere eher nicht. Dieser Typ gehörte in die letztere Kategorie.

»Ein Meter siebzig«, antwortete sie und versuchte, sich wieder auf Ian zu konzentrieren.

»Ist er ein Warmblüter oder so?«

»Quarter Horse.«

»Nein, das kann gar nicht sein. Ein Quarter Horse ist gewöhnlich unter eins sechzig.«

»Gewöhnlich schon«, sagte Norma und versuchte erneut, den Burschen zu ignorieren.

»Vielleicht ein Appendix Quarter Horse? Die werden meist größer.«

»Nein, ein Quarter Horse. Ein ganz normales registriertes American Quarter Horse. Nur eben größer als die meisten. Wenn Sie mich jetzt bitte entschuldigen würden.«

»Niemand würde damit Vieh treiben wollen, so viel steht fest. Der Grund, weshalb man sie so klein züchtet, ist, dass sie einem Stier direkt in die Augen sehen können.«

»Ich muss kein Vieh treiben.«

»Ich bin mir auch gar nicht sicher, ob ein so großes Pferd das Richtige für eine Frau ist«, fuhr er fort.

Das war der Moment, in dem Norma Wut in sich aufsteigen spürte. Sie öffnete den Mund, um ihn in seine Schranken zu weisen, aber er quasselte einfach weiter.

»Und Sie haben ja noch nicht mal ein Zaumzeug mit Gebiss«, meinte der Junge. »Und auch keinen von diesen Hackamores, mit denen man sie mit Nasendruck stoppen kann, oder indem man Zug auf die Luftröhre ausübt. Was, wenn er plötzlich durchgeht?«

»So was macht Fred nicht«, erwiderte sie und warf Ian einen genervten Blick zu.

Ian lief um den jungen Mann herum, packte ihn am Kragen und zog ihn in die andere Richtung, weg von Norma.

»He!«, beschwerte sich der Bursche. »He, was tust du da?«

»Ich rette dir das Leben«, erklärte Ian. »Jetzt hol deine Vorräte, und ab mit dir ins Gelände. Und zwar genau jetzt.«

Der junge Mann drehte sich um und marschierte davon, und Ian kehrte dorthin zurück, wo Norma und Fred standen und warteten.

»Tut mir leid«, sagte er. »Das ist der Sohn meiner Schwester aus L. A. Er ist seit einer Woche hier und will beweisen, wie viel er schon über Pferde gelernt hat.«

»Beeindruckend«, bemerkte Norma in einem Tonfall, der keinen Zweifel daran ließ, wie wenig beeindruckt sie war. »Also … Was haben wir denn heute?«

Ian hielt ihr sein Handy hin, um ihr das Foto eines Mädchens zu zeigen. Oder vielleicht wäre die Bezeichnung »junge Frau« passender, das war für Norma schwer zu beurteilen. Sie hatte langes, glattes blondes Haar und blaue Augen sowie eine Stupsnase. Ihr Lächeln wirkte unsicher.

»Jill Moss«, berichtete Ian. »Neunzehn Jahre alt. Ist gestern Abend von ihrem Freund Jake als vermisst gemeldet worden. Die beiden waren auf dem Weg zum Capitol Reef, für die Frühlingsferien, allerdings war es vor allem seine Idee. Sie ist kein Outdoortyp, wenigstens laut ihm, und sie wandert auch nicht gerne. Hat keinerlei Erfahrung damit, sich in der Natur zurechtzufinden und zu orientieren. Sie haben einen Kompass und ein GPS-Gerät, doch sie hat keins von beidem mitgenommen.«

»Okay«, sagte Norma. »Dann brech ich mal auf. Tu mir bitte einen Gefallen und hilf mir in den Sattel. Ich bin nicht mehr so jung, wie ich mal war.«

»Warte noch mal kurz.«

Da war etwas in seiner Stimme, ein Unterton, eine Warnung, wie Norma erkannte. An diesem Fall war etwas anders. Etwas stimmte hier nicht und sie wappnete sich für das, was sie gleich erfahren würde.

»Okay, was?«

»Bevor ihr Freund sie als vermisst gemeldet hat, hat der Ranger noch eine völlig anderslautende Meldung erhalten. Die kam von einer Familie ein Stück entfernt auf diesem Zeltplatz, die einen Vorfall beobachtet hat. Sie haben erzählt, dass sie genau diese junge Frau auf dem unbefestigten Weg haben wegrennen sehen und dass sie aufgewühlt und verstört gewirkt hat. Als ob sie geweint hätte. Ihr Freund ist ihr nachgelaufen, hat sie eingeholt und gepackt. Sie hat versucht, sich loszureißen, aber er hat ihr den Arm auf den Rücken gedreht und sie gezwungen, mit ihm zum Zelt zurückzukommen.«

»Nun, dann wissen wir jetzt wohl, warum sie von ihm fortwollte.«

»Da ist noch mehr.«

Norma war nicht überrascht. Irgendwie hatte sie schon gespürt, dass da mehr sein würde.

»Gestern, als sie in einem Bereich mit Netzabdeckung war, hat sie ihren besorgten Eltern eine Textnachricht geschickt. ›Ich verlasse Jake jetzt endgültig. Drückt mir die Daumen. Wenn ihr binnen vierundzwanzig Stunden nichts von mir hört, verständigt die Polizei.‹«

Einen Moment lang standen sie schweigend da, während Norma das verarbeitete. Eine Hand hatte sie auf dem Hals ihres Pferdes liegen.

»Ich fand es wichtig, dass du das weißt«, sagte Ian. »Mit etwas Glück hat sie sich einfach davongeschlichen, um von ihm wegzukommen. Sei trotzdem auf alles vorbereitet, okay? Jedes Mitglied einer Suchmannschaft möchte Vermisste lebend aufspüren. Niemand will eine Leiche finden.«

»Ich habe schon Leichen gefunden, das weißt du.«

»Ja, stimmt. Du hast Menschen gefunden, die abgestürzt oder verdurstet sind. Doch ich könnte mir vorstellen, wenn man jemanden findet, der von dem Menschen umgebracht worden ist, der ihn eigentlich am meisten hätte lieben sollen, ist es vielleicht ein bisschen anders.«

»Du denkst, er hat sie getötet.«

»Ich hoffe nicht. Trotzdem möchte ich, dass du dich auf die Möglichkeit gefasst machst.«

Er ging um das Pferd herum und verschränkte die Hände. Norma stützte ihr linkes Knie hinein und er hob sie schwungvoll in den Sattel.

Die Hunde begannen sofort zu jiffen. Sie konnten es kaum erwarten, endlich loslaufen zu dürfen.

»Danke für die Warnung«, sagte sie. »Aber wir kommen mit allem klar, was auch immer wir entdecken.«

* * *

Sie bewegten sich an einer Anhöhe entlang, in Richtung des Hochwaldes, von wo aus sie eine gute Aussicht auf den Zeltplatz unten hatten. Hier konnte Normas Blick kilometerweit über das Tal schweifen und sie sah die Jeeps mit Allradantrieb, mit denen die flacheren Gebiete unter ihr abgefahren wurden. Sie entdeckte auch mehrere Wanderer, die bestimmt ebenfalls zur Suchmannschaft gehörten.

Es waren also beileibe nicht alle zu Pferd unterwegs. Wenn es gut lief, gab es vielleicht drei berittene Teammitglieder. Zu Fuß wie zu Pferd gelangte man an viele Orte, die man mit den Jeeps nicht erreichte, allerdings konnten die Reiter an einem Tag ein größeres Gebiet abdecken.

Norma stützte sich mit den Unterarmen auf den Sattelknauf – besonders wenn es steil bergauf ging – und ließ die Zügel lose hängen. Sie schaute hinter sich, um sich zu vergewissern, dass sie sich außerhalb der Hörweite der Leute auf dem Zeltplatz befand.

Als sie sich sicher war, dass sie mit ihrem Pferd und den Hunden allein war, begann sie zu singen.

Sie hatte beschlossen, den anderen Freiwilligen niemals zu erzählen, dass sie die gesamte Zeit in der Wildnis über sang. Sie wusste nicht, ob sie sich über sie lustig machen würden oder nicht, aber es war auf jeden Fall sinnvoll und vernünftig. Zum einen war es für die Stimme angenehmer, als den ganzen Tag den Namen des oder der Vermissten zu rufen, und zum anderen bewahrte es Pferd und Reiter davor, in die unangenehme

Situation zu geraten, dass man um eine Kurve bog und überraschend einem Bären gegenüberstand. Je höher sie kam, desto näher war sie am Wald und desto wahrscheinlicher wurde so eine Begegnung. Einige Reiter hatten Glöckchen an ihren Gurten oder Sätteln befestigt, um die Bären vorzuwarnen, dass sie in der Nähe waren. Norma zog es vor, zu singen.

Wahrscheinlich singen andere ebenfalls manchmal auf Wanderungen, dachte sie sich, doch sie hatte Angst, dass die Leute über ihre Songauswahl Witze reißen könnten. Sie mochte die Klassiker. Bekannte Lieder, die man wochenlang nicht mehr aus dem Kopf bekam. »Take Me Out to the Ball Game«, »Camptown Races« oder »Beautiful Dreamer«. Je älter das Lied, desto besser gefiel es ihr. Es erinnerte sie an ihre Mutter, die in der Küche gesungen hatte, während sie bügelte oder einen Hackbraten zubereitete. Außerdem wusste Norma aus Erfahrung: Wenn sie in Hörweite eines Verirrten war, versuchte der Betreffende zu ihrer Stimme zu gelangen. Sie lockte die Gesuchten zu ihr.

Heute früh hatte der Himmel die silbergraue Farbe von Stahl. Er war noch nicht wirklich blau, weil die Sonne bisher nicht über den Gebirgskamm gestiegen war. Die rote Felsenlandschaft, die Norma so sehr liebte, wirkte in den frühen Morgenstunden ausgewaschen und blass.

Bald schon würde die Sonne aufgehen und die Felsen anstrahlen – und die Luft um Norma, ihr Pferd und die Hunde aufheizen. Sie hatte kein Wasser für sich dabei, nur ein oder zwei Flaschen in ihrer Satteltasche für halb verdurstete Wanderer oder einen Notfall, weil sie es nicht für fair hielt, wenn sie oder die Hunde tranken, solange das Pferd das nicht konnte. Wenn sie durstig war, dann war Fred das auch.

Sie ritt in einem großen Bogen zurück zum Zeltplatz, wobei sie »Bill Bailey, Won't You Please Come Home?« schmetterte.

Dabei überlegte sie, dass ihretwegen jeder Mann, der sie jemals im Stich gelassen hatte, ihrem Leben gern auch weiter fernbleiben konnte.

Ian war noch da, als sie eintraf, und informierte gerade einen verspäteten freiwilligen Helfer.

»Ich bin nur zum Trinken zurück«, rief sie ihm zu. »Ich hab Jill nicht gefunden.«

* * *

Es war beinahe halb zwei mittags, als ihr Hund Lonny plötzlich mitten auf dem Weg verharrte. Fred musste abrupt stehen bleiben, wenn er ihn nicht treten wollte, sodass Norma wiederum fast nach vorn auf seine Mähne fiel. Das Lied, das sie gerade sang, brach mitten in der Zeile ab.

»She's only a bird in a gild…«

Lonny warf den Kopf in den Nacken und stieß einen wilden Laut aus, etwas zwischen einem Kläffen und einem Jaulen, und Gracie begann, wie ein Kojote zu bellen.

Eine Sekunde später jagten die beiden nebeneinander einen steilen Abhang hoch.

Norma saß im Sattel und folgte ihnen mit den Augen. Sie blieben an einem Haufen Felsblöcke stehen, groß wie Autos, die an dieser Stelle liegen geblieben waren. Es war gut möglich, dass, als die Felsen so gelandet waren, darunter ein Hohlraum entstanden war. Eine Art behelfsmäßige Höhle. Das wäre nicht ungewöhnlich für die Gegend hier.

Die Hunde standen da und spähten hinein. Sie schnüffelten immer wieder und wedelten die ganze Zeit.

Gracie drehte den Kopf und blickte den Hügel herab zu Norma, als wunderte sie sich, dass sie noch nicht bei ihnen hier oben war.

Während sie dasaß und hochschaute, bemerkte Norma etwas, das sie niemals vor irgendjemand anderem zugegeben hätte. Sie hatte Angst, da hochzugehen. Angst, es zu erfahren.

Sie dachte an Ians Warnung von heute früh.

Sei auf alles vorbereitet.

Nur wie stellte man das an? Sicher, man konnte versuchen, sich zu wappnen, hart wie Stahl zu werden. Aber dann sah man, was es da zu sehen gab, und half die Härte wirklich, einen zu schützen? Änderte sich durch all das Wappnen irgendwas?

Was, wenn sie die Leiche einer jungen Frau fand, die erwürgt worden war? Was für Erinnerungen würde das wecken?

Norma saß ab, landete mit ihren Stiefelsohlen hart auf dem steinigen Boden.

Es war kein Abhang, den das Pferd erklimmen konnte, daher zog sie ihm die Zügel über den Kopf und ließ sie vor ihm auf die Erde fallen – Fred hatte gelernt, dass das »Bleib stehen« hieß.

Dann begann sie den Hügel hochzuklettern.

Die Hunde fingen wieder an zu bellen und in dem ganzen Lärm glaubte Norma einen anderen Laut zu hören. Doch sie war sich nicht sicher. Wenn sie recht hatte, dann war es so was wie Luft, die aus einem aufgeschlitzten Autoreifen entwich.

Oder vielleicht auch jemand, der »Schhh« sagte.

Vor Anstrengung keuchend und schnaufend kam Norma bei ihren Hunden an und zog sie an den Halsbändern weg. Sie gehorchten sofort, wichen zurück und setzten sich hin.

Unter den Felsblöcken schien tatsächlich eine Art Höhle zu sein. Norma kniete sich hin und spähte hinein.

Eine junge Frau erwiderte blinzelnd ihren Blick. Norma konnte nicht viel erkennen, weil es unter den Steinen dunkel war und ihre Augen an das helle Sonnenlicht des Frühlingstages gewöhnt waren. Das Mädchen schien langes Haar zu haben.

Höchstwahrscheinlich handelte es sich um die Vermisste. Was eine Riesenerleichterung war, denn dann hatte ihr Freund sie nicht umgebracht. Sie war nicht nur am Leben, sondern sie wirkte auch nicht so, als hätte sie irgendwelche Verletzungen davongetragen. Und das hieß, dass Norma aufatmen konnte. Wirklich, ehrlich aufatmen.

»Jill Moss?«, fragte sie.

»Ja«, antwortete das Mädchen. »Aber das dürfen Sie niemandem verraten. Bitte.«

Normas Gedanken drehten sich im Kreis. Glücklicherweise hatte sie in dem Moment keine Vorstellung davon, wie viele Jahre lang das noch so bleiben würde. Sie wusste nur, dass sie sich keinen Reim auf dieses Ansinnen des Mädchens machen konnte. Warum sollte eine Vermisste, die von einem Mitglied des Suchtrupps gefunden worden war, verlangen, dass das geheim gehalten wurde? Das ergab einfach keinen Sinn.

Norma kroch in die dunkle Höhle, setzte sich im Schneidersitz auf die Erde und wartete, bis ihre Augen sich an die Dunkelheit gewöhnt hatten. Sie war vielleicht eine halbe Armlänge von der jungen Frau entfernt.

»Erklären Sie es mir«, forderte sie sie auf.

»Ich laufe vor meinem Freund weg.«

»Okay. Das ist erst mal nachvollziehbar, denke ich. Doch jetzt hab ich Sie gefunden. Jetzt können Sie irgendwo hingehen, wo er Ihnen nichts mehr tun kann.«

»Es gibt keinen Ort, an dem er mir nichts mehr tun kann. So ein Ort existiert nicht. Wenn er weiß, dass ich irgendwo da draußen bin, und wenn er dann auch noch erfährt, wo, dann wird er mich umbringen. Meinem Leben ein gewaltsames Ende bereiten. Und dann bin ich mausetot.«

»Sind Sie sich da ganz sicher? Woher wollen Sie wissen, dass er Sie tatsächlich töten würde?«

»Das kann ich Ihnen nicht sagen. Ich meine, das *möchte* ich Ihnen lieber nicht sagen. Aber ich weiß es. Ich weiß es einfach und Sie müssen mir glauben. Er würde das tun.«

»Dann erwirken Sie ein Kontaktverbot gegen ihn und wir besorgen Ihnen Polizeischutz.«

»Für wie lange? Wird die Polizei mich jeden Tag bewachen, wo immer ich auch bin, und das jahrelang? Denn er vergisst nicht.«

»Nein«, räumte Norma ein. »Das machen sie vermutlich nicht.«

»Dann dürfen Sie niemandem verraten, dass Sie mich gefunden haben.«

Ein Moment lang saßen sie schweigend da. Norma beobachtete Fred, der am Fuß des Abhangs in der Sonne stand. Er hatte den Kopf gerade genug gewandt, um an struppigem Gras zu knabbern, das am Wegrand wuchs. Dafür musste er seinen Hals allerdings ziemlich weit recken, weil er sich nicht vom Fleck bewegen konnte, denn Norma hatte ihm die Anweisung gegeben, stehen zu bleiben, und er nahm ihre Anweisungen ernst.

Sie blickte wieder zu dem Mädchen. Jetzt, da Normas Augen sich an das schwache Licht in der Höhle gewöhnt hatten, konnte sie erkennen, dass Jill geweint hatte. Dem Anschein nach sogar ziemlich viel.

»Wie sieht denn Ihr Plan aus?«, erkundigte sich Norma. »Haben Sie etwas zu essen?«

»Nein.«

»Wasser?«

»Nein.«

»Und was war Ihr Plan, als Sie gestern von dem Zeltplatz weggelaufen sind?«

»Mein Plan war, mich irgendwie zum Highway durchzuschlagen«, antwortete Jill. »Und dann zu trampen, einfach weg von hier. Ohne mich zu verirren. Nur hat das so leider nicht geklappt.«

»Das kann man wohl sagen. Sie sind jetzt weiter entfernt vom Highway als zu dem Zeitpunkt, als Sie den Zeltplatz verlassen haben.«

Sie saßen eine Weile in unbehaglichem Schweigen beisammen.

Dann stellte Jill fest: »Sie glauben mir nicht.«

»Was? Dass Sie nicht vorhatten, sich zu verirren? Meiner Erfahrung nach hat das eigentlich niemand vor.«

»Dass Jake mich umbringen würde.«

»Oh. Das.«

Eine weitere kurze Stille entstand, während Norma darüber nachdachte. Sie kannte die Antwort, sie war sich nur nicht sicher, ob sie die richtigen Worte finden konnte oder wie sie sie übermitteln sollte. Sie betrachtete ihre Spürhunde, die ausgestreckt in der Sonne lagen.

»Die Welt ist voller Leute, die nicht wissen, was sie nicht wissen«, erklärte Norma schließlich.

Das Mädchen starrte sie an und blinzelte ein paarmal.

»Und das soll heißen?«

»Es heißt, alle denken immer, sie wüssten alles, dabei geht es die Hälfte der Zeit über um Dinge, die sie gar nicht wissen können. Ich kenne Sie nicht und ich kenne Jake nicht. Was den Punkt betrifft, ob er fähig wäre, Sie umzubringen oder nicht, ist die einzig mögliche Antwort also, dass ich es nicht weiß.«

»Und damit wollen Sie sagen, dass Sie mir nicht glauben.«

»Das hab ich nicht gesagt. Ich hab gesagt, ich weiß es nicht.«

»Die Leute entscheiden, was sie von bestimmten Dingen halten. Das ist nicht so falsch.«

»Nein, ist es nicht. Vorausgesetzt, man kennt den Unterschied zwischen Glauben und Wissen.«

»Glauben Sie, es ist richtig von mir, vor ihm Angst zu haben?«

»Ja«, erwiderte Norma. »Wahrscheinlich schon.«

Das schien das Mädchen zu überraschen.

»Weil …?«

»Weil es eine Menge Männer gibt, die Frauen wehtun. Und zwar besonders den Frauen, die sie angeblich lieben. Zugegeben, nicht die meisten Männer, aber genug, dass vermutlich jeden Tag irgendwo eine Frau durch die Hände eines Mannes stirbt, der versprochen hatte, sie zu lieben. Und wenn uns eine Frau zu sagen versucht, dass sie in Gefahr schwebt, und wir das als übertrieben abtun oder als Hysterie und sie als unglaubwürdige Zeugin hinstellen, dann machen wir es diesen Männern verdammt leicht. Außerdem weiß ich, dass er Ihnen den Arm verdreht hat und Sie gezwungen hat, zum Zelt zurückzukehren.«

Norma sah in dem Dämmerlicht, dass sich die Augen des Mädchens weiteten.

»Woher wissen Sie das?«

»Jemand hat es der Parkaufsicht gemeldet.«

»Wer?«

»Keine Ahnung. Jemand vom Zeltplatz. Irgendwelche anderen Camper.«

»Das ist mir ziemlich peinlich.«

»Was so ziemlich das Letzte ist, worüber Sie sich jetzt den Kopf zerbrechen sollten.«

»Es liegt daran, wie er aufgewachsen ist«, begann Jill. »Er möchte so gern ein guter Mensch sein und meistens ist er das auch, doch wenn ihn die Wut überfällt, dann wird er manchmal …«

»Stopp«, unterbrach Norma sie. »Fangen Sie so gar nicht erst an. Hören Sie einfach an dieser Stelle auf.«

»Ich wollte Ihnen bloß erklären …«

»Dass er ein wunderbarer Typ ist, aber gleichzeitig darf er keinesfalls erfahren, wo Sie sind, weil er Sie sonst umbringt.«

»Damit meine ich einfach bloß, dass er manchmal ein völlig anderer Mensch wird.«

»Nein, wird er nicht«, entgegnete Norma.

Sie blickte zu Jill, die sie mit offenem Mund anstarrte.

»Ich dachte, Sie würden nur sagen, was Sie wissen, nicht, was Sie glauben.«

»Genau. Und das hier weiß ich. Er ist ein Mensch, oder?«

»Nun … ja.«

»Ist er *eine* Person oder haben Sie zwei Freunde namens Jake?«

»Eine, aber …«

»Dann ist dieser ›völlig andere Mensch‹ ein Teil von ihm. Das ist auch er. Man kann diesen Teil vermutlich nicht immer sehen, doch er gehört zu ihm. Die Leute behaupten nur gern etwas anderes, weil sie Entschuldigungen für jemanden suchen. Schauen Sie, ich weiß, Sie lieben den Kerl. Die meisten von uns haben schon mal jemanden geliebt, den wir nicht hätten lieben sollen, daher verurteile ich hier nichts und niemanden. Aber selbst Sie müssen zugeben: Wenn es für Sie auf der Welt keinen sicheren Ort gibt, solange er weiß, wo Sie sind, ist er mit seinem Bemühen, ein guter Mensch zu sein, spektakulär gescheitert.«

Sie wartete, doch das Mädchen antwortete nicht. Was besser war, als zu widersprechen, sagte sich Norma.

»Hey«, begann Jill nach einer Weile. »Haben Sie vielleicht irgendwas zu essen oder Wasser bei sich?«

»Ja, ich hab ein paar Sachen in meiner Satteltasche«, erwiderte Norma.

Sie kroch aus der engen Höhle und stieg zusammen mit ihren Hunden vorsichtig den Abhang hinunter. Als sie unten angekommen war, hob Fred den Kopf, wandte seinen langen Hals und blickte ihr ins Gesicht.

»Sorry«, sagte sie zu ihm. »Scheint so, als ob das noch ein bisschen dauert. Ich bring dich mal an eine Stelle, wo du was zu knabbern hast.«

Sie hob seine Zügel auf und führte ihn ein paar Schritte weiter zu dem struppigen Unkraut. Dann ließ sie die Zügel wieder fallen. Fred senkte den Kopf und seufzte zufrieden, während er graste. Norma holte zwei Flaschen Wasser und zwei Müsliriegel aus den Satteltaschen.

Sie biss die Zähne zusammen und kletterte den steilen Hang wieder hoch.

»Hier.« Sie reichte dem Mädchen den Proviant. Von der Anstrengung des Aufstiegs war sie ganz atemlos.

»Danke«, erwiderte das Mädchen.

Es öffnete eine der Wasserflaschen und leerte sie in einem Zug, ohne abzusetzen oder auch nur Luft zu holen.

»Also, wie lautet der Plan?«, fragte Norma und spürte, dass sie gleich die Geduld verlieren würde.

»Gute Frage.«

»Sie können nicht für den Rest Ihres Lebens unter diesem Felsen bleiben.«

»Richtig«, räumte Jill ein und öffnete die Verpackung eines Energieriegels. »Auch wenn es nett wäre.«

»Lassen Sie uns bitte realistisch sein.«

»Okay«, meinte das Mädchen. Sie biss ein großes Stück von dem Riegel ab – beinahe die Hälfte – und versuchte dann mit vollem Mund zu reden. »Ich brauche eindeutig Hilfe, um zum Highway zu gelangen.«

»Da sehe ich ein paar Probleme«, entgegnete Norma. »Zunächst mal, wie ich bereits erwähnt habe, sind Sie weiter vom Highway entfernt als zu dem Zeitpunkt, zu dem Sie aufgebrochen sind. Über dreißig Kilometer, wenn ich das richtig einschätze. Und das tue ich in der Regel. Da draußen sind sehr viele Leute unterwegs, die nach Ihnen suchen. Einer von denen wird uns bemerken, bevor wir unser Ziel erreichen.«

»Vielleicht können wir nachts aufbrechen, wenn die Suche ruht.«

»Es ist eine ganz schön weite Strecke, wie ich schon ein paarmal angemerkt habe. Sie sind in genau die falsche Richtung gelaufen, so weit, dass Sie nur noch ein paar Kilometer von meinem Zuhause entfernt sind.«

»Dann könnte ich vielleicht mit zu Ihnen kommen.«

»Damit würden Sie mich in eine heikle Lage bringen.«

Normas Geduldsfaden war kurz davor, zu reißen, und das hörte man. Als das Mädchen antwortete, klang es gekränkt und verängstigt.

»Warum denn?«

»Weil ich freiwillige Helferin bei einer Rettungsmission bin. Wir hängen lose mit dem Sheriffbüro zusammen. Es ist meine Aufgabe, Leute zu finden und sie zurückzubringen, nicht, sie mit zu mir nach Hause zu nehmen und dort zu verstecken.«

»Ich dachte, es sei Ihre Aufgabe, Menschen das Leben zu retten.«

»Ist es ja auch.«

»Nun, damit würden Sie *mir* jedenfalls das Leben retten.«

Norma saß eine Weile da, das Gesicht in den Händen. Dann ließ sie sie sinken, atmete tief ein und seufzte.

»Und was glauben Sie, wie ich mich fühlen würde, wenn irgendjemand dahinterkommt, dass ich über Ihren Aufenthaltsort gelogen habe?«

»Wie würden Sie sich denn fühlen, wenn Sie das nicht tun und er mich dann tötet?« Jills Stimme klang nun entschiedener, fast schon unnachgiebig.

»Das war nicht gerade fair«, wandte Norma ein.

»Tut mir leid. Ich versuche zu überleben.«

»Und was ist mit Ihren Eltern? Glauben Sie nicht, dass die inzwischen außer sich vor Sorge sind?«

»Vielleicht könnten Sie sie anrufen. Hier, geben Sie mir Ihr Handy. Ich speichere Ihnen die Nummer ein.«

Norma händigte dem Mädchen ihr Handy aus, nicht weil sie davon überzeugt war, dass sie sich hieran beteiligen wollte, sondern weil das Gespräch mit den Eltern der jungen Frau noch mal ein anderes Licht auf die Angelegenheit werfen mochte.

Sie brauchte Zeit. Sie musste allein sein und das alles hier gründlich überdenken.

»Ich sag Ihnen was«, entschied sich Norma. »Ich hab etwas Studentenfutter in meinem Rucksack, zusätzlich zu den Energieriegeln. Essen Sie das alles unbedingt vor Einbruch der Dunkelheit auf, denn wir sind dicht an den höher gelegenen Wäldern, von wo sich auch mal Schwarzbären hierher verirren. Ich reite in der Zwischenzeit zurück und erzähle niemandem im Lager, dass ich Sie gefunden habe. Ich werde Ihre Eltern anrufen und kehre heute Nacht zurück und lasse Sie wissen, wofür ich mich entschieden habe. Klingt das in Ihren Ohren fair?«

»Sicher. Nur verraten Sie bitte niemandem, wo ich bin.«

»Bedrängen Sie mich nicht weiter, ich muss erst nachdenken.«

Norma trat hinaus ins grelle Tageslicht. Sie suchte sich erneut ihren Weg zu dem Pferd und war sauer, weil sie den Abhang noch mindestens ein weiteres Mal hochkraxeln musste.

»Beinahe geschafft«, unterrichtete sie Fred, während sie das Studentenfutter aus der Satteltasche holte. »Hey«, rief sie leise den Abhang hoch.

Sie hatte nicht wirklich geglaubt, dass das Mädchen sie auf diese Entfernung hören konnte, aber eine Minute später steckte Jill den Kopf aus der Höhle.

Norma warf die Tüte mit den Nüssen und getrockneten Beeren nach oben, so weit sie konnte. Sie landete ungefähr einen Meter unterhalb der Felsblöcke. Jill krabbelte heraus, schnappte sie sich und hastete zurück in den Schutz der Steine.

Norma nahm ihr GPS-Gerät und setzte ein Fähnchenziel für die Stelle, an der sie sich befand. Sie nahm Freds Zügel und gemeinsam gingen sie den Weg zurück, begleitet von den aufgeregten Hunden, bis Norma einen Felsblock fand, der ihr dafür geeignet erschien, ihr als Aufsteighilfe zu dienen.

Sie ritt zurück zum Zeltplatz, während die Gedanken weiter wirr in ihrem Kopf umherschwirrten.

Als sie dort eintraf, fragte Ian sie nicht: »Hast du sie gefunden?«

Halb hatte sie damit gerechnet, dass er das tun und sie damit in die unhaltbare Lage bringen würde, lügen zu müssen. Andererseits, wurde ihr nachher klar, warum sollte er sie das fragen? Wenn ein Mitglied eines Suchtrupps mit leeren Händen zurückkam, dann war das Antwort genug.

Normalerweise.

»Trotzdem super Arbeit, Norma«, sagte er. »Du hast es versucht. Morgen ziehen wir wieder los.«

Da erst begriff Norma, dass sie noch tagelang durch diese Berge würde reiten müssen, auf der Suche nach einem Mädchen, das längst gefunden worden war.

Die ganze Sache erzeugte ein saures Gefühl in ihrer Magengegend. Norma hatte genaue Vorstellungen davon, wie ihr Leben verlaufen sollte, und so wie jetzt sollte es jedenfalls bestimmt nicht aussehen.

Kapitel Drei

Wider besseres Wissen

Norma fuhr nach Hause, lud Fred aus – oder stand vielmehr dabei und wartete, bis er das selbst getan hatte –, nahm ihm das Zaumzeug ab und gab ihm seine Abendration Heu und Hafer.

»Danke, dass du ein Pferd bist und kein Mensch«, sagte sie zu ihm, während er sich über sein Futter hermachte und zu kauen begann.

Dann versorgte sie die Hunde.

»Danke, dass ihr Hunde seid und keine Menschen«, sagte sie auch zu ihnen, als sie die Schüsseln mit dem Futter vor sie stellte.

Sie schauten nicht mal auf, um ihre Worte zur Kenntnis zu nehmen, weil ihnen Fressen wichtig war.

Norma selbst nahm sich nichts, weil ihr Magen sich nicht gut anfühlte. Sie hatte den ganzen Tag nichts gegessen und wusste, dass der Mangel an Nahrung das merkwürdige Gefühl nur verstärkte. Trotzdem entschied sie sich absichtlich dagegen. Sie wollte sich nicht wohlfühlen, und davon wollte sie sich auch von nichts und niemandem abbringen lassen.

Stattdessen tat sie etwas, was sie sonst beinahe nie machte: Sie schenkte sich einen Drink ein.

Es war Bourbon, den Betty ihr in dem Jahr zum Geburtstag geschenkt hatte, in dem sie angefangen hatte, im Pub zu arbeiten. Das bedeutete, dass die Flasche mehr als sieben Jahre alt war. Es war die einzige Flasche Alkohol im Haus, die einzige Flasche, die sich je in ihrem Haus befunden hatte, und sie war noch zu mehr als zwei Dritteln gefüllt. So wenig Alkohol trank Norma.

Der Handyempfang hier war miserabel, daher nahm sie den Hörer von ihrem Festnetztelefon und tippte die Nummer ein, die das Mädchen in ihr Handy eingegeben hatte. Der Name, den das Mädchen zusammen mit der Nummer eingespeichert hatte, lautete »Owen und Teresa Moss«. Die Vorwahl stammte erkennbar aus Südkalifornien.

Norma änderte den Eintrag zu »O und T«, dann drückte sie auf das Wählsymbol.

Eine Frau meldete sich.

»Hallo?«, sagte sie, doch es klang ungewöhnlich zögerlich. Und atemlos und irgendwie verzweifelt. Wie bei einer Frau, die darauf wartete, zu hören, ob ihre Tochter am Leben oder tot war. Und genau so verhielt es sich ja auch.

Beinahe wünschte Norma sich, sie hätte sie erst angerufen und sich dann um die Tiere gekümmert. Beinahe. Denn natürlich hatte das Pferd den ganzen Tag lang hart gearbeitet und die Hunde waren es, die die Tochter dieser Frau aufgespürt hatten. Sie würden stets an erster Stelle kommen.

»Ihrer Tochter geht es so weit gut«, erklärte Norma.

Vom anderen Ende war ein lang gezogenes Ausatmen zu vernehmen. Wie ein Seufzen, nur lauter. Es dauerte sehr lange. Dann herrschte eine ganze Weile lang Stille. Norma hatte den Eindruck, dass die Frau erst mal ihre Gefühle in den Griff kriegen musste, bevor sie sprechen konnte.

»Gott sei Dank«, erwiderte sie schließlich und ihre Stimme war kaum mehr als ein heiseres Flüstern. »Owen«, rief sie dann. »Owen, es ist okay. Es geht ihr gut.« Sie wandte ihre Aufmerksamkeit wieder Norma zu und fragte: »Und Sie sind?«

»Ich bin Mitglied der Suchmannschaft in Sloot. Eine kleine, unbedeutende Stadt direkt an der Grenze zwischen Utah und Arizona. Nur ein paar Meilen von dem Zeltplatz entfernt, auf dem Ihre Tochter sich aufgehalten hat, bevor sie als vermisst gemeldet wurde.«

Sie hatte Teresa Moss ganz bewusst nicht ihren Namen genannt.

Die Frau begann wieder zu reden, doch Norma fiel ihr ins Wort.

»Hören Sie«, unterbrach sie sie. »Hören Sie mir bitte eine Minute zu. Wir haben hier eine schwierige Situation. Niemand weiß, dass ich Ihre Tochter gefunden habe, und ich habe sie nicht zum Zeltplatz zurückgebracht. Ich bin nicht zum Zeltplatz zurückgeritten und habe erzählt, dass ich sie gefunden habe. Das macht mir ziemlich zu schaffen und es ist ein Problem. Es ist etwas, was ich wider besseres Wissen getan habe. Ich habe es überhaupt bloß getan, weil Ihre Tochter mich darum gebeten hat. Sie denkt, Jake würde sie töten, wenn er auch nur ahnen würde, wo sie sich aufhält. Ich hab versucht, sie davon zu überzeugen, Polizeischutz zu beantragen. Sie wissen schon … Kontaktverbot, der ganze Zirkus. Aber sie ist felsenfest davon überzeugt, dass dieser Typ sie nicht so schnell vergessen wird, und ich werde nicht versuchen, ihr einzureden, dass ein Kontaktverbot ihr garantiert das Leben retten wird. Viele Frauen sind tot, weil der Typ, gegen den sie ein Kontaktverbot erwirkt hatten, bei ihnen zu Hause aufgekreuzt ist. Man kann zwar die Polizei anrufen, damit sie kommen und es durchsetzen, doch manche Frauen sterben, bevor die Polizei da sein kann.

Manche sterben sogar, bevor sie auch nur das Telefon in die Hand nehmen können.«

Norma machte eine Pause und gönnte sich einen weiteren kleinen Schluck von ihrem Whiskey. Teresa Moss erwiderte zunächst nichts.

Norma blickte aus dem Fenster. Im schwindenden Tageslicht sah sie Fred auf seiner Koppel stehen. Sie konnte die Silhouette seines Kopfes erkennen und wie er kaute. Sie beobachtete, wie ein paar Halme runterfielen und er sich vorbeugte, um sie aufzuheben.

Als klar wurde, dass Norma nichts mehr sagen würde, sprach Teresa.

»Was werden Sie also tun?«

»Das habe ich noch nicht entschieden«, antwortete Norma. »Es setzt mir ganz schön zu. Ich finde das wirklich schwierig. Aber das habe ich vermutlich schon erwähnt.« Kurz herrschte Schweigen. Dann stellte Norma eine Frage, die ihrer Meinung nach der Schlüssel zu dieser ganzen besorgniserregenden Angelegenheit war. »Glauben Sie, Jake würde sie tatsächlich umbringen?«

»Ich weiß, dass Jake ihr wehtun würde.« Teresas Stimme klang jetzt kräftiger. Bestimmter. »Ich denke, das hat er bereits getan. Vermutlich mehr als einmal. Und ich denke, dass meine Tochter ihn am besten kennt. Wenn sie sagt, er sei dazu imstande, dann glaube ich ihr das.«

»Jetzt kommt eine Frage, die keine Mutter gerne hört«, kündigte Norma an. »Ich entschuldige mich also schon mal im Voraus, doch ich muss das fragen. Neigt Ihre Tochter gerne mal zur Übertreibung? Oder leidet sie unter Stimmungsschwankungen? Ich muss wissen, ob ich es mit einer verlässlichen Quelle zu tun habe. Bitte seien Sie nicht beleidigt.«

»Ich verstehe das. Aber nein, ganz entschieden nicht. Sie versucht eher, Jakes Verhalten herunterzuspielen und zu entschuldigen. Sie verteidigt ihn. Sie stellt seine Wut als nicht weiter schlimm hin. Insofern ist es sehr beunruhigend, wenn sie jetzt sagt, dass er sie umbringen würde.«

Schweigen. Norma verspürte nicht den Drang, es zu brechen, daher tat sie das auch nicht.

»Ich hab Ihren Namen nicht verstanden«, meinte Teresa.

»Den habe ich Ihnen bisher noch gar nicht genannt und das werde ich auch nicht. Denn worum mich Ihre Tochter bittet, ist möglicherweise illegal. Zumindest ist es ein Bruch meiner Pflicht als Mitglied der Such-und-Rettungs-Mannschaft.«

»Worum bittet sie Sie denn?«

»Sie möchte, dass ich sie mitten in der Nacht zum Highway bringe und niemandem verrate, dass ich sie gefunden habe. Das heißt, ich soll lügen. Wenn niemand nachfragt, ob ich sie gefunden habe, ist es zwar vielleicht technisch gesehen keine direkte Lüge, trotzdem halte ich eine wichtige Information zurück. Und selbst wenn ich es tue, werde ich sie nicht auf dem Highway sich selbst überlassen. Ein so hübsches junges Mädchen, alleine nachts per Anhalter unterwegs? Da handelt sie sich am Ende noch viel schlimmere Schwierigkeiten ein als die mit ihrem Freund. Nein, wenn ich das tue, dann bringe ich sie zu Ihnen.«

»Dafür wären wir Ihnen unendlich dankbar. Sie würden unsere Tochter vor diesem … Tier retten.«

»Er ist kein Tier«, widersprach Norma.

»Wie können Sie das sagen?«

»Weil es so ist. Waren seine Eltern etwa Vierbeiner? Oder waren sie Menschen? Dann ist er ein Mensch. Leute tun so was gerne: anderen Menschen die Menschlichkeit absprechen. Bevor wir jemanden zum Tode verurteilen, tun wir das. Stellen ihn vor Gericht und behaupten, er sei ja nicht mal menschlich, sondern ein Monster oder ein Tier. Denn wenn wir zugeben, dass er ein Mensch ist, dann ist es viel schwieriger, zu sagen: ›Ja, töten wir ihn.‹ In Ihrem Fall kann ich mir vorstellen, dass es tröstlich ist, zu glauben, dass es so etwas nicht gibt, einen Menschen, der etwas so Schreckliches tun würde, wie Ihre Tochter umzubringen. Aber Menschen tun die ganze Zeit schreckliche Dinge und damit müssen wir irgendwie fertigwerden. Jake hat eindeutig zu viele Probleme, angemessen mit seiner Wut umzugehen, als dass man sich in seiner Nähe aufhalten sollte. Vielleicht hat er Ihre Tochter bereits misshandelt. Vielleicht würde er sie tatsächlich umbringen, wenn sie ihn verließe. Macht ihn das zu jemandem, der eingesperrt werden sollte, damit er niemandem etwas antun kann? Vermutlich. Macht ihn das zu einem schrecklichen Menschen? Eindeutig. Ist er deswegen kein Mensch mehr? Entschuldigung, aber nein.«

Norma wartete auf eine Reaktion auf all das. Erst hörte sie nur Schweigen. Dann lenkte Teresa Moss die Unterhaltung in eine völlig andere Richtung.

»Mein Ehemann und ich werden Ihnen eine Belohnung zahlen, wenn Sie sie herbringen. Eine großzügige.«

»Das werden Sie schön bleiben lassen«, entgegnete Norma. »Das ist das Letzte, was ich brauche: materiell davon zu profitieren, dass ich die Polizei angelogen habe. Und außerdem, falls irgendwann jemand diesen Anruf auf einer unserer Telefonrechnungen findet, müssen Sie sagen, dass ich mich nur gemeldet hätte, um Ihnen zu versichern, dass ich alles in meiner Macht Stehende tue, um Ihre Tochter zu finden. Das wäre zwar ungewöhnlich und würde vielleicht sogar dazu führen, dass man mein Urteilsvermögen anzweifelt, doch es würde meines Wissens nicht gegen das Gesetz verstoßen.«

»Also …«, begann Teresa, und Norma hatte den Eindruck, dass sie sich kaum überwinden konnte, sich so weit vorzuwagen. Wo auch immer das »so weit« war. Allerdings hatte Norma eine ziemlich gute Vorstellung davon. »Heißt das, dass Sie es machen werden?«

»Das weiß ich immer noch nicht«, erwiderte Norma. »Ich stecke in einer Zwickmühle.«

»Mein Mann und ich wären Ihnen bis in alle Ewigkeit dankbar. Wenn sie erst mal hier ist, können wir für ihre Sicherheit sorgen. Wir können sie verstecken oder was auch immer sonst nötig ist. Es ist gut möglich, dass Sie unserem einzigen Kind das Leben retten.«

Norma nahm einen weiteren langen Schluck Bourbon. Vermutlich konnte Teresa sie schlucken hören.

»Ich glaub nicht, dass Sie das hier bis zum Ende durchdacht haben«, erklärte Norma. »Wenn wir nicht melden, dass sie gefunden wurde, wird die Suche tagelang fortgesetzt. Wochenlang. Monatelang. In gewisser Hinsicht endet sie nie. Der Sheriff wird den Fall nicht zu den Akten legen können. Die Ressourcen, die dafür aufgewendet werden, sind beträchtlich. Zeit und Geld. Das sind Ressourcen, die gut für etwas anderes gebraucht werden könnten. Die Behörden werden Kontakt zu Ihnen halten. Die ganze Zeit. Immer wieder nachfragen, ob Sie von ihr gehört haben. Sie werden das verneinen. Das ist ein Verbrechen, weil es eine Lüge ist. Eine falsche Angabe im Polizeibericht. Sind Sie sich sicher, dass Sie sich das zumuten wollen? Und bevor Sie antworten, lassen Sie sich von mir das wirklich Angsteinflößende sagen. Das wirklich Angsteinflößende ist, dass ich mir nicht mal sicher bin, dass *ich* es bis zum Ende durchdacht habe. Ich versuche es, aber ich habe einfach dieses nagende Gefühl, dass da noch mehr unbeabsichtigte Konsequenzen folgen könnten, Dinge, die wir überhaupt nicht auf dem Schirm hatten. Daher frage ich ein weiteres Mal: Sind Sie sich sicher?«

»Ich würde hundertmal mehr riskieren, damit meine Tochter am Leben bleibt. Vor ein paar Minuten habe ich noch geglaubt, dass dieser Mann sie vielleicht getötet und ihren Leichnam irgendwo verscharrt hat.«

»Das haben wir alle für möglich gehalten.«

»Haben Sie eine Vorstellung davon, wie schwer das für Owen und mich gewesen ist? Haben Sie selbst Kinder?«

»Ja«, erwiderte Norma. »Zwei Jungs, beide inzwischen erwachsen. Ich ziehe es vor, nicht darüber zu reden.«

»Oh, tut mir leid. Nun, wie auch immer … Dann wissen Sie jedenfalls, wie weit ich gehen würde, um dafür zu sorgen, dass meine Tochter am Leben bleibt. Um nicht den Anruf zu kriegen, von dem wir eben dachten, dass es dieser sei.«

Norma seufzte tief und nahm einen weiteren Schluck Bourbon. Vor dem Fenster hatte Fred seine Mahlzeit beendet und begab sich in seinen Unterstand, um dort die Nacht zu verbringen. Dachte er vermutlich zumindest. Da hatte sie nachher eine Überraschung für ihn.

»Wenn ich es tue«, sagte Norma ins Telefon, »werden Sie mich aus allem raushalten, für immer.« Ihre Stimme klang fest und bestimmt, sogar noch mehr als sonst. »Wenn je rauskommt, dass sie am Leben ist und nicht länger vermisst wird, werden Sie bis ans Ende aller Tage schwören, dass sie von ganz allein auf Ihrer Türschwelle aufgetaucht ist.«

»Das machen wir. Versprochen. Wir geben Ihnen unser Wort als Eltern. Bitte bringen Sie Jill zu uns.«

»Ich tue es wider besseres Wissen.«

»Aber Sie werden es tun?«

»Ich fürchte, langsam sieht es so aus«, antwortete Norma.

* * *

Nachdem das Telefonat beendet war, saß Norma mehrere Minuten lang da und spürte, wie ihr der Alkohol zu Kopf stieg.

Dann beschloss sie, dass all ihre Vorbehalte ihr jetzt nichts mehr nützten und es an der Zeit war, sie beiseitezuschieben. Ein für alle Mal zu den Akten zu legen. Wenn man noch dabei war, sich zu entscheiden, waren sie überaus wichtig. Doch nachdem man seine Entscheidung getroffen hatte, waren sie überflüssig und brachten einem nichts mehr. Selbst wenn das, was man entschieden hatte, ein Fehler war.

Und es bestand eine ziemlich große Chance, dass das, was Norma entschieden hatte, ein Fehler war.

Sie griff erneut nach dem Telefon und rief Betty an.

»Hey«, sagte Norma, als Betty sich meldete.

»Alles in Ordnung? Du klingst gar nicht gut.«

»Mir geht's auch nicht gut. Ich war den ganzen Tag im Sattel, nachdem ich letzte Nacht kaum ein Auge zugetan hab. Und ich hab so ein flaues Gefühl im Magen. Außerdem muss ich morgen früh gleich wieder raus. Glaubst du, du könntest heute Abend vielleicht allein klarkommen?«

»Vermutlich schon«, erwiderte Betty. »Schließlich ist es ja Montag.«

»Montag? Ich hab völlig den Überblick verloren.«

»Schau, dass du ein paar Stunden schlafen kannst, Norma.«

»Oh, unbedingt«, sagte sie und legte auf.

Natürlich wusste sie bereits, dass das heute Nacht nicht passieren würde.

»Ihr bleibt hier«, wandte sie sich an die Hunde.

Die betrachteten sie sorgenvoll. Sie schienen zu wissen, dass sie nicht einfach zur Arbeit fahren würde. Woher Hunde so viel wussten, war Norma allerdings schleierhaft.

Trotzdem, sie konnte es sich nicht leisten, dass sie neben ihr herliefen und am Ende noch irgendwas ankläfften.

Sie schlüpfte erneut in ihre Stiefel, die noch auf der Veranda standen, begab sich in die Sattelkammer, wo sie sich Freds Zaumzeug über die Schulter hängte und den schweren Sattel am Knauf fasste und sich auf den Rücken lud.

Sie lief die paar Schritte hinüber zu seiner Koppel.

Das Pferd streckte sofort den Kopf aus seinem Unterstand und schaute sie im Mondlicht überrascht an.

»Mir ist bewusst, dass das hier ungewöhnlich ist«, meinte sie zu ihm. »Aber wie auch immer, wir müssen noch mal raus.«

* * *

Während sie durch die Nacht ritt, fiel ihr auf, dass es wenig gebracht hatte, am Telefon ihren Namen zu verschweigen. Denn schließlich war sie die einzige Frau in der Suchmannschaft von Sloot.

Kapitel Vier

Warum

In dieser Nacht war der Himmel klar und der Mond schien hell, was sowohl ein Segen als auch ein Fluch war. Einerseits konnten Norma und St. Fred leichter sehen, wo sie entlangritten, andererseits waren sie aber auch für andere, die möglicherweise hier draußen unterwegs waren, leichter zu erkennen.

Da es um Normas Nachtsicht nicht besonders gut bestellt war, hielt sie vorsichtshalber einen Arm mit der Handfläche nach außen vor sich ausgestreckt, damit sie herabhängende Äste entdeckte, bevor sie sie im Gesicht treffen konnten. In der anderen Hand hatte sie ihr LED-beleuchtetes GPS-Gerät, dessen Pfeil sich langsam bewegte, während sich der Weg durch die Landschaft schlängelte, und immer zu der Stelle zeigte, wo sie das Mädchen zurückgelassen hatte. Das bedeutete, dass sie ritt, ohne dem Tier Anweisungen zu geben. Sie hätte dem Pferd per Schenkeldruck Signale übermitteln können, falls das nötig gewesen wäre, doch wie immer wusste Fred offenbar genau, was sie von ihm wollte.

Der Mond warf gespenstische Schatten von den Felsformationen ins Tal und die wenigen Sterne, die nicht neben dem Mond verblassten, strahlten in Normas Augen heller als je zuvor.

Als der Pfad abwärtsführte, lehnte sie sich im Sattel zurück, um es dem Pferd leichter zu machen. Dann wurde der Weg wieder eben und sie döste ein, ohne es so richtig zu merken.

Sie wachte auf, weil sie auf den Widerrist des Pferdes rutschte und leicht nach links kippte. Fred war stehen geblieben, was ebenfalls dazu beigetragen hatte, dass sie aus dem Gleichgewicht geraten war. Vermutlich war das überhaupt der Grund, weshalb er angehalten hatte: Ihr Gewicht auf seinem Rücken hatte sich nicht sicher verteilt angefühlt.

Als sie auf das GPS-Gerät blickte, erkannte sie, dass sie angekommen war. Und sie hatte keine Ahnung, ob Fred gestoppt hatte, weil er wusste, dass sie da waren – wenn so etwas denn, selbst für Fred, möglich war –, oder ob ein seltsamer Zufall dafür gesorgt hatte, dass sie eingeschlafen und am richtigen Ort aufgewacht war.

Sie schaute den Hügel hoch und sah lediglich die vage Form der gefallenen Steine und die Schatten, die sie warfen.

Norma pfiff einen Vogelruf, den der Singammer, auch wenn sie nicht glaubte, dass Jill das wissen würde. Eigentlich sangen diese Vögel nachts nicht, aber das würde das Mädchen ebenfalls nicht wissen.

Sie hielt inne und wartete.

Nichts.

Sie wiederholte den Ruf.

Immer noch nichts.

Das störte Norma, denn sie hatte nicht vorgehabt, abzusitzen und im Dunkeln den Hügel zu erklimmen.

Sie gab einen deutlich menschlichen Laut von sich, so laut, wie dieses an sich leise Geräusch denn sein konnte.

»Pssst!«

Jetzt nahm sie über sich eine Bewegung wahr. Dann hörte sie, wie das Mädchen rutschend und stolpernd den Hügel herabkam.

»Sie sind es«, stellte Jill fest, als sie bei ihr eintraf.

»Ja. Ich. Haben Sie meinen Vogelruf nicht gehört?«

»Doch.«

»Und?«

»Ich hab gedacht, das wäre ein Vogel.«

»Singvögel singen nachts nicht.«

»Oh. Tut mir leid, das wusste ich nicht.«

»Egal. Jetzt tun Sie Folgendes.« Während sie sprach, zog Norma ihren linken Fuß aus dem Steigbügel. »Ich habe auf Ihrer Seite den Fuß aus dem Steigbügel genommen. Stellen Sie jetzt Ihren Fuß da hinein. Sie müssen mit dem Bein weit hoch. Fred ist ein großes Pferd.«

»Das kann man wohl sagen«, erwiderte Jill und klang ein wenig eingeschüchtert.

»Dann möchte ich, dass Sie meinen Arm ergreifen und sich hinter mir aufs Pferd schwingen. Sie werden nicht im Sattel sitzen. Da ist kaum genug Platz für mich. Ich möchte, dass Sie so behutsam wie möglich direkt hinter dem Hinterzwiesel landen.«

»Was ist ein Hinterzwiesel?«

»Das Ding hier«, erklärte Norma und deutete auf den harten Lederwulst hinten am Sattel. »Dahinter ist ein flacher Teil vom Sattel, und Sie werden halb darauf und halb auf dem Pferdehintern sitzen.«

»Kommt das Tier damit klar?«

»Was wiegen Sie? Fünfzig Kilo?«

»Fünfundvierzig.«

»Sorry, dass ich gefragt habe. Das Pferd ist ziemlich groß, das kriegt es also hin.«

Eine volle Minute lang wartete sie darauf, dass das Mädchen ihren Anweisungen Folge leistete, aber nichts geschah.

»Wir müssen hier weg«, mahnte sie schließlich. »Warum zögern Sie?«

»Nachdem ich da oben bin … passiert was? Wo bringen Sie mich hin?«

»Oh. Ist das das Problem? Wir reiten zu meinem Haus. Dort werde ich Ihnen erst mal etwas zu essen machen. Und dann schaffen wir Sie irgendwie zu Ihren Eltern nach Südkalifornien.«

»Sie haben mit ihnen gesprochen?«

»Natürlich. Das hatte ich ja gesagt, also hab ich's auch getan.«

Norma sah, wie das Mädchen in der Dunkelheit das rechte Bein hochstreckte und nach dem Steigbügel tastete.

»Sie kennen sich mit Pferden nicht sonderlich gut aus, oder?«, fragte sie.

»Nein. Warum?«

»Man stellt den *linken* Fuß in den Steigbügel.«

»Hätten Sie mir das nicht vorher sagen können?«

»Ich dachte, das wäre klar. Wenn Sie Ihren rechten Fuß da reinstellen und sich hochschwingen, würden Sie rückwärts auf dem Pferd sitzen. Aber nur theoretisch, sofern Sie Ihren Fuß um hundertachtzig Grad drehen könnten. Was nicht geht.«

»Das ist komplizierter, als es sich bei Ihnen angehört hat.«

»Menschen auf der ganzen Welt schaffen das jeden Tag. Das ist nicht gerade Raketenwissenschaft.«

Soweit Norma das beurteilen konnte, versuchte Jill es jetzt, indem sie mit beiden Händen den Steigbügel festhielt, während sie ihren Fuß hineinmanövrierte.

»Ich glaube, so könnte es funktionieren«, murmelte sie. »Ich möchte nur auf keinen Fall abrutschen, wenn ich mich hochschwinge. Ich hab Flipflops an.«

Norma spürte, dass ihr gleich der Geduldsfaden reißen würde.

»Warum bitte haben Sie Flipflops an?«

»Schreien Sie mich nicht an. Ich wusste ja nicht, dass ich würde reiten müssen.«

»Ich meine, warum laufen Sie in dieser Gegend mit Flipflops herum?«

»Sie sind bequem. Angenehm und kühl. Das ist wohl allgemein der Grund, oder?«

»Kluge Leute tragen hier festes Schuhwerk, Wanderstiefel. Aber das ist jetzt weder der Ort noch die Zeit, um das zu diskutieren. Beeilen Sie sich und halten Sie sich an meinem Arm fest.«

Das Mädchen hakte ihren linken Arm unter Normas und unternahm einen erneuten Versuch, aufs Pferd zu kommen. Norma musste allerdings heftig mithelfen, damit es klappte.

Fred balancierte sich aus, als das Mädchen hinter den Sattel glitt, und Jill quiekte erschreckt auf.

»Was macht er da?«

»Er hat bloß sein Gewicht verlagert, das ist alles.«

»Au. Ich hab mir was gezerrt.«

Das ignorierte Norma.

»Sie können die Arme um meine Taille schlingen, wenn Sie Angst haben, runterzufallen. Ich weiß, dass es ohne Steigbügel anders ist.«

»Ich glaube, es geht schon, aber … darf ich meine Hand auf Ihre Schulter legen? So?«

In der Nähe ihres Schlüsselbeins spürte sie die Berührung von schmalen Fingern, kurz bevor sie ihre Schulter umfassten.

»Okay«, meinte sie.

Sie wendete das Pferd auf dem Pfad und ließ es losgehen und die Hand schloss sich fester um ihre Schulter. Tatsächlich hätte sie fast »Au« gesagt, schaffte es jedoch gerade noch, sich das zu verkneifen. Nach ein paar Schritten schien sich das Mädchen an Freds Bewegungen gewöhnt zu haben, denn es lockerte den Griff, was deutlich angenehmer war.

»Danke, dass Sie das tun«, sagte Jill. Sie hörte sich dankbar und auch ein bisschen kleinlaut an. Auf jeden Fall klang es aufrichtig.

»Kein Problem.«

Eine Weile ritten sie schweigend.

Norma hatte die Sorge, dass sie den Weg zurück nicht würde finden können, denn sie war sich nicht sicher, wie die Abzweigung in der Dunkelheit aussah. Zwar wies ihr das GPS-Gerät die Richtung zu ihrem Haus, allerdings verriet es nicht, an welcher Stelle sie abbiegen musste, um dort auch anzukommen. Doch Fred erkannte das ganz allein.

»Das scheint ein sehr nettes, ruhiges Pferd zu sein«, erklärte das Mädchen.

»Er ist ein ganz Braver.«

»Wie heißt er?«

»Fred. Aber die Einheimischen nennen ihn St. Fred.«

»Warum?«

»Weil sein Name Fred ist und er nie irgendetwas falsch macht, fast wie ein Heiliger. Na ja, also so gut wie nie.«

Gerade als sie den letzten Satz beendet hatte, tauchte ein einsamer Kojote vor ihnen auf dem Weg auf. Er sah sie, erstarrte und stand für eine Sekunde stockstill. Das erschreckte wiederum das Pferd, das abrupt und mit gespreizten Hufen stehen blieb. Norma konnte es wie einen Blitz durch seine Muskeln zucken fühlen.

Das Mädchen stieß einen weiteren dieser spitzen Schreie aus und der Kojote verschwand.

»Was war das?«

»Er hat sich lediglich wegen des Kojoten erschreckt. Der kam ja quasi aus dem Nichts.«

»Und direkt nachdem Sie behauptet hatten, er mache nie etwas falsch.«

»Das kann auch nur jemand aus der Stadt sagen, der keine Ahnung hat, was neunundneunzig Prozent aller Pferde tun würden, wenn etwas einfach so aus der Dunkelheit auftaucht.«

»Was wäre das denn?« Die Stimme des Mädchens klang unsicher, als ob sie es eigentlich gar nicht so genau wissen wollte.

»Lassen Sie es mich so ausdrücken, wir haben Riesenglück, dass wir nicht auf dem Boden gelandet sind.«

Wieder ritten sie schweigend durch die Nacht, und die Hand des Mädchens entspannte sich allmählich.

Norma hatte sich an den Griff an ihrer Schulter gewöhnt. Als Mutter fand sie ihn sogar beruhigend, denn er erinnerte sie daran, wie ein Kind die Hand eines Erwachsenen nimmt, wenn eine Straße überquert werden muss.

»Es ist sehr nett von Ihnen, mich zu meinen Eltern zurückzubringen«, begann Jill und riss Norma aus ihren Gedanken.

»Ich tue das wider besseres Wissen.«

»Warum dann also?«

Norma öffnete den Mund, um zu antworten, aber das Mädchen redete schon weiter. Die Worte sprudelten einfach aus ihr heraus.

»Oh, so habe ich es nicht gemeint. Es ist auf jeden Fall nett, dass Sie es tun, aus welchem Grund auch immer, und vermutlich geht mich das überhaupt nichts an. Es schien mir nur irgendwie … Nun, vielleicht sollte ich mich nicht dazu äußern, wie ich denke, dass Sie sind, weil ich Sie ja eigentlich gar nicht kenne. Ich habe Sie ja gerade erst ein Mal getroffen. Doch nach meinem bisherigen Eindruck sind Sie niemand, der Dinge wider besseres Wissen tut.«

»Normalerweise stimmt das auch.«

»Sie müssen es mir nicht sagen, wenn Sie nicht wollen.«

Erneut ritten sie schweigend weiter, ein oder zwei Minuten lang. Norma lehnte sich vor, als der Pfad bergan führte. Das Mädchen folgte ihrem Beispiel nicht.

»Verlagern Sie Ihr Gewicht ein wenig nach vorne«, verlangte Norma. »So fällt es dem Pferd leichter, bergauf zu gehen.«

Das Mädchen beugte sich so weit vor, dass sie mit dem Kinn an Normas Rücken stieß, korrigierte ihre Haltung dann jedoch. Mit der anderen Hand griff sie nach dem Zwiesel direkt hinter Normas Hüfte.

Wieder legten sie ein Stück des Weges schweigend zurück.

»Früher einmal«, setzte Norma an, »war ich verheiratet. Das ist schon sehr lange her. Siebzehn Jahre war ich mit dem Kerl verheiratet. Wir hatten zwei Kinder. Zwei Jungs. Alle haben meinen Ehemann für den nettesten Menschen überhaupt gehalten. Und das war er häufig auch. Leider hatte er noch eine andere Seite.«

Sie machte eine Pause, spürte dem vertrauten Gefühl des Pferdes unter sich nach. Fragte sich, ob sie das wirklich erzählen wollte.

Das Mädchen sagte nichts, wartete einfach ab.

»Er war einer dieser Männer, die mit Wut nicht gut klarkommen. Ich war allerdings die Einzige, die das erfahren hat. Ich weiß nicht genau, warum das so war. Vielleicht waren seine Gefühle, wenn er in meiner Nähe war, irgendwie überwältigender, weil Liebe im Spiel war. Vielleicht lag es auch daran, dass ich seine Frau war und er das Gefühl hatte, das Recht dazu zu haben. Ich verstehe diese Geisteshaltung nicht wirklich und ich will es auch gar nicht. Wie auch immer, meistens waren es kleine Dinge, selbst wenn sie sich damals nicht klein angefühlt haben. Er hat mich am Oberarm gepackt und geschüttelt, sodass ich hinterher riesige blaue Flecken hatte. Einmal hat er mich zu Boden gestoßen und an den Haaren wieder hochgezerrt. Nicht dass das nicht schlimm genug wäre, doch lange Zeit ist es nicht darüber hinausgegangen. Und dann, eines Tages, hat er versucht, mich zu erwürgen.«

Sie schwieg für einige Augenblicke. Das Mädchen sagte nichts, hörte einfach nur zu. Sie schien tatsächlich so aufmerksam zuzuhören, dass Norma meinte, es spüren zu können.

Sie hatte seit Jahren mit niemandem darüber gesprochen.

»Ich hab gedacht, er bringt mich um. Er hat mich so lange gewürgt, bis ich das Bewusstsein verlor, und ich hab gedacht: Jetzt sterbe ich. Als ich die Augen wieder aufgeschlagen habe, war ich ehrlich überrascht. Ich hab die Jungs genommen und versucht, ihn zu verlassen. Na ja, ich hab ihn verlassen. Aber nicht mit den Jungs. Sie wollten nicht mitkommen. Sie wollten bei ihrem Vater bleiben.«

»Nachdem er Ihnen das angetan hatte?«

»Sie haben mir nicht geglaubt, dass er das getan hat. Sie hatten diese Seite von ihm noch nie erlebt. Dafür hatte er gesorgt. Er hat behauptet, dass es eine Lüge sei. Dass ich einen anderen Mann hätte und darum lügen würde, und sie haben ihm geglaubt. Sie waren dreizehn und fünfzehn. Danach habe ich sie fast zehn Jahre lang nicht gesehen. Sie wollten sich nicht mit mir treffen und nur Gott allein weiß, was für Unwahrheiten er ihnen hinter meinem Rücken über mich erzählt hat.«

Das Mädchen schwieg für eine Zeit, die sich sehr lang anfühlte.

Dann sagte sie: »Es tut mir leid, dass Ihnen das passiert ist.«

»Nicht halb so leid wie mir, aber trotzdem danke.«

»Ist das der Grund, warum Sie mir helfen, obwohl es wider besseres Wissen geschieht?«

»Ich kann nicht *diese Person* sein. Wissen Sie? Die, die Ihnen nicht glaubt, wie schlimm es war.«

Sie erreichten die Kuppe des Hügels, und Norma erblickte in der Ferne ihr kleines Haus auf dem kleinen Ranchgrundstück, gebadet in Mondlicht.

»Da lebe ich«, verkündete sie.

»Haben Sie keine Angst, so allein hier draußen?«

»Nein, ich kann auf mich aufpassen.«

»Ist es nicht sehr einsam?«

»Ich habe das Pferd und zwei Hunde, und je weniger Leute ich in meinem Leben habe, desto glücklicher bin ich. Sind Sie hungrig?«

»Ja, Ma'am.«

»Das hab ich mir gedacht. Ich mache uns ein paar Pfannkuchen und Ei, bevor wir wieder aufbrechen.«

»Das wäre sehr nett«, sagte Jill.

* * *

Jill saß an Normas Küchentisch und kraulte beide Hunde hinter den Ohren. Norma kam zu ihr und reichte ihr eine Tasse Kaffee und einen großen Plastikbecher mit Wasser.

Es war das erste Mal, dass sie das Mädchen genau betrachten konnte. Jill war fast schmerzhaft zierlich und hatte riesige, strahlend blaue Augen. Sie hielt den Blick leicht abgewandt, wie Leute das tun, die jemand gelehrt hat, Angst zu haben.

»Besitzen Sie einen Führerschein?«, fragte Norma sie.

»Ja. Doch den musste ich zurücklassen. Der war im Zelt bei Jake, und wenn ich zurückgelaufen wäre, um mein Portemonnaie zu holen, hätte er gewusst, dass ich wirklich gehe, und er hätte mich niemals weggelassen. Leute nehmen nicht ihr Portemonnaie mit, wenn sie nur mal kurz in die Büsche wollen.«

»Okay.« Norma setzte sich an den Tisch, als würde ihr das beim Denken helfen. »Wenn Sie also fahren, dann ohne Ihren Führerschein bei sich zu haben«, sagte sie, mehr oder weniger zu sich selbst. »Aber falls wir wegen irgendetwas angehalten werden sollten und am Computer eine Überprüfung stattfände, stünde da, dass Sie einen haben.«

»Ich soll fahren?«, erkundigte sich das Mädchen zwischen großen Schlucken Wasser.

»Ich will ehrlich zu Ihnen sein. Meine Nachtsicht ist nicht besonders gut und ich habe kaum geschlafen. Daher hab ich mir überlegt, dass ich Sie unter einer Decke versteckt rausfahre, damit Sie niemand sieht. Doch wenn wir weit genug weg sind, lass ich Sie ans Steuer. Eventuell kann ich dann sogar ein bisschen Schlaf nachholen. Sie müssen allerdings echt vorsichtig sein, denn wenn wir wegen irgendwas der Polizei auffallen, ist das Spiel aus. Dann ist Ihr Aufenthaltsort offiziell registriert. Entweder das, oder Sie müssen sich den Tag über hier verbergen und wir brechen morgen Abend auf.«

»Ich hab auch kaum geschlafen«, sagte Jill. »Vielleicht ist es besser, wenn wir bis morgen warten.«

»Also gut. Ich denke, das ist dann der Plan.« Norma stemmte sich hoch. Sie war müde und wund. »Ich weiß, dass Sie Hunger haben, also mach ich uns schnell was zu essen.«

»Kann ich meine Eltern anrufen?«

»Nein. Tut mir leid. Das ist einer der Gründe, warum ich eigentlich gleich heute Nacht loswollte. Ihre Eltern müssen einfach darauf vertrauen, dass Sie irgendwann bei ihnen eintreffen. Ich habe sie schon einmal angerufen, sodass das auf meiner Anrufliste steht. Wenn das jemand sieht, ließe es sich mit Anteilnahme erklären. Für einen weiteren Anruf hingegen gibt es keinen Grund. Im Zweifelsfall würde ich damit nur meine Beteiligung an der ganzen Aktion verraten.«

»Das verstehe ich nicht. Wer sollte denn Ihre Anrufliste überprüfen?«

»Ja, offensichtlich verstehen Sie das wirklich nicht. Dabei ist es höchste Zeit, dass Sie damit anfangen. Sie haben eine Entscheidung getroffen, die jede Menge Konsequenzen nach sich zieht. Sie gelten weiterhin als vermisst. Das ist Polizeisache. Je länger Sie verschwunden bleiben, desto mehr erhärtet sich der Verdacht, dass Ihr Freund Sie umgebracht hat. Es wird Ermittlungen geben.«

»Oh.«

Norma ließ das Mädchen einen Moment in Ruhe darüber nachdenken, während sie selbst den Pfannkuchenteig anrührte.

»Sind Sie sich sicher, dass Sie das tatsächlich durchziehen wollen?«, fragte sie nach einer Weile. »Denn noch kann ich Sie morgen problemlos ganz offiziell ›finden‹.«

»Ich bin mir sicher«, antwortete das Mädchen. »Absolut sicher sogar. Besser, es wird in einem falschen Mordfall ermittelt als in meinem richtigen. Ich will einfach bloß lebend zu meinen Eltern.«

Kapitel Fünf

Die Sache

Als Norma am nächsten Morgen aufwachte, musste sie blinzeln, weil Sonnenlicht durch das Schlafzimmerfenster aufs Bett fiel. Sie nahm den Wecker von ihrem Nachttisch und spähte mit zusammengekniffenen Augen auf das Zifferblatt.

Es war elf Uhr vormittags.

Norma konnte sich nicht erinnern, je in ihrem Leben länger als bis sieben Uhr morgens geschlafen zu haben. Andererseits ritt sie normalerweise auch nicht nachts über Wanderwege und bereitete danach Frühstück für Besuch zu.

Als sie sich nach den Hunden umblickte, bemerkte sie, dass die beiden nicht bei ihr im Schlafzimmer waren.

Sie stand auf, zog sich einen Morgenmantel über ihren Schlafanzug und trat in ihr kleines Wohnzimmer, in dem gedämpftes Licht herrschte, weil sie alle Vorhänge zugezogen hatte. Sollte unerwarteterweise tatsächlich irgendjemand auf die Idee kommen, nach ihr zu schauen, würde er durchs Fenster nichts Verdächtiges erkennen können – also auch nicht das Mädchen, das auf ihrer Couch schlief.

Als sie die Stelle erreichte, an der ihr der große Relaxsessel nicht mehr die Sicht versperrte, sah sie das Mädchen zusammengerollt unter den Decken, die Norma ihr gegeben hatte, auf dem Flickenteppich auf dem Boden liegen. Zu beiden Seiten von ihr hatte sich je einer der Hunde ausgestreckt. Für den flüchtigen Beobachter schien es, als schliefe sie, doch als Norma näher trat, öffnete das Mädchen die Augen.

Sie blinzelte Norma ein paar Sekunden lang verwirrt an, als müsse sie erst ihre Erinnerungen auf den neuesten Stand bringen. Dann lächelte sie schüchtern.

»Was machen Sie denn dort unten?«, fragte Norma. Leider kam das nicht so heraus, wie sie es sich vorgestellt hatte.

Eigentlich hatte sie gewohnt ruppig sein wollen, sodass es sich wie Kritik oder eine Beschwerde anhörte, aber ihre Stimme klang in ihren eigenen Ohren weich und schien einen Anflug von beinahe so etwas wie … Zuneigung zu enthalten. Zumindest ein Stück weit.

Sie ist nicht dein Kind, ermahnte sich Norma. *Sie ist das Kind von anderen Leuten.*

Bei ihren Worten waren die Hunde aufgewacht, schauten Norma an und wedelten.

»Hunde sind echte Trostspender«, verkündete Jill.

»Ja, sind sie. Möchten Sie was zum Frühstück?«, fragte Norma, um von ihrem Moment der Schwäche abzulenken.

»Äh, nein, danke, jetzt gerade nicht. Wir hatten ja das große Frühstück mitten in der Nacht. Nur wenn Sie ohnehin Kaffee machen, hätte ich gern einen.«

»Es ist morgens, daher koche ich Kaffee. Aber vorher muss ich dringend das Pferd füttern und dann den Hunden was vorsetzen. Danach kümmere ich mich um uns.«

* * *

»Sie haben mir gar nicht Ihren Namen genannt«, stellte das Mädchen fest, als Norma ihr eine Tasse Kaffee reichte.

»Nein, hab ich nicht. Und Ihren Eltern auch nicht. Ich hatte diese überaus kluge Idee, dass ich bei alldem anonym bleiben könnte. Mir ist erst nach und nach klar geworden, dass ich das nicht gründlich durchdacht hatte. Schließlich müssen Ihre Eltern bloß fragen, wer eigentlich die Frau bei dem Suchtrupp war, der nach dem Verschwinden ihrer Tochter ausgesandt wurde. Denn da gibt es genau eine. Und Ihnen hab ich ja verraten, dass mein riesiger Falbe St. Fred heißt, was den Kreis der infrage kommenden Personen ebenfalls einschränkt. Da es also ohnehin kein großes Geheimnis mehr ist, kann ich es Ihnen auch sagen. Ich bin Norma.«

»Vielen Dank für den Kaffee, Norma.«

»Bitte. Jetzt muss ich Betty anrufen.«

Sie nahm den Hörer des Festnetzapparats von der Wand und drückte die Schnellwahltaste mit der Zwei.

Betty ging beim zweiten Klingeln ran.

»Du warst ohnehin wach«, erklärte Norma. »Oder?«

»Ja. Was gibt's?«

»Ich glaube, ich hab mich geirrt, als ich gesagt habe, ich sei einfach nur müde vom Schlafmangel und von dem Tag im Sattel. Ich fürchte, ich hab mir einen Magen-Darm-Infekt eingefangen.«

»Du hattest ja erwähnt, dass dir nicht ganz wohl im Magen sei.«

»Jetzt ist es schlimmer geworden.«

Ein langes Schweigen entstand. Norma wusste nicht so recht, welchen Reim sie sich darauf machen sollte. Sie hatte damit gerechnet, dass Betty sofort wüsste, worauf sie hinauswollte. Sie wartete länger, sagte sich, Betty würde schon noch von allein drauf kommen.

»Betreten wir hier neues Terrain?«, wollte Betty nach ein paar Sekunden Stille wissen.

»Ich hab keine Ahnung, wovon du redest.«

»Möchtest du, dass wir mehr so etwas wie echte Freundinnen sind?«

»Was meinst du, Betty? Ich verstehe bloß Bahnhof.«

»Normalerweise hast du nicht so ein Mitteilungsbedürfnis und rufst mich auch nicht wegen solcher Sachen an, wie du dich fühlst oder so.«

»Ich hab kein Mitteilungsbedürfnis. Ich wollte dir nur sagen, dass ich heute nicht kommen kann.«

»Norma …«

»Was?«

»Dienstags hast du frei.«

»Oh. Heute ist Dienstag?«

Norma hörte ein kleines Hüsteln durch die Leitung, vielleicht ein leises Lachen.

»Du bist wirklich nicht du selbst, scheint mir. Gerade gestern noch wusstest du nicht, dass es Montag war.«

»Ja, gut. Ich bin ein bisschen durcheinander.«

»Sieht so aus. Mir geht es auch oft so, wenn ich krank bin. Man hat irgendeinen Infekt in den Nebenhöhlen oder in der Lunge oder im Magen und denkt, das dürfte den Verstand eigentlich nicht beeinträchtigen. Schließlich haben die Körperregionen nichts miteinander zu tun. Aber mein Gehirn fühlt sich dann immer ein bisschen matschig an. Ruh dich gut aus, okay?«

»Ja, mach ich. Danke.«

Sie legte auf und da fiel es ihr siedend heiß ein. Sie war mehrere Stunden zu spät dran für die Suchaktion. Es passte nicht zu ihr, einfach nicht aufzutauchen. So sehr, dass Ian sich sorgen würde. Womöglich würde er sogar herkommen, was Norma nun absolut nicht gebrauchen konnte.

Sie wählte seine Handynummer aus dem Gedächtnis.

Er ging beim ersten Klingeln ran.

»Norma«, rief er. »Gott sei Dank. Wir haben gerade schon überlegt, ob wir eine Suchmannschaft zu dir rausschicken müssen.«

»Ja, tut mir furchtbar leid, Ian. Ich hab irgendeinen Magen-Darm-Infekt und hab die ganze Nacht kein Auge zugetan. Und nachdem ich dann gegen Morgen endlich eingeschlafen bin, hab ich komplett verpennt.«

»Dann ruh dich aus und schau, dass du gesund wirst. Wir schaffen es auch ohne dich. Ruf mich an, wenn du dich wieder besser fühlst.«

»Okay, Ian. Danke.«

Sie legte auf und hängte das Empfangsteil wieder in die Wandhalterung. Dann setzte sie sich zurück an den Tisch zu Jill. Sie war aufgewühlt und hoffte, dass man es ihr nicht anmerkte. Sie versuchte, es zu überspielen. Nur war das gerade wieder so ein perfektes Beispiel dafür gewesen, dass man glaubte, an alles gedacht zu haben, bloß um dann festzustellen, wie sehr man sich da geirrt hatte.

»Was tun Sie eigentlich den ganzen Tag so?«, erkundigte sich Jill.

Sie klang gelangweilt. So als könne sie die drohende Langeweile kaum ertragen. Das ärgerte Norma. Am liebsten hätte sie gesagt: »Wenn das das schlimmste Problem ist, das Sie je haben, dann können Sie von Glück reden.« Aber das sprach sie nicht aus.

»Normalerweise würde ich durch die Berge reiten und nach Ihnen suchen. Vielleicht auch in die Stadt zum Supermarkt fahren und Lebensmittel einkaufen. Oder den Pferdestall ausmisten und Fred striegeln, bevor ich mit den Hunden spazieren gehe. Doch jetzt kann ich nichts davon tun, weil ich gerade allen erklärt habe, dass ich krank bin. Und jetzt ärgere ich mich, denn heute war mein freier Abend, sodass ich Betty überhaupt nicht hätte anrufen müssen, um ihr irgendwelche Lügen aufzutischen.«

»Den Suchtrupp hätten Sie auf jeden Fall informieren müssen.«

»Oh. Ja, stimmt.«

»Also sagen Sie, dass wir den ganzen Tag lang hier rumsitzen werden.«

»So in etwa.«

»Ich denke, es hätte schlimmer für mich kommen können.«

»Da bin ich aber froh, dass Ihnen das klar ist«, bemerkte Norma.

* * *

Am liebsten hätte Norma sich in ihrem Zimmer eingeschlossen und den Eindringling nicht weiter beachtet.

Sie hatte nie Gäste bei sich zu Hause. Falls irgendjemand uneingeladen auftauchte, geschah es bisweilen, dass sie die Person einlud, auf ihrer Couch Platz zu nehmen, ihr ein Glas Wasser anbot und sich anhörte, was sie auf die Schnapsidee gebracht hatte, Norma mit einem Besuch zu überraschen. Dann stand sie normalerweise irgendwann plötzlich auf und murmelte etwas in der Richtung, dass sie dringend wieder mit dem weitermachen müsse, was sie gerade getan hatte, bevor sie unterbrochen worden war.

Doch dieses Mädchen konnte nirgendwohin, bis Norma sie zu ihren Eltern fuhr.

Also stand sie auf, seufzte und fügte sich aus schierer Langeweile in ihr Schicksal.

Sie öffnete die Schlafzimmertür und sah, dass das junge Mädchen neben den Hunden auf dem Teppich lag und ihnen die Köpfe streichelte, während sie selbst die Decke anstarrte.

Sie wandte den Kopf und schaute zu Norma, als die Türangeln knarrten.

»Spielen Sie Karten?«, fragte Norma.

Das Mädchen setzte sich auf.

»Ich kann Gin Rommé.«

»Prima. Ich hole die Karten.«

* * *

»Ich hab meinen Eltern nicht erzählt, wie schlimm das mit Jake gewesen ist«, gestand das Mädchen. »Und am liebsten würde ich es ihnen überhaupt nie sagen.«

Norma umklammerte ihre Karten, überlegte, ob sie das Mädchen eher auffordern sollte, sich wieder auf das Spiel zu konzentrieren, oder eine Pause vorschlagen sollte, damit sie sich alles von der Seele reden konnte.

Eine Minute später seufzte sie und legte ihre Karten verdeckt auf den Tisch.

»Ich denke, das haben sie sich schon selbst zusammengereimt.«

»Wirklich? Haben sie was erwähnt?«

»Ich hab nur mit Ihrer Mutter gesprochen. Sie hat erklärt, sie vermute, dass er Sie bereits vorher misshandelt hat, vielleicht sogar mehr als einmal.«

»Oh«, erwiderte Jill.

Sie hielt ihre Karten verkrampft in beiden Händen, wie Norma auffiel. Vermutlich würden sie sich dadurch verbiegen, eventuell sogar so sehr, dass es nicht reichen würde, sie wieder in die Schachtel zu stecken. Vermutlich würde sie ein neues Set kaufen müssen.

Norma antwortete nicht und das Mädchen sprach weiter.

»Ich hab behauptet, ich sei gestolpert und die Treppe runtergefallen, und ein anderes Mal, dass ich gegen eine Tür gelaufen sei, die gerade aufgemacht wurde. Dann haben sie mir das wohl nicht geglaubt.«

»Haben Sie eine Ahnung, wie alt das ist? Diese ›Ich bin gegen eine Tür gelaufen‹-Ausrede? Meine Güte, die habe ich damals benutzt und selbst da war es schon nicht mehr originell. Wenn eine junge Frau mehrmals hintereinander Blutergüsse oder ein blaues Auge hat, wundern sich die Leute immer. Genau wie bei Kindern. Wenn man mit seinem Kind oft genug die Notaufnahme aufsucht, dann wird früher oder später jemand vom Jugendamt bei einem auftauchen und nachschauen. Denn natürlich tun sich Kinder alle naselang weh, fallen vom Fahrrad oder so, doch sie werden auch misshandelt. Das passiert dauernd. Und es gibt eine Sache, die das Mädchen und ihr Freund oder das Kind und sein Elternteil gemein haben: Sie lügen alle, um den Täter zu schützen. Aber sehen Sie, Sie haben gerade etwas gesagt, das keinen Sinn ergibt. Sie meinten, am liebsten würden Sie Ihren Eltern gar nicht erzählen, wie schlimm das mit Jake geworden ist. Andererseits wissen die ja bereits, dass ich Sie hier mitten in der Nacht im Schutz der Dunkelheit rausschmuggele, damit er Sie nicht umbringt. Denken Sie nicht, dieser Umstand verrät schon eine Menge über die Lage? Ich meine, die Katze ist ohnehin aus dem Sack, oder nicht?«

»Es war schlimmer als Blutergüsse und blaue Augen«, erklärte Jill. »Doch ja, stimmt schon.«

Sie legte ihre Karten hin. Aufgedeckt, was bedeutete, dass diese Spielrunde zu Ende war, ob sie das nun beabsichtigt hatte oder nicht.

»Ich hasse nur einfach die Vorstellung, dass ihnen jetzt klar ist, was für eine schlechte Menschenkenntnis ich habe.«

»Am Anfang seines Erwachsenenlebens muss jeder noch dazulernen. Wir werden nicht mit guter oder schlechter Menschenkenntnis geboren. Das ist etwas, was sich entwickeln muss. Und zwar durch Rückschläge, Enttäuschungen und schmerzhafte Erfahrungen. Die Leute glauben nicht, dass man nie einen Fehler gemacht hat, weil das schlicht unmöglich ist. Aber sie möchten glauben können, dass man etwas daraus gelernt hat. Wenn man lügt, weil man möchte, dass die Leute gut von einem denken, geht das immer nach hinten los. Denn dann sagen sie sich, dass alles wahr – oder eben nicht wahr – sein kann und sie es nie erfahren werden, weil man sich nie etwas anmerken lässt. Sie möchten von anderen respektiert werden? Dann geben Sie es zu, wenn Sie Mist gebaut haben. So kann man Ihnen das nächste Mal glauben, wenn Sie sagen, Sie hätten nichts Falsches getan.«

Das Mädchen seufzte und nahm die Karten wieder auf.

»Also, so wird das nichts«, stellte Norma fest. »So können wir die Runde nicht zu Ende spielen. Sie hatten die Karten aufgedeckt auf dem Tisch liegen. Jetzt müssen wir neu austeilen.«

»Oh, richtig. Daran habe ich gar nicht gedacht.«

»Vielleicht sollten wir erst reden und später Karten spielen, wenn Sie sich darauf konzentrieren können.«

Jill seufzte.

»Die Sache ist nur …«, begann sie.

Norma war sich nicht sicher, wann Jill vorhatte, den Gedanken zu Ende zu führen.

»Was? Na los, verraten Sie mir, was die Sache ist.«

»Ich weiß nicht genau, ob Sie das alles hören wollen.«

»Ist schon in Ordnung, ich hab ohnehin nichts Besseres zu tun. Wir haben den ganzen verdammten Tag vor uns und nicht viel anderes, womit wir uns beschäftigen können.«

»Okay, das stimmt natürlich. Also, die Sache ist die: Anfangs war es keine schlechte Menschenkenntnis, denn anfangs war Jake wirklich nett. Und ich habe es tatsächlich nicht geahnt.«

»Nein«, pflichtete Norma ihr bei. »Natürlich haben Sie das nicht. Das tut nie jemand.«

»Ehrlich?«

»Ja, absolut. Es gibt keinen Menschen auf Gottes weiter Erde, der jemand Neues kennenlernt und von Anfang an die Karten auf den Tisch legt. Man erklärt nicht: ›Hey, verlieb dich bitte in mich, aber sei gewarnt, ich neige zu Gewaltausbrüchen und werde dich ab und zu ein bisschen herumschubsen.‹ Beziehungen sind was Komisches. Es gibt da dieses Phänomen, das man ›Liebeswerben‹ nennt. Sie kennen den Ausdruck vielleicht nicht, weil er aus einer völlig anderen Zeit stammt, doch ich weiß, dass Sie es erlebt haben. So nennt man das, wenn man dem anderen nur seine Schokoladenseite zeigt. Beide tun das. Beide geben sich Mühe, attraktiv zu wirken. Jeder tut das, ob nun absichtlich oder nicht. Dann verbandeln sie sich und werden ein Paar und dann kommt plötzlich alles ans Licht. Ich denke, es gibt niemanden auf der ganzen Welt, der weiß, was er oder sie sich einhandelt, wenn er oder sie eine neue Beziehung beginnt. Man lässt sich auf jemanden ein und vielleicht hat man Glück und vielleicht nicht. Und das ist, kurz und knapp zusammengefasst, der Grund, weshalb ich Pferde und Hunde meinen Mitmenschen vorziehe.«

»Aber ich bin bei ihm geblieben. Er hat angefangen, mich zu schlagen, wenn er die Beherrschung verloren hat, und er hat mich sogar die Treppe hinuntergestoßen und ich bin trotzdem bei ihm geblieben. Und dann … Das ist das, was ich Ihnen nicht sagen wollte, als Sie mich gefunden haben. Ich kannte Sie ja nicht. Doch ich hab rausgefunden, dass er versucht hat, seine letzte Freundin umzubringen, als sie mit ihm Schluss gemacht hat. Er hat auf sie geschossen, mit einem Gewehr. Sie hat es nicht der Polizei gemeldet, aber ich kenne sie. Sie ist extra zu mir gekommen, hat ihr Versteck verlassen, um mich zu warnen, was für sie mit einem großen Risiko verbunden war. Sie hat sich mir anvertraut, doch ich bin trotzdem nicht gegangen. Das war eine absolute Fehleinschätzung. Das ist das, wofür ich mich wirklich schäme. Ich bin nicht gegangen. Natürlich hatte ich da schon Angst, auch wenn das nur einer der Gründe war, aber trotzdem ist es schwer zu ertragen, dass ich es wusste und nicht gehandelt habe.«

»Wenn Sie nicht gegangen sind, was tun Sie dann hier?«

»Oh, richtig. Vermutlich meinte ich, dass ich nicht früher einen Schlussstrich gezogen habe.«

»Es dauert so lange, wie es dauert«, entgegnete Norma. »Das ist bei jedem unterschiedlich.«

»Sie verurteilen mich also nicht?«

»Ich halte Sie für eine junge Frau, die noch eine Menge lernen muss, worin Sie so ziemlich jeder Neunzehnjährigen gleichen, die mir bislang begegnet ist. Wir alle beginnen unser Leben als jemand, der viel zu lernen hat. Jetzt hören Sie auf, sich zu sorgen, was Ihre Eltern denken könnten. Sie lieben Sie und sind überglücklich, dass Ihnen nichts Furchtbareres zugestoßen ist. Sie möchten einfach wissen, dass Sie jetzt bereit sind, einen anderen Weg einzuschlagen. Ich teile jetzt neu Karten aus und wir spielen ein oder zwei Runden, bevor ich uns Frühstück mache. Und dann werde ich mich ein bisschen hinlegen, denn ich fürchte, wir werden die ganze Nacht durchfahren müssen.«

»Ich kann einen Teil der Strecke übernehmen. Denken Sie an Ihre schlechte Nachtsicht.«

»Ich muss ja auch wieder zurück, wenn morgen früh die Sonne aufgeht.«

»Oh. Richtig. Ich bin Ihnen wirklich dankbar, dass Sie mir helfen.«

»Das haben Sie bereits gesagt und ich glaube Ihnen.«

»Es ist einfach unglaublich nett. Sie sind ein netter Mensch und ich begreife nicht, warum Sie nicht möchten, dass die Leute Sie näher kennenlernen. Sie sind viel freundlicher, als Sie zugeben wollen. Ich verstehe nicht, warum

Sie möchten, dass die Leute denken, Sie seien kalt und abweisend.«

»Weil ich das bin. Ich bin nicht nett und das will ich auch gar nicht sein. Daher behaupten Sie das nicht von mir. Beleidigen Sie mich nicht auf diese Weise. Jetzt kommen Sie, wir haben noch gar nicht richtig angefangen mit dem Kartenspielen. Sie sind dran.«

Kapitel Sechs

Karma

Im Schutz der Dunkelheit rannte Jill mit gesenktem Kopf zum Pick-up, als müsse sie über eine Fläche mit feindlichem Beschuss fliehen, und warf sich durch die offene Tür hinter dem Fahrersitz auf die Rückbank.

Norma stand mit einer großen dunklen Decke in den Händen neben dem Wagen.

»Tut mir leid«, erklärte sie. »Sie müssen sich leider auf den Boden legen.«

»Warum?«

»Weil die Hunde auf der Bank sitzen werden.«

»Oh, Sie nehmen die Hunde mit?«

»Das muss ich. Hier ist dann ja niemand, der ihnen Futter gibt. Ich kann schließlich kaum jemanden bitten, vorbeizuschauen, um meine Hunde zu versorgen, wenn ich vorher allen erzählt habe, ich läge mit einem Magen-Darm-Infekt zu Hause im Bett.«

»Oh, okay.«

Das Mädchen legte sich auf den Boden und Norma breitete die Decke über sie. Währenddessen bemühte sie sich, die Stimme in ihrem Hinterkopf zu ignorieren, die die ganze Zeit sagte: *Wenn du Geheimnisse hast … wenn du irgendwas verbirgst … ist das ein Zeichen dafür, dass du einen Riesenfehler machst.*

»Autsch«, meinte Jill. »Dieses Mittelkonsolending drückt gegen meine Rippen.«

»Sorry. Es dauert nicht lange. Nur bis wir die Stadt ein Stück hinter uns gelassen haben und auf dem Highway sind.«

Sie hörte einen Seufzer von dem Mädchen, aber nicht mehr.

Sie pfiff kurz durch die Zähne, und die Hunde sprangen in den Wagen, beugten sich vor, um an ihrer neuen Freundin zu schnuppern und sie mit der Nase anzustupsen.

Norma schlug die Tür zu, stieg vorne ein und setzte sich hinters Steuer. Sie startete den Motor und fuhr von ihrem Grundstück.

Jetzt ist es entschieden, dachte sie. *Ob es eine gute oder eine schlechte Idee ist, ob ich es bereue oder nicht – was ich vermutlich tun werde –, es ist das, was wir tun.*

»Was frisst das Pferd denn, während Sie weg sind?«

»Bei Fred ist das was anderes. Er frisst nicht zu viel. Manche Pferde würden das machen, doch Fred nicht. Ich kann ihm einfach genug Futter für die Zeit dalassen, in der ich weg sein werde, und er wird nur so viel fressen, bis er satt ist, und sich den Rest für später aufheben. Manche Leute können das auch bei ihren Hunden tun, aber das klappt mit den beiden da nicht. Die fressen so viel, bis ihnen schlecht wird, und müssen dann die restliche Zeit hungern.«

»Und wie ist das mit dem Trinken? Was, wenn dem Pferd das Wasser ausgeht?«

»Er hat eine automatische Tränke.«

»Ich weiß nicht, was das ist.«

»Die meisten Pferde haben so was. Es ist ein Behälter mit Wasser und einem Schwimmer, der den Zufluss stoppt, wenn der Behälter voll ist. Wenn das Pferd dann trinkt, füllt er sich automatisch nach.«

»Oh. Gut.«

Eine Weile fuhren sie weiter, ohne dass ein Wort fiel.

Ein paar Minuten nachdem Norma auf den Highway nach Westen abgebogen war, sprach das Mädchen wieder.

»Glauben Sie, die Polizei wird ihn als Verdächtigen behandeln und befragen?«

»Das tun sie garantiert. Vermutlich sogar jetzt schon.«

»Also wird sein Leben wohl eine Zeit lang die Hölle sein.«

»Ich vermute, sogar ziemlich lange.«

»Gut. Das hat er verdient. Das ist Gerechtigkeit.«

Norma antwortete nicht.

Sie fuhren schweigend mehrere Meilen.

Glücklicherweise waren irgendwann keine Straßenlaternen mehr am Highway und ihnen kamen nur wenig Fahrzeuge entgegen. Es waren die Lichter, die es Norma mehr als alles andere erschwerten, im Dunkeln zu sehen.

»Sie haben gar nichts dazu gesagt«, bemerkte das Mädchen und holte Norma aus ihren Überlegungen.

»Wozu?«

»Dazu, dass Jake es verdient, dass sein Leben die Hölle ist, und dass das nur gerecht ist.«

»Höchstwahrscheinlich verdient er es, doch ich bin mir nicht sicher, ob es gerecht ist.«

»Es ist Karma. Und Karma ist Gerechtigkeit.«

»Mit Karma kenne ich mich nicht aus. Ich bin mir nicht mal sicher, ob ich daran glaube. Ich sehe eine Menge Leute jede Menge böse Sachen machen, ohne dass sie das einholt.«

»Die Idee hinter Karma ist, dass einen alles Schlechte, was man zu verantworten hat, *auf lange Sicht* einholt.«

»Ah. Okay.«

»Warum finden Sie nicht, dass es gerecht ist?«

»Ich hab ja gerade gesagt, dass ich nicht *weiß*, ob es das ist.«

»Warum wissen Sie es nicht?«

Das Gespräch begann Norma zu ärgern. Es erinnerte sie an früher, als ihre Kinder noch klein gewesen waren. Als sie ohne Pause geredet und einem keine Minute dafür gelassen hatten, mal in Ruhe zu überlegen.

»Ich muss nur immer daran denken, dass sie ihn wie einen Mörder behandeln werden. Dabei ist er das ja gar nicht.«

»Aber nur knapp. Er hätte es leicht werden können.«

»Das glauben Sie. Doch wir werden nie sicher sein können, ob Sie damit recht haben. Außerdem, selbst wenn es so wäre: Man kann Leute nicht für ein Verbrechen bestrafen, das sie *beinahe* begangen hätten. Nehmen wir mal an, ich schmiede den Plan, eine Bank zu überfallen. Ich packe eine Maske ein und eine Tasche und eine Waffe und steige in mein Auto, um hinzufahren. Aber dann hat der Wagen eine Panne. Da kann man mich nicht für Bankraub ins Gefängnis stecken, weil ich keine Bank ausgeraubt habe, obwohl ich es getan hätte, wenn ich gekonnt hätte. Wenn ich mit anderen Bankräubern zusammen einen komplizierten Plan ersonnen hätte, dann wäre ich möglicherweise schuldig, mich an einer kriminellen Verschwörung beteiligt zu haben. Doch davon abgesehen wäre es nicht gerecht, mich zu bestrafen.«

Kurze Stille. Ein Auto kam ihnen entgegen und blendete Norma. Das Licht hatte ein Muster, wie ein Rad mit Speichen. Einen komplexen Heiligenschein. Was wohl bedeutete, dass Norma die Grauer-Star-Operation nicht endlos weiter würde aufschieben können. Sie hatte sie bereits lang genug hinausgezögert.

»Sie reden, als ob Sie auf seiner Seite stünden«, bemerkte das Mädchen.

»Wenn ich auf seiner Seite stünde, hätte ich Sie den Behörden übergeben und damit riskiert, dass er Sie findet. Ich habe einfach eine ganz spezielle Vorstellung von Richtig und Falsch. Ich halte mich gern an die harten, unwiderlegbaren Fakten und ich glaube an Fairness.«

»Das erscheint mir sehr …«

Aber dann verriet das Mädchen unter der Decke nicht, wie es ihr erschien.

»Ich weiß, ich werde es vermutlich bereuen, dass ich nachfrage … *Wie* erscheint es Ihnen?«

»Unnachgiebig«, antwortete das Mädchen.

»Das ist komisch. Ich hätte das Wort ›charakterfest‹ benutzt.«

»Ja, vielleicht. Auf mich wirkt es allerdings so, als seien Sie unnachgiebig.«

»Dabei ist das ja was Gutes. Das Letzte, was die Welt braucht, sind noch mehr Leute, deren Gefühl für Integrität sich wie ein Fähnchen im Wind mal hierhin, mal dorthin wendet.«

»Ich sag ja nur, was ich denke.«

»Und mir kommt es so vor, als ob all diese Gedanken von Ihnen in Bezug auf meinen Charakter ein bisschen so sind, wie die Hand zu beißen, die Sie füttert. Hören Sie. Werde ich nachts wach liegen und heiße Tränen vergießen, weil Jakes Leben die Hölle ist? Natürlich nicht. Doch er wird wie ein Mörder behandelt werden, obwohl er keiner ist. Mehr möchte ich gar nicht zu bedenken geben. Jetzt fahre ich an den Straßenrand und lasse Sie ans Steuer, bevor ich uns noch umbringe.«

* * *

Norma war schon halb eingeschlafen, als das Mädchen wieder was sagte und sie damit zurück ins Hier und Jetzt holte.

»Da ist diese eine Sache, die mich beschäftigt«, erklärte Jill. »Und ich kann einfach nicht aufhören, daran zu denken.«

Norma seufzte tief und hörbar, verkniff sich aber ein ärgerliches Brummen.

Sie blickte hinüber zu Jill, die das Lenkrad mit beiden Händen in der Zehn-vor-zwei-Uhr-Stellung umklammerte. Vielleicht hatte sie auch eine steile Falte zwischen den Brauen. Da die einzige Beleuchtung jedoch der Widerschein des Armaturenbretts war, konnte Norma das nicht genau erkennen.

»Also, ich weiß, ich werde es bereuen, gefragt zu haben, aber verraten Sie es mir: Was beschäftigt Sie, sodass Sie ständig daran denken müssen?«

»Sie werden ihn nicht wirklich ins Gefängnis stecken.«

»Das habe ich auch nie behauptet.«

»Nein, Sie haben nur gesagt, wenn Sie den Plan hätten, eine Bank auszurauben, und mit einer Waffe auf dem Weg dorthin wären, Ihr Auto dann allerdings eine Panne hätte, könnte man Sie nicht für den Banküberfall ins Gefängnis stecken. Doch man wird Jake nicht für den Mord ins Gefängnis stecken, weil es keine Leiche gibt. Sie werden ihn einfach bloß als Verdächtigen behandeln. Wenn das Einzige, was Sie davon abgehalten hat, die Bank zu überfallen, eine Autopanne war, man aber monate- oder vielleicht sogar jahrelang wegen Banküberfällen gegen Sie ermittelt hat, würden Sie allen Ernstes finden, das wäre nicht fair? Denn ich halte das für sehr fair. Ich denke, es wäre nicht nur Karma, sondern … ich werde jetzt das Wort benutzen, obwohl Sie mir widersprechen werden … gerecht.«

Norma blickte kurz aus dem Fenster, sah die flache Wüste im Dunkeln vorüberziehen. Hier und da warf der Mond Schatten von Büschen und Felsen.

»Hm«, machte sie, beinahe ohne es zu wollen.

»Was ›Hm‹?«

»Das ist ein guter Einwand.«

»Ehrlich?« Das Mädchen klang verblüfft.

»Finden Sie nicht?«

»Ja, schon. Trotzdem hätte ich nie gedacht, dass ich einen Einwand vorbringen könnte, den Sie für gut befinden würden. Eigentlich dachte ich, Sie wären der Meinung, dass Sie alles wissen und ich nichts, und daran würde sich nie etwas ändern.«

»Ich glaube schon, dass ich mehr weiß als Sie, einfach aufgrund meiner größeren Lebenserfahrung. Doch wenn Sie recht haben, werde ich Ihnen das nicht absprechen. Wie wäre es, wenn Sie jetzt fahren und mich ein bisschen schlafen lassen?«

* * *

Norma schlummerte tief und fest, lag auf der Beifahrerseite mit der Wange an der Fensterscheibe, als das Mädchen ihren Namen rief. Den hatte sie vielleicht schon ein paarmal gehört, bevor sie aufgewacht war, denn sie glaubte, sich an einen Traum zu erinnern, in dem jemand mehrmals »Norma« gesagt hatte.

»Was?«, fragte sie, noch leicht benommen vom Schlaf, und wischte sich verstohlen ein bisschen Spucke aus dem Mundwinkel.

»Wir müssen tanken.«

»Das musste ja früher oder später passieren.«

»Vor uns ist eine Tankstelle. Aber ich hab meine Kreditkarte nicht dabei. Haben Sie eine?«

»Ja, die werden wir nur nicht benutzen. Zahlungen mit Kreditkarten kann man nachverfolgen. Sie verraten genau, wo man war und wann. Daher habe ich meinen Bargeld-Notfallgroschen dabei.«

»Meine Eltern werden Ihnen die Kosten ersetzen.«

»Meinetwegen. Halten Sie bitte an.«

»Warum?«

»Wir werden die Plätze tauschen, weil ich zur Tankstelle fahren werde. Ich möchte, dass Sie sich wieder hinter mir auf den Boden legen und die Decke über sich ziehen, wie vorhin.«

»Ich verstehe nicht …«

»Jill, ich bitte Sie. Ich hab bis gerade eben noch geschlafen. Bitte tun Sie einfach, was ich sage.«

* * *

Norma blinzelte in das grelle Licht, hielt die Zapfpistole und wartete darauf, dass der Tank sich füllte, als sie sah, wie sich das Fenster hinten einen Spaltbreit öffnete. Das Mädchen musste unter der Decke nach dem Hebel getastet und ihn gefunden haben.

»Jetzt, wo Sie etwas wacher sind …«, begann Jill, deren Stimme durch die Decke gedämpft war. »Hier würde mich ohnehin niemand erkennen.«

»Vielleicht nicht, bloß ganz sicher können wir uns da nicht sein.«

»Woher sollten die mich kennen?«

»Wir sind vor etwas mehr als einem Tag untergetaucht und wissen nicht, wie weit die Nachricht von Ihrem Verschwinden sich verbreitet hat.«

»Warum sollte das irgendjemanden interessieren?«

»Weil die Welt ein bizarrer Ort ist. Manchen Vermissten wird seltsam wenig Aufmerksamkeit zuteil, während andere das Interesse der Medien wecken und es sich gar nicht mehr legt.«

»Aber es gibt im Moment doch bestimmt ein paar Dutzend Vermisstenfälle.«

»Ich glaube eher, Tausende.«

»Warum sollte sich dann irgendjemand für mich interessieren?«

Norma seufzte.

Ein junger Mann kam auf dem Weg zum Tankstellenshop an ihr vorbei und schaute sie über seine Schulter an, als sei sie übergeschnappt. Norma war sich ziemlich sicher, dass er nur ihren Teil der Unterhaltung hören konnte.

»Ja, genau«, rief sie dem Typen hinterher. »Wenn Sie erst mal so alt sind wie ich, führen Sie wahrscheinlich auch Selbstgespräche.«

Er wandte den Kopf nach vorn und eilte in den hell erleuchteten Laden.

»Es gibt da einen Typus«, sagte Norma mit ruhigerer Stimme.

»Was für einen Typus?«

»Einen Vermisstentypus, der mehr Aufmerksamkeit erregt als alle anderen.«

»Und zu diesem Typus gehöre ich?«

»O ja.«

Kurzes Schweigen.

Dann die gedämpfte Stimme von der Rückbank: »Ich bin mir nicht sicher …«

»Ach, kommen Sie schon. Schließlich leben Sie in dieser Welt wie alle anderen auch. Sie können mir nicht weismachen, dass Ihnen das nicht klar ist.«

»*Möglicherweise* weiß ich, was Sie meinen, aber einfach, um sicher zu sein, dass wir von der gleichen Sache sprechen, verraten Sie es mir. Sonst werde ich mich immer fragen, ob wir das Gleiche gemeint haben.«

»Weiß, blond, jung. Zierlich, blauäugig, hübsch.«

»Sie finden, dass ich hübsch bin?«

»Das ist hier nicht der Punkt.«

»Sorry. Warum interessieren sich Leute besonders für diesen Typus?«

»Erklären Sie es mir. Oder falls Sie mal einen Psychiater oder Psychologen treffen, fragen Sie den. Ich bin der letzte Mensch auf der Welt, der Ihnen verraten kann, warum Leute denken, wie sie denken, oder tun, was sie tun. Ich glaube, wir alle sind irgendwie verrückt und neigen zur Dummheit. Meine Theorie ist, dass wir uns unsere Empathie gerne für die Menschen aufheben, die uns am meisten an uns selbst erinnern.«

»Ganz viele Leute sind weder blond noch blauäugig.«

»Richtig, aber die Medien richten sich an eine gewisse Gruppe und uns allen wird vom Moment unserer Geburt an vermittelt, dass manche Menschen hübscher sind als andere. Dass ein bestimmter Typus Mensch wichtiger ist als andere.«

»Ich glaub nicht, dass ich wichtiger bin als irgendjemand anders. Ich glaube, alle sind gleich wichtig.«

»Das nehme ich Ihnen sogar ab. Ich glaube, dass Sie glauben, was Sie gerade gesagt haben. Trotzdem wird uns das unser gesamtes Leben lang verabreicht und es ist in uns, ob wir das nun gut finden oder nicht. Eine Menge Leute verschwinden, und wenn man sich anschaut, welche am meisten Aufsehen erregen, dann kann man erkennen, wen die Gesellschaft für wichtig hält.«

»Das ist ein erschreckender Gedanke.«

»Aber wahr.«

»Vielleicht ist genau das der Grund, warum er so erschreckend ist.«

»Und der andere Grund, weshalb die Nachricht von Ihrem Verschwinden für die Medien interessant ist, besteht darin, dass es einen Zusammenhang mit häuslicher Gewalt gibt. Jetzt kann jeder selbst entscheiden, ob er glaubt, dass Ihr Freund Sie umgebracht und sich des Leichnams entledigt hat. Die Menschen, die ihn für unschuldig halten, werden mit den Leuten streiten, die ihn für schuldig halten, und alle werden sagen, sie wüssten, was stimmt, nicht nur, dass sie sich denken, es sei so gewesen, und niemand wird es schaffen, irgendjemanden umzustimmen.«

Wieder folgte Stille. Norma zog die Zapfpistole aus dem gefüllten Tank und hängte sie wieder an die Säule. Sie drehte sich um, um den Tankverschluss festzuschrauben.

»Trotzdem«, ertönte die gedämpfte Stimme des Mädchens. »Es ist noch gar nicht lang genug her, um über die Stadt hinaus Kreise zu ziehen. Oder?«

»Vermutlich nicht. Doch ich möchte da keinesfalls irgendein Risiko eingehen.«

Sie öffnete die Tür, setzte sich hinters Steuer und startete den Motor, fuhr aber nicht zurück auf den Highway, sondern blieb auf der dunklen Landstraße, bis sie eine Stelle fand, wo sie anhalten konnte. Dabei achtete sie darauf, möglichst weit weg von den geparkten Lastwagen zu sein, deren Fahrer zwar höchstwahrscheinlich schliefen, allerdings eben nicht sicher.

»Okay«, sagte sie, während sie den Schalthebel auf »Parken« schob und die Handbremse anzog. »Ich lass die Hunde raus, damit sie pieseln können. Oder machen, was auch immer sonst mittlerweile nötig ist. Und dann übernehmen Sie wieder das Lenkrad. Ich muss dringend weiterschlafen.«

Kapitel Sieben

Das

»Norma, wachen Sie auf«, rief eine Stimme. »Wir sind da.«

Norma öffnete die Augen, doch alles um sie herum schien immer noch dunkel zu sein. Sie konnte nichts erkennen.

»Moment. Wo sind wir?«

»In der Garage meiner Eltern.«

»Sie hätten nicht aussteigen und sie aufmachen dürfen.«

»Hab ich auch nicht. Meine Eltern haben sie offen gelassen und geschlossen, nachdem sie gehört hatten, dass wir reingefahren sind. Beinah hätte ich ihnen von Ihrem Smartphone aus eine Nachricht geschickt, dass sie sie von innen öffnen sollen. Doch dann habe ich mich erinnert, dass Sie keine Spuren auf Ihrer Handyrechnung wollen.«

»Oh«, antwortete Norma, noch ganz benommen. »Das war umsichtig.«

Sie blinzelte mehrmals und erschrak, als plötzlich ein Gesicht am Beifahrerfenster des Pick-ups erschien. Vielleicht hatte sie sogar gekeucht.

»Das ist meine Mom«, erklärte Jill.

Die Frau öffnete die Beifahrertür und starrte Norma an, die zurückstarrte. Das Licht in der Garage war ausgeschaltet, aber die Tür zu so etwas wie einem Haushaltsraum stand offen. Dahinter befand sich eine hell erleuchtete Küche, deren Schein bis zu ihnen drang. Die Frau griff an Norma vorbei und umfasste die Hand ihrer Tochter, sprach jedoch zu Norma.

»Sie müssen unsere Retterin sein«, sagte sie.

Norma hatte den Namen von Jills Mutter vergessen.

»Ich bin niemandes Retterin.«

»Vielleicht sollten Sie sich daran gewöhnen, dass sich in der Hinsicht etwas geändert hat.«

Norma stieg aus dem Auto in die unbeleuchtete Garage. Jill verließ ebenfalls das Auto und warf sich ihrer Mutter in die Arme.

Ein Mann, vermutlich Jills Vater, drängte sich an Norma vorbei und fasste Jill am Ellbogen.

»Wir brechen sofort auf«, teilte er seiner Tochter mit.

Er dirigierte sie zu einem Sportwagen, der neben Normas Pick-up in der Doppelgarage stand.

»Wo bringst du mich hin?«, wollte das Mädchen wissen. Sie klang etwas aus dem Gleichgewicht, sogar im Vergleich zum Auf und Ab der letzten Tage.

»Ich bringe dich zu Jessie in Ukiah. Niemand wird auf die Idee kommen, dich dort zu suchen.«

Er öffnete die Beifahrertür seines Autos und schob das Mädchen hinein, wobei er eine Hand auf ihrem Kopf hatte, damit sie sich nicht stieß, so wie man das manchmal in Krimiserien sah, wenn Verdächtige in einen Streifenwagen verfrachtet wurden.

»Warte!«, rief Jill und stieg noch mal aus dem Auto. »Ich muss mich von Norma verabschieden.«

Damit lief sie zu ihr und schlang die Arme um sie. Drückte sie so fest, dass sie fast keine Luft mehr bekam.

»Sorry«, flüsterte ihr Jill ins Ohr. »Ich vermute, ich hätte Ihren Namen nicht nennen sollen.«

»Das ist jetzt nicht mehr wichtig.«

»Ich liebe Sie.«

Diese drei Worte hallten eine halbe Minute oder so nach. Norma wusste nicht so recht, was sie mit ihnen anfangen sollte. Sie liebte Jill nicht – obwohl sie eine gewisse Zuneigung zu dem Mädchen entwickelt hatte –, daher konnte sie es nicht guten Gewissens einfach erwidern. Und vielleicht liebte Jill sie ja auch gar nicht und hätte so was auch nie gedacht, wenn sie nicht so aufgewühlt wäre von den traumatischen Ereignissen der letzten Tage. Wie gesagt, das war alles schwierig einzuordnen.

»Sie werden sich erholen und das alles hinter sich lassen«, erklärte Norma.

»Glauben Sie?«

»Ja. Ihre Familie kümmert sich um Sie.« Norma trat einen Schritt zurück und strich dem Mädchen das Haar aus dem Gesicht. »Und sorgen Sie dafür, dass Sie ein gutes Leben haben, verstanden?«

»Sie aber auch.«

»Ja, was davon noch übrig ist. Ich geb mir Mühe.«

Das Mädchen sprang in den Wagen, und die Dunkelheit schien sie zu verschlucken. Dann dröhnte der Motor des Sportwagens auf.

Norma dachte, das sei das letzte Mal, dass sie das Mädchen sehen würde. Dabei war es in Wahrheit bloß das letzte Mal für die nächsten fünf Jahre.

»Wir sollten besser ins Haus gehen«, meinte Jills Mutter. »Bevor er das Garagentor öffnet.«

Sie fasste Norma am Ellbogen und zog sie mit sich in den Haushaltsraum, wo sie nebeneinanderstanden und dem Geräusch lauschten, mit dem das automatische Tor nach oben rollte, dem leiser werdenden Motor des Sportwagens und schließlich dem lauten Schließen des Rolltors.

»Ich muss meine Hunde holen«, sagte Norma.

»Oh. Sie haben Hunde dabei?«

»Ich konnte sie ja schlecht zu Hause lassen. Sie müssen gefüttert werden.«

»Haben Sie niemanden, der sich um sie kümmern kann? Oh, Entschuldigung. Ich sollte das alles nicht fragen, es ist nur, dass wir gewöhnlich keine Hunde im Haus dulden.«

»Ich hab mich krankgemeldet. Da kann ich schlecht jemanden bitten, zu mir zu kommen, wenn ich angeblich mit einem Infekt im Bett liege, doch in Wahrheit in einem anderen Bundesstaat bin.«

»Tut mir leid. Ich stehe so tief in Ihrer Schuld und rede solchen Unsinn. Sie haben Jill gefunden und hergefahren. Wenn Sie möchten, könnten Sie einen Dinosaurier mit ins Haus bringen.«

»Bloß zwei Hunde. Und nur damit Sie es wissen: Nicht ich habe Ihre Tochter gefunden, sondern die beiden.«

»Dann, denke ich, ist mein Haus ihr Haus«, erklärte die Frau.

* * *

Norma saß am Küchentisch und schaute zu, wie die Frau Kaffee kochte, während die Hunde zu ihren Füßen auf dem Linoleumboden schliefen. Sie zog ihr Handy aus der Tasche und klickte den Kontakt an, den das Mädchen eingegeben hatte, um den Namen der Frau nachzulesen. Aber sie hatte die Namen zu Initialen geändert. Glücklicherweise reichte das aus, um ihrem Gedächtnis auf die Sprünge zu helfen.

T. Teresa. Richtig.

Sie hatte langes blondes Haar wie Jill und blaue Augen. Allerdings waren sie nicht so strahlend wie die ihrer Tochter, sondern eher blassblau, als seien sie zu heiß gewaschen worden oder von der Sonne ausgebleicht. Sie musste ungefähr vierzig sein, um eine Tochter in Jills Alter zu haben, doch das sah man ihr kaum an.

»Ich muss mich für meinen Ehemann entschuldigen«, sagte Teresa.

»Was hat er denn getan?«

»Er war ziemlich unhöflich zu Ihnen, und ich weiß, das hat er nicht so gemeint. Er hat sich noch nicht mal vorgestellt oder sich bei Ihnen bedankt. Dabei ist er Ihnen furchtbar dankbar für alles, was Sie getan haben. Das weiß ich. Nur ist er im Moment nicht er selbst. Er hat das Gefühl, als hätte er Jill nicht so beschützt, wie er es hätte tun sollen, und das möchte er jetzt unbedingt wiedergutmachen.«

»Das ist wirklich nicht wichtig.«

»Mir schon.«

»Das müssen Sie dann mit Ihrem Ehemann klären.«

Stille breitete sich aus, während Teresa Sahne und Zucker in verschnörkelten Porzellangefäßen auf den Tisch stellte.

»Sie werden sich ausruhen wollen, bevor Sie wieder zurückfahren«, stellte sie fest. »Ich hab das Gastezimmer vorbereitet.«

»Danke, aber ich breche auf, sobald es hell wird, was in Kürze der Fall sein müsste. Ich hab die ganze Nacht im Wagen geschlafen, während Ihre Tochter gefahren ist.«

»Lassen Sie mich Ihnen zumindest ein Frühstück vorsetzen.«

»Das Frühstück nehme ich gerne an. Danke.«

Teresa ging zum Kühlschrank und begann, Dinge herauszuholen: Milch, einen Karton Eier, einen Laib Brot, ein Päckchen Speck.

»Und erinnern Sie mich bitte, bevor Sie aufbrechen … Ich habe etwas Bargeld für Sie. Keine Bezahlung, sondern für den Sprit. Owen hat überschlagen, wie viel es maximal sein könnte für die Fahrt hierher und wieder zurück. Damit Sie das nicht aus eigener Tasche begleichen müssen.«

»Klingt fair.«

»Wie mögen Sie Ihre Eier?«

»Ich hatte noch nie ein Ei, das ich nicht gemocht habe«, erwiderte Norma.

* * *

Teresas Handy klingelte, als sie gerade das Frühstück beendeten. Sie zog es aus ihrer Hosentasche und blickte auf das Display.

»Oh. Das ist Owen.«

Sie berührte den Bildschirm, um den Anruf anzunehmen.

Ungefähr eine Minute lang lauschte sie nur.

Dann antwortete sie: »Ja, das werde ich. Natürlich.«

Sie steckte das Smartphone zurück in ihre Tasche.

»Ich soll Ihnen ausrichten, es tut ihm leid, dass er so überstürzt losgefahren ist, ohne mit Ihnen zu sprechen. Er möchte, dass ich Ihnen sage, dass Sie für uns eine wahre Heldin sind und wir Ihnen bis in alle Ewigkeit dankbar sein werden.«

Norma brummte nur. Komplimente waren ihr unangenehm, das war schon immer so gewesen.

»Ich würde Sie gerne fragen …«

Allerdings schien Teresa nicht vorzuhaben, ihren Gedanken zu Ende zu führen.

»Was denn? Immer raus damit.«

»Können Sie mir bitte erklären, wie mein Leben von hier an aussehen wird?«

»Woher soll ich das wissen?«

»Keine Ahnung. Darum habe ich ja auch nicht weitergesprochen.« Sie strich sich ihr langes blondes Haar nach hinten über die Schulter. »Aus irgendeinem Grund habe ich angefangen, Sie als Expertin für alles zu betrachten. Als würden Sie das

Leben so viel besser kennen als ich und mir einfach alles sagen können.«

»Ich bin bloß schon älter, das ist alles.«

»Sie sind natürlich kein Orakel oder so, das ist mir bewusst. Doch Sie scheinen viel klarer zu denken als ich, wenn ich mir vorzustellen versuche, wie das alles werden wird.«

»Mag sein«, entgegnete Norma.

»Ich würde trotzdem gerne Ihre Meinung hören. Mir kommt es so vor … als ob sich von hier an alles ändern wird. Und das verunsichert mich.«

»Natürlich ändert sich von hier an alles. Mein Ex-Mann … Also, bevor er mein Ex wurde, hat er immer gesagt: ›Schnall dich an, Schnecke.‹ Das hab ich so gehasst. Aber ehrlich, Sie müssen sich auf einiges gefasst machen.«

»Wie beispielsweise …?«

»Nun, zuallererst hoffe ich, Sie haben einen Plan dafür, wie Ihre Tochter irgendwo unerkannt leben kann.«

»Darum hat Owen sich gekümmert. Ihre Augenfarbe ist sehr auffällig, daher besorgt er ihr braune Kontaktlinsen. Und sie wird sich die Haare schneiden und färben. Ob das dann reicht, können wir erst sagen, wenn wir es gesehen haben. Und natürlich besorgen wir ihr einen neuen Namen und eine neue Identität, komplett mit Ausweis und allem.«

»Es wird für Sie eine seltsame Situation sein«, bemerkte Norma. »So, wie Sie die letzten paar Tage gelebt haben, zwischen Hoffen und Bangen? Beinahe durchzudrehen, weil Sie nicht wissen, ob Ihr Kind lebt oder tot ist? Na ja, Sie werden so weitermachen müssen, als wäre das immer noch so. Und das für eine sehr, sehr lange Zeit.«

»Oh«, erwiderte Teresa.

»Hatten Sie das nicht bedacht?«

»So klar und deutlich hatte ich es mir zumindest nicht überlegt.«

»Und Sie werden die Polizei wieder und wieder anlügen müssen.«

Teresa hatte den Kopf gesenkt und starrte auf die Tischplatte. Ihr langes Haar verdeckte ihr Gesicht.

Als sie den Kopf hob, erkannte Norma, dass sie stumm zu weinen begonnen hatte.

»Sie können es jederzeit beenden«, fügte Norma hinzu.

»Und wie?«

»Erzählen Sie der Polizei, sie habe es irgendwie nach Hause geschafft. Nur lassen Sie mich dabei bitte raus.«

»Das werden wir nicht tun. Das können wir nicht. Was, wenn er sie findet und … Sie wissen schon, sie verletzt?«

»Nun, dann stecken Sie drin. Unwiderruflich. Irgendwann erreicht man einen Punkt, an dem man nicht mehr umkehren kann, könnte ich mir vorstellen. Vermutlich wird ihr Fall noch eine Weile die Medien beschäftigen. Sie werden die Rolle der trauernden Eltern spielen müssen. Und Sie sollten besser verdammt gut sein.«

»Das wird keine Schauspielerei sein«, entgegnete Teresa und tupfte sich vorsichtig Tränen aus den Augen, so wie Frauen es tun, wenn sie ihre Wimperntusche nicht verwischen wollen. »Wir werden sie kaum sehen können. Sie muss ihrer Familie und all ihren Vorstellungen von ihrem Leben den Rücken kehren. Insofern wird unsere Trauer echt sein. Doch Sie müssen sich deswegen keine Sorgen machen. Sie können einfach nach Hause fahren und tun, als sei das alles nicht passiert.«

»O nein, das kann ich nicht. Ich muss nach Hause fahren und dann jeden Morgen durch die Berge reiten und so tun, als suchte ich nach ihr. Wie würde es schließlich aussehen, wenn ich plötzlich das Interesse an dem vermissten Mädchen verlöre?«

»Sorry. Daran habe ich nicht gedacht.«

»Nun, glücklicherweise ist mir jede Ausrede zum Ausreiten recht, aber die Leute werden anfangen zu spekulieren, was ihr wohl zugestoßen sein mag. Es wird anstrengend sein, dazu den Mund zu halten. Das ist nämlich nicht unbedingt meine Spezialität.«

»Wir treiben in einem Meer unbeabsichtigter Konsequenzen.«

»Das können Sie laut sagen«, erklärte Norma. »Nun, ich wünsche Ihnen nur das Beste. Ich muss jetzt wirklich aufbrechen, denn es ist eine lange Fahrt nach Hause und ich würde gerne hier wegkommen, bevor es richtig hell ist.«

Teresa holte ein paar zusammengefaltete Geldscheine aus ihrer Hosentasche und legte sie vor Norma auf den Tisch. Die zog sie näher zu sich und faltete sie auseinander. Es waren vier Hundert-Dollar-Scheine.

»Das ist zu viel«, stellte sie fest.

»Nein, schließlich ist Benzin so teuer geworden. Und es ist ja nicht nur der Sprit, sondern auch die Abnutzung des Fahrzeugs, die Versicherung und Reparaturen.«

Norma nahm drei der Geldscheine und ließ einen auf dem Tisch liegen. »Danke.«

Sie erhob sich und die Hunde sahen auf und klopften mit ihren Schwänzen auf den Boden.

»Ich weiß, Jill hätte Ihren Namen nicht erwähnen sollen«, räumte Teresa ein.

»Oh, das macht nichts. Ich hatte Ihnen ja schon erzählt, dass ich Mitglied der Freiwilligen-Rettungsstaffel von Sloot bin. Da gibt es eine einzige Frau. Ich habe also meine Identität ohnehin nicht wirklich gut geheim gehalten.«

»Was auch immer passiert, ich verspreche, wir werden sie nicht erwähnen. Es wird so sein, als hätten wir einander nie getroffen.«

»Das wäre schön«, erwiderte Norma.

Die Frau stand auf und brachte sie durch den Haushaltsraum in die Garage, wobei ihnen die Hunde um die Beine strichen.

»Mögen Sie Umarmungen?«, fragte Teresa.

»Nein, eigentlich nicht.«

»Dann bedanke ich mich einfach so. Vielen herzlichen Dank, Norma.«

»Machen Sie es gut und passen Sie auf die Kleine auf. Sie ist ein sehr liebes Mädchen.«

In Teresas Augen trat ein weicher Ausdruck und ein paar weitere Tränen liefen ihr über die Wangen.

»Das ist sie, nicht wahr? Wirklich. Allerdings trifft sie nicht immer die klügsten Entscheidungen.«

»Sie ist neunzehn. Sie muss einfach noch erwachsen werden.«

»Nun, das wird sie jetzt, dank Ihrer Unterstützung.«

Norma bekam ein unangenehmes Gefühl im Magen, so wie das bei Komplimenten immer der Fall war. Sie ging zur Fahrerseite ihres Pick-ups, winkte über ihre Schulter, aber ohne zurückzuschauen.

»Fahren Sie vorsichtig«, rief Teresa, als Norma die Hunde auf die Rückbank springen ließ.

»Oh, das mache ich immer.«

Sie stieg ein und startete den Motor. Während sie den Rückwärtsgang einlegte, öffnete sich das Garagentor. Sie setzte den Wagen zurück in die verlassen daliegende Sackgasse und stellte zufrieden fest, dass es noch dunkel genug war, dass niemand sie sehen konnte, selbst wenn jemand wach sein sollte.

Sie fuhr aus der Straße und entdeckte sofort das Schild zur Autobahn. Als sie an einem Stoppschild unter einer Laterne anhielt, schaute sie im Rückspiegel zu den Hunden, die ihren Blick erwiderten.

»Nun, das wäre es dann«, meinte sie.

Und in dem Moment, in dem sie das sagte, glaubte sie es auch.

Doch mit der Zeit würde sie erkennen, dass es das nicht gewesen war, sondern dass dies im Gegenteil erst der allererste Anfang gewesen war.

Kapitel Acht

Die neue Norma

Als Norma endlich zu Hause war, stieg sie erschöpft aus dem Pick-up. Sie hatte Kopfschmerzen, weil sie vergessen hatte, ihre Sonnenbrille mitzunehmen, und fast acht Stunden ohne gefahren war. Während sie den harten, staubigen Hof überquerte, spürte sie ein Vibrieren in ihren Muskeln, beinahe als wollte ihr Körper ihr vorgaukeln, dass sie noch über den Highway fuhr. Laut ihrer Armbanduhr blieben ihr nur knapp drei Stunden dafür, zu essen, zu schlafen und zur Arbeit im Pub zu erscheinen.

Die Hunde wanden sich um ihre Beine, als sie auf die Veranda trat, und St. Fred wieherte ihr von der Koppel aus leise zu.

Ach ja, stimmt. Knapp drei Stunden, um die Hunde und das Pferd zu füttern, zu essen, zu schlafen, den Stall auszumisten, das Pferd zu striegeln und zur Arbeit im Pub zu erscheinen.

Da sah sie den Zettel an einer der Scheiben in ihrer Tür kleben und ihr wurde kalt.

Mit klopfendem Herzen und rauschendem Blut in den Ohren riss Norma das Stück Papier ab und las, was darauf geschrieben war.

Da stand einfach: »Ruf mich an. Betty.«

Betty war hier gewesen. Norma hatte keine Ahnung, warum. Aber eins war klar: Betty wusste jetzt, dass Norma in ihrem Pick-up irgendwo hingefahren war und nicht, wie sie behauptet hatte, mit einem Magen-Darm-Infekt zu Hause im Bett gelegen hatte.

Norma schloss auf, ließ die Hunde ins Haus und rief dann von der Küche aus Betty an. Auf dem Festnetz.

Betty begrüßte sie mit einem »Da bist du ja«.

»Du warst bei mir zu Hause.«

»Ich hab dir gestern Abend etwas Suppe vorbeibringen wollen. Du weißt schon. Weil ich mir Sorgen um dich gemacht hab. Als du dann nicht da warst, hab ich mir noch mehr Sorgen gemacht, dass du vielleicht zum Krankenhaus gefahren bist oder so.«

»Ja«, erwiderte Norma. »Genau das war's. Nun, nicht zum Krankenhaus. Ich hatte Angst, dass es nicht einfach nur ein Virus ist, sondern vielleicht eine Lebensmittelvergiftung oder so, also wollte ich vorsichtshalber in die Notfallambulanz an der Bezirksgrenze.«

»Oh. Ach so. Sind die da gut? Neulich war jemand im Pub und wollte eine Empfehlung, wo er hinsoll. Niemand, den ich kenne, ist schon mal dort gewesen, dabei liegt es für uns am nächsten. Ich wusste nicht, was ich ihm sagen sollte.«

»Ich … Weißt du, was? Ich weiß es ehrlich gesagt auch nicht. Ich war schon halb da, als ich mir plötzlich albern vorgekommen bin. Es war ja vermutlich überhaupt nichts, also warum sollte ich das Geld ausgeben? Darum bin ich wieder nach Hause gefahren.«

»Aber heute Morgen war ich noch mal da und du warst immer noch nicht zurück.«

Norma stand einen Moment da, hatte das Gefühl, der Boden würde unter ihren Füßen schwanken. Sie konnte ihren eigenen Herzschlag hören.

Das war genau der Grund, warum sie niemals log. Das war der Grund, warum sie immer die gewesen war, die sie eben war. Die alte Norma hatte nie darauf achten müssen, dass alles passte, weil sie die Unwahrheit erzählte. Die alte Norma lag bloß ein, zwei Tage in der Vergangenheit, doch die alte Art, Dinge zu tun, schien ihr in diesem Moment etwas zu sein, das sie schmerzlich vermissen würde.

Sie antwortete nicht, weil sie panische Angst hatte, dass alles, was sie jetzt sagte, es nur schlimmer machen würde.

»Ich hab dich lediglich nie für jemanden gehalten, der Geheimnisse hat«, fuhr Betty fort. »Aber ich denke, man kennt niemanden je wirklich.«

Wieder wartete Betty darauf, dass Norma etwas erwidern würde. Wieder tat Norma das nicht – sie konnte es nicht. Sie war wie erstarrt in ihrer Angst, was Falsches zu sagen.

»Das ist nichts, wofür man sich schämen muss, weißt du?«, versicherte ihr Betty.

Konnte sie es irgendwie erraten haben? Nein, unmöglich. Wahrscheinlich hatte sie eine Vermutung, was Norma vor ihr verbarg, und mit ziemlicher Sicherheit lag sie damit falsch. Wer könnte schon etwas so Verrücktes und Unwahrscheinliches erraten wie das Durcheinander, in das Norma geraten war?

»Was genau?«

»Einen Freund zu haben.«

»Ich habe keinen Freund.«

Die Worte waren Norma herausgerutscht, bevor sie darüber nachgedacht hatte. Das wäre die Lösung gewesen, genau das. Und sie hatte es vermasselt.

Nur Leute, die lügen, sind gut im Lügen, dachte sie.

Durch das Küchenfenster sah sie Fred auf der Koppel umherwandern und den Kopf schütteln, weil sie ihn noch nicht gefüttert hatte. Das tat sie sonst immer als Erstes, wenn sie am Nachmittag nach Hause kam.

Dann, einfach so – gerade als der Stress anfing, ihr Schwindel zu verursachen, genau wie ihre Atemlosigkeit etwas wurde, das sie nicht länger verbergen konnte –, wurde ihr die Lösung erneut präsentiert.

»Nun, wie auch immer du es bezeichnen möchtest«, meinte Betty. »Affäre, Freunde mit gewissen Vorzügen – ist mir egal. Das ist eigentlich sehr gesund, weißt du? Aber wo wir gerade von ›gesund‹ sprechen: Ich bin etwas verletzt, weil du das Gefühl hattest, du müsstest mich anlügen. Du hättest mir sagen können, dass du dich mit einem Mann triffst.«

Norma atmete tief ein.

Ganz ruhig, ermahnte sie sich. *Denk nach. Bloß keine weiteren Fehler. Mach es diesmal richtig und schließ es sauber ab.*

»Ich hab dich nicht angelogen«, behauptete sie. »Wirklich nicht. Ich bin tatsächlich krank gewesen. Bist du noch nie in Selbstmitleid versunken, wenn du krank warst, und hast gewollt, dass sich jemand um dich kümmert? Dass du zu so einer Zeit nicht allein bist?«

Was für ein Haufen Quatsch, dachte sie, denn so würde sie nie empfinden. Und so häufte sie nur mehr Lügen auf ihre ganzen vorherigen Lügen und darauf weitere Lügen.

In was hatte sie sich da hineinziehen lassen?

»Damit geht es mir ein bisschen besser«, stellte Betty fest. »Ich weiß, wir sind keine Busenfreundinnen, aber ich hoffe doch, dass du mir wenigstens die Wahrheit sagen kannst. Auf jeden Fall schön für dich, dass du jemanden hast, egal, wie du es bezeichnen möchtest. Wie auch immer, hör zu: Gönn dir noch eine Nacht für dich. Wenn es supervoll wird und ich es allein nicht schaffe, ruf ich dich an und dann schwingst du deinen Hintern aus dem Bett. Ansonsten ruh dich einfach aus und erhol dich.«

»Das mach ich. Danke, Betty.«

Sie legten beide auf.

Norma stand einen weiteren Moment da, den Hörer in der Hand, und starrte das Telefon an, als könnte sie sich nicht daran erinnern, was es war. Ihre Hände zitterten, tief in ihren Oberschenkeln bebte es und sie atmete immer noch ganz abgehackt.

Aus dem Augenwinkel konnte sie wieder durchs Fenster erkennen, dass Fred umherlief und den Kopf nach hinten warf.

»Ich komme«, rief sie. »Ich komme. Ich bin sofort da.«

Und damit ließ sie das alles, so gut sie konnte, hinter sich und kümmerte sich um ihre Tiere, erledigte ihre Aufgaben in einer Welt, die fast wie die aussah, die sie hinter sich gelassen hatte.

Bevor es dunkel wurde, ging sie ins Bett und schlief bis zum nächsten Morgen durch.

Von Betty hörte sie die ganze Nacht lang nichts.

* * *

Am folgenden Morgen erreichte Norma den Zeltplatz kurz nach acht. Spät für sie, nach normalem Maßstab.

Fred hatte sie im Pferdeanhänger dabei.

Sie fand eine Stelle auf dem harten unbefestigten Platz, wo sie parken konnte, und ließ die Hunde raus.

Sie war ein wenig unleidlich. Es gab viele Dinge, die sie heute Morgen hätte erledigen müssen, nachdem sie für mehrere Tage hintereinander aus ihrem gewohnten Trott gerissen worden war. Sie musste sich um die Wäsche kümmern und einkaufen und es wäre gut gewesen, wenn sie sich noch weiter hätte ausruhen können. Aber nein. Sie musste herumreiten und nach einem Mädchen suchen, von dem sie ganz genau wusste, dass es Hunderte Kilometer entfernt und in Sicherheit war. Sie musste den ganzen Tag an diesen Unsinn verschwenden und nachher die ganze Nacht im Pub arbeiten.

Das Frühlingswetter war ungewöhnlicher Hitze gewichen, was ihre Laune nicht verbesserte.

Ian hatte einen Segeltuch-Pavillon aufgestellt, um seiner improvisierten Einsatzzentrale etwas Schatten zu verschaffen.

Norma öffnete die Heckklappe des Pferdeanhängers, wartete, dass Fred rauskam, und benutzte dann den Radkasten als Aufsteighilfe.

Sie lenkte Fred zu Ians Stuhl. Oder wenigstens so nahe heran, wie sie konnte, ohne mit dem Pavillon in Konflikt zu geraten.

»Norma«, sagte Ian. »Du siehst nicht gut aus.« Bevor sie etwas entgegnen konnte, fuhr er fort: »Das ist irgendwie falsch rausgekommen. Ich wollte dich nicht beleidigen. Ich meine, du siehst aus, als würdest du dich nicht gut fühlen.«

»Es geht mir besser«, erwiderte sie.

»Wirklich?«

»Ein wenig.«

»Du könntest dir ruhig noch einen zusätzlichen Tag Pause gönnen.«

»Wenn ein Mädchen da draußen Hilfe braucht, dann sollten wir sie suchen.«

Doch das Mädchen brauchte keine Hilfe, und genau das war das Problem und der Grund für Normas schlechte Laune.

»Dann mach zumindest früher Schluss«, empfahl ihr Ian. »Heute wird es richtig heiß.«

»Wieso das denn?«

»Ich weiß auch nicht. Es passiert einfach so. Aber wenn du dich nicht wohlfühlst, wird es dir vielleicht zu viel.«

»Ich warte ab, wie es läuft«, antwortete Norma.

Sie wendete das Pferd und drückte ihm die Fersen in die Flanken. St. Fred rührte sich nicht.

»Was zur Hölle?«, sagte sie zu dem Pferd, ziemlich laut.

»Du hast was vergessen«, erinnerte Ian sie.

»Was denn? Er läuft los, wenn ich es ihm befehle.«

Ian zog eine Karotte aus seiner Hemdtasche und zerbrach sie in drei Stücke. Das Pferd steckte den Kopf unter den Pavillon, reckte seinen langen Hals und ließ sich ein Stück nach dem anderen schmecken.

»Bist du jetzt fertig?«, erkundigte sich Norma bei ihm. »Bist du glücklich? Kann's jetzt losgehen?«

Ohne sich ein weiteres Mal bitten zu lassen, setzte sich das Pferd in Bewegung.

Sie blieben fast drei Stunden draußen und wandten sich dieses Mal Richtung Tal. Die Hitze wurde immer schlimmer, wurde von den hellen Felsen zurückgeworfen, ließ die Luft flimmern.

Dieses Mal sang Norma nicht.

Sie war einfach nicht in der Stimmung dazu.

* * *

Gerade als sie St. Fred wieder einlud, hörte sie Ian ihren Namen rufen.

»Norma. Wenn du mit ihm fertig bist, kannst du dann einen Moment zu mir kommen? Ich muss mit dir reden.«

Und plötzlich war die Panik wieder da, das kalte Kribbeln in ihrem Magen, als würde ihr Blut durch eine Klimaanlage fließen.

Sie schloss die Tür des Hängers, ohne Fred anzubinden, damit er sich umdrehen konnte, wenn er wollte. Wobei er vermutlich bloß an seinem Heu knabbern würde.

Ian zeigte auf einen Campingstuhl im Schatten neben ihm, und Norma setzte sich.

»Was gibt's?«, erkundigte sie sich und hoffte, dass er das Zittern ihrer Stimme nicht bemerkte.

»Ich mach den Job hier schon sehr lange«, begann Ian. »Über zwanzig Jahre. Daher fallen mir bei meinen Freiwilligen Sachen auf, einfach indem ich sie ansehe.«

Normas Herz schlug schneller. Sie hatte diesmal ihre Sonnenbrille auf und hoffte, das bedeutete, dass Ian die Angst in ihren Augen nicht erkennen konnte. Sie hielt den Kopf so, dass die Hutkrempe einen Großteil ihres Gesichts verbarg.

»Na, dann verrat mir, was du siehst«, verlangte sie von ihm.

Aber *das* konnte er nicht sehen. Das war schlicht unmöglich.

Oder nicht?

»Deine Hände zittern«, stellte Ian fest. »Ich glaube, du hast dir nicht genug Zeit gegönnt, um wieder auf die Beine zu kommen. Ich weiß deinen Einsatz wirklich zu schätzen, Norma, aber ich glaube, du bist noch nicht fit genug.«

»Ist es das, was du mir sagen wolltest?«

»Nein.«

»Was dann?«

Sie konnte ihren Herzschlag in der Brust spüren und in ihren Ohren hören. So sollte es nicht sein. Ihr Leben sollte nicht so verlaufen. Weil sie niemals log, und das hier war genau der Grund, warum sie es nicht tat.

Plötzlich musste sie an eine Geschichte denken, die sie auf der Highschool gelesen hatte. Über einen Mörder, der glaubte, er und seine Gäste könnten den Herzschlag des Mannes hören, den er umgebracht hatte und der unter den Bodendielen verborgen lag. Letztlich waren es seine Schuldgefühle gewesen, wenn sie sich richtig erinnerte. Seine Schuldgefühle hatten ihn verraten.

Gleich würde Ian den Mund öffnen und verkünden: »Ich weiß, dass du Jill Moss gefunden hast.«

Norma hatte keine Ahnung, wie er das herausbekommen haben sollte. Es war vorbei und merkwürdigerweise verspürte sie eine tiefe Erleichterung. Endlich konnte sie mit dem Lügen aufhören. Sie würde sich zwar den Konsequenzen stellen müssen, doch sie wäre dieses wilde Herzklopfen los.

Es war vorüber.

»Wenn es etwas gibt, das ich über meine Freiwilligen weiß«, fuhr Ian fort, »dann dass nicht jeder Fall jeden auf die gleiche Art berührt. Manchmal ist ein Fall anders als die anderen. Wer weiß schon, warum? Vielleicht erinnert einen der Vermisste an das eigene Kind. Vielleicht ähnelt die Situation einer, die man selbst irgendwann erlebt hat. Vielleicht ist jemand in nur wenigen Monaten über zwei Leichen gestolpert und hat so was wie eine posttraumatische Belastungsstörung. Das hab ich alles schon erlebt. Oder vielleicht weiß man nicht mal genau, warum. Und ich frage dich nicht danach, Norma. Ich will nicht in dich dringen. Das ist ganz allein deine Angelegenheit.«

»Ich hab noch immer keine Ahnung, was du mir eigentlich sagen möchtest, Ian.«

»Diese Sache hier geht dir an die Nieren. Das kann ich sehen. Du steckst das nicht einfach so weg, wie du es sonst immer tust. Es macht dich fertig. Daher ziehe ich dich ab. Deine Gesundheit und dein Wohlbefinden sind genauso wichtig wie die der Vermissten. Wir haben genug Leute da draußen, die suchen. Ich will, dass du nach Hause fährst und dich um dich selbst kümmerst, und ich kontaktiere dich beim nächsten Vermisstenfall wieder.«

Sie saßen einen Moment schweigend da. Norma verdaute, was gerade passiert war. Oder vielmehr, was *nicht* passiert war.

Er wusste es nicht.

Was … eine Erleichterung war? Eine Enttäuschung? Beides?

Vermutlich beides.

Sie warf ihm einen kurzen Blick zu, während ihr Herzschlag sich langsam beruhigte.

Er war immer ehrlich und fair zu ihr gewesen, genau wie allen anderen hier. Er verdiente es nicht, eine aufwendige Suchaktion für ein Mädchen zu organisieren, das längst gefunden worden war.

Sie öffnete den Mund, um ihm alles zu gestehen, egal was das für Konsequenzen haben würde.

Dann schloss sie den Mund wieder. Denn diese Konsequenzen würden nicht nur sie betreffen. Es war letztendlich nicht ihr Geheimnis. Die Sicherheit einer anderen Person stand auf dem Spiel und sie hatte es versprochen.

Sie hatte keine Wahl.

»Ich weiß, dass du Einwände erheben möchtest«, erklärte Ian. »Aber mir ist das sehr wichtig.«

»Normalerweise würde ich das nicht einfach so hinnehmen«, räumte sie ein. »Ich bin allerdings tatsächlich ziemlich geschafft.«

»Fahr nach Hause.«

»Okay«, sagte Norma. »Dann mach ich das mal.« Sie stand auf und trat in die sengende Sonne. Dann wandte sie sich noch einmal zurück. »Danke.«

»Ich handle da ganz egoistisch«, erwiderte Ian. »Ich will dich noch lange in meinem Team behalten.«

Norma stieg mit den Hunden in den Pick-up und fuhr nach Hause.

Unterwegs wurde ihr bewusst, dass sie Trauer empfand. Sie konnte es fühlen. Sie würde den Verlust ihres alten Lebens betrauern müssen. Das, in dem sie nie eine Lüge hatte erzählen, nicht unablässig auf der Hut hatte sein müssen.

Das, in dem ihr Herz niemals vor Angst gehämmert hatte, weil ihr jemand auf die Schliche kommen könnte.

Das war jetzt alles vorbei. Und ihr wurde langsam klar – auch wenn sie das schon zu Jills Mutter gesagt hatte –, dass sie dieses Leben niemals zurückerhalten würde.

Dies war jetzt ihre neue Normalität.

Kapitel Neun

Geduldsfaden

Norma erschien um Punkt acht Uhr zur Arbeit.

Sie trat durch die Tür, blieb jäh stehen und sah sich erstaunt um.

Das Lokal war brechend voll.

Betty fing ihren Blick auf und dann tat ihre Kollegin etwas komplett Unerwartetes.

»Hey, Leute«, rief sie mit lauter Stimme, als wollte sie alle zur gleichen Zeit ansprechen. »Das ist Norma. Sie ist Mitglied der Suchmannschaft!«

Den letzten Teil des Satzes betonte sie besonders, als würde sie verkünden, dass Norma soeben von einer Reise zum Mars zurückgekehrt sei oder vor ihrer Schicht ein Heilmittel gegen Krebs entdeckt habe.

Der Geräuschpegel in der Bar stieg an, wobei alle Anwesenden irgendwie beeindruckt und erfreut wirkten.

Norma hängte ihre Jacke auf, ging hinter die Bar und packte Betty am Ärmel, zerrte sie in die Küche.

»Was zur Hölle war das, Betty? Was sollte das?«

»Ich habe eben dein Trinkgeld vervierfacht.«

»Na ja, das könnte ich zwar gut gebrauchen, doch wer sind all diese Leute?«

»Offenbar war Jill Moss' Verschwinden heute in den Nachrichten.«

»Oh« war alles, was Norma darauf erwiderte. Ihr Magen zog sich zusammen, aber sie rief sich ins Gedächtnis, dass sie geahnt hatte, dass das irgendwann passieren würde.

Als ob sie ihre Gedanken lesen könnte, sagte Betty: »Du wusstest, dass das geschehen könnte.«

»Na ja, schon, nur … Ich hab nicht damit gerechnet, dass die Leute persönlich hier aufkreuzen.«

»Wenn man Kristen glaubt, ist es hier schon den ganzen Nachmittag so.«

»Wer ist Kristen?«

»Die neue Servicekraft am Tag.«

»Ach ja. Stimmt.«

Norma sah um Betty herum zu den Gästen auf der anderen Seite der Theke. Sie alle schienen sie anzustarren.

»Wie auch immer«, wandte sich Norma an Betty. »Erzähl den Leuten nicht, dass ich bei der Suchmannschaft bin. Ian hat mich abgezogen.«

»Wieso das denn?«

»Er meint, es berühre mich zu sehr.«

»Und tut es das?«

»Ja. Vielleicht. In gewisser Weise.«

»Nun, ich kann das jetzt nicht wieder zurücknehmen. Also geh und rede mit ihnen und verdien dir dein Trinkgeld.«

* * *

»Was wissen Sie über Jake und Jill?«, sprach sie eine junge, dunkelhaarige Frau an, während Norma Bier zapfte.

In der Bar war es überraschend leise, wenn man berücksichtigte, wie viele Leute da waren. Niemand musste schreien, um gehört zu werden. Genau genommen hatte Norma den Eindruck, dass alle die Ohren gespitzt hatten und mehr auf ihre Antwort warteten als die Fragestellerin.

»Jake und Jill?«

»Ja, Sie wissen schon: Jill Moss und Jake Willis. Sie müssen doch irgendwas in Erfahrung gebracht haben. Schließlich sind Sie jeden Tag dort draußen und suchen nach ihr.«

»Schon, allerdings haben wir sie noch nicht gefunden.«

»Glauben Sie, er hat sie umgebracht?«

»Woher soll ich das wissen?«

Norma schob die Bierkrüge auf ihrem mit Kork ausgekleideten Tablett über den Tresen und stand dann einfach da. Sie lehnte sich gegen die Theke, stützte sich mit den Händen darauf und starrte der jungen Frau ins Gesicht. Es fühlte sich ein bisschen wie ein Duell an. Als ob das Mädchen glaubte, dass Norma viel mehr wusste, und sie herausforderte, es ihr zu verraten.

Eine laute Männerstimme ertönte. »Also, *ich* weiß es«, verkündete sie. »Er hat sie umgebracht und die Leiche versteckt, da bin ich mir sicher.«

»Ach, waren Sie dabei?«, wandte sich Norma an ihn, wusste allerdings nicht genau, wohin sie schauen musste. »Denn dann würde die Polizei dringend mit Ihnen reden wollen.«

»Nein, ich war nicht dabei.«

»Dann wissen Sie es auch nicht.«

»Bei solchen Sachen irre ich mich nicht«, beharrte die Stimme.

Während dieser Antwort gelang es Norma, den Sprecher zu identifizieren. Er hatte einen kahl geschorenen Kopf und war tätowiert. Dem Aussehen nach zu urteilen, war er über vierzig, womöglich sogar schon knapp fünfzig.

Alt genug, um eigentlich Besseres zu tun zu haben, dachte Norma.

»Durchaus möglich, dass Sie gut darin sind, Dinge zu erraten«, erklärte sie. »Doch das Problem ist, dass Sie den Unterschied zwischen Raten und Wissen nicht kennen.«

Der Mann verließ seinen Platz und kam zum Tresen.

Es wirkte fast ein bisschen bedrohlich, aber Norma verspürte keine Angst. Sie war innerlich wie betäubt, und das vielleicht schon seit mehreren Tagen. Nur dass es ihr jetzt erst auffiel. Das war im Nachhinein schwer zu beurteilen.

Der Kerl stützte sich mit den Ellbogen auf die Theke und brachte sein Gesicht dicht vor ihres. Sein Atem roch nach abgestandenem Zigarettenqualm.

»Ich rate nicht«, behauptete er. »Ich kenne die menschliche Natur.«

»Das tut niemand«, entgegnete Norma heftig. Plötzlich hatte sie genug von alldem und konnte sich nicht länger beherrschen, es nicht länger für sich behalten. Es brach sich einfach Bahn. »Was zur Hölle ist mit Ihnen los, dass Sie alle glauben, Sachen zu wissen, die Sie gar nicht wissen können? Sind plötzlich alle samt und sonders verrückt geworden? Haben alle schlagartig kollektiv den Verstand verloren? Verdammt, die Menschen verstehen sich ja meistens nicht einmal selbst und meinen trotzdem, sie durchschauten alle und alles. Wenn man es nicht weiß, dann weiß man es nicht. Sie sind weder Hellseher noch Gedankenleser, und die Welt wäre ein besserer Ort, wenn Ihnen klar wäre, was Sie nicht wissen. Jetzt lassen Sie mich in Ruhe und gehen Sie auf Ihren Platz zurück … okay?«

Für einen langen, spannungsgeladenen Moment rührte sich niemand, und niemand sprach. Norma konnte erkennen, dass sie den Stolz des Mannes verletzt hatte. Sie konnte sehen, wie sich in seinen Augen ein Sturm zusammenbraute. Sie wusste nur nicht, was er deswegen unternehmen würde. Sie würde warten müssen, um es herauszufinden.

Ein paar Sekunden später erschien ein weniger abgerissen wirkender Typ in ungefähr dem gleichen Alter hinter dem Mann, fasste ihn am Arm und zog ihn mit sich.

»Vergiss es, Mack«, sagte der Neuankömmling. »Lass es einfach auf sich beruhen.«

Mack setzte sich auf seinen Stuhl und alle Gäste wandten sich wieder ihren Gesprächen zu. Es herrschte noch eine Weile eine unbehagliche Stimmung, aber es geschah weiter nichts.

Norma wusste nicht, dass Betty direkt hinter ihr stand, bis sie die Stimme ihrer Freundin dicht an ihrem Ohr hörte.

»Wow«, bemerkte sie. »Ian hat wohl recht. Dein Geduldsfaden ist echt dünn.«

»Ich mag solche Leute eben nicht.«

»Du magst Leute ganz allgemein nicht. Möchtest du lieber nach Hause?«

»Soll das ein Witz sein? Der Laden ist proppenvoll.«

»Na und? Sollen sie doch auf ihre Drinks warten. Oder zur Konkurrenz abwandern.«

Das war ein ständiger Scherz zwischen ihnen, denn es gab nur die eine Bar in Sloot.

»Ich möchte nicht nach Hause«, sagte Norma. »In den letzten paar Tagen habe ich nichts anderes getan, als zu Hause zu hocken. Ich möchte hierbleiben und am Tresen bedienen, so wie es mein Job ist.«

Und genau das tat sie dann auch.

Niemand stellte ihr irgendwelche Fragen oder versuchte, sie in ein Gespräch zu verwickeln. Und das Trinkgeld war auch nichts Besonderes.

* * *

Ungefähr drei Abende später – drei anstrengende, laute Abende in der überfüllten Bar – tauchte Wanda auf und hängte sich an Norma oder versuchte das zumindest.

Wanda war ein zierliches Mädchen Anfang zwanzig mit einem langen Zopf, der ihr über den Rücken hing. Das Zusammenspiel von dem Zopf und der Tatsache, dass sie keinen Meter fünfzig groß war, ließ sie wie ein Kind wirken.

Sie folgte Norma nach ihrer Schicht auf den Parkplatz.

»Warten Sie!«, rief sie.

»Ganz bestimmt nicht«, antwortete Norma über ihre Schulter und blieb auch nicht stehen, um das zu sagen. »Ich bin endlich mit der Arbeit fertig, daher fahre ich jetzt nach Hause und Sie werden mich nicht aufhalten.«

»Sie sind doch die Frau, die bei der Suchmannschaft ist.«

Norma blieb stehen und seufzte. Sie drehte sich im Dunkeln um.

»Ich pausiere bei der Suche nach Vermissten«, erklärte sie.

»Aber davor waren Sie in der Suchmannschaft.«

»Stimmt.«

»Dann wissen Sie mehr als die meisten anderen.«

»Ich weiß, dass weiter gesucht wird. Was gibt es sonst zu wissen?«

Weil es zu dunkel war, konnte Norma das Gesicht der jungen Frau nicht wirklich erkennen.

»Okay, in Ordnung. Dann erzählen Sie es mir eben nicht.«

»Da gibt es nichts zu erzählen. Falls man sie findet, dann wissen wir was. Bis dahin tun wir das nicht.«

»Was meinen Sie damit: ›falls man sie findet‹?«

»Sie wissen ehrlich nicht, was das heißt?«

»Aber sie wird doch gefunden werden, oder? Ich denke … Werden Vermisste nicht gewöhnlich gefunden?«

»Gewöhnlich schon, bloß eben nicht immer. Wenn Sie mich jetzt entschuldigen, ich muss nach Hause.«

»Fahren Sie zum Highway?«

»Nein.«

»Oh. Schade. Ich hatte gehofft, Sie könnten mich eventuell mitnehmen.«

»In die Richtung fahre ich nicht und ich lade keine Fremden in mein Auto ein.«

Selbst in der Dunkelheit des unbeleuchteten Parkplatzes konnte Norma erkennen, wie die junge Frau ein bisschen in sich zusammensank und die Schultern hängen ließ.

Norma hätte sich gerne umgedreht und wäre weitergegangen, aber irgendwie konnte sie sich nicht dazu durchringen.

»Haben Sie kein eigenes Auto?«, fragte sie das junge Mädchen.

»Nein.«

»Wie sind Sie denn überhaupt hergekommen?«

»Per Anhalter. Doch ich möchte im Dunkeln lieber nicht trampen.«

»Das sollten Sie auch im hellen Tageslicht besser sein lassen. Wissen Sie nicht, was einem passieren kann, wenn man sich in die Hände von Fremden begibt, vor allem einem so jungen Ding wie Ihnen?«

»Ach, das tue ich schon, seit ich ein Teenager war, und bis her ist nichts passiert.«

»Was nicht heißt, dass das immer so bleiben wird. Wo wohnen Sie denn?«

»In Connecticut.«

»Connecticut?« Das hörte sich fast wie ein Kreischen an, nur tiefer. »Sie wollen mir weismachen, dass Sie den ganzen weiten Weg von Connecticut hierher per Anhalter gefahren sind? Wofür?«

»Ich war neugierig auf diese Sache mit Jake und Jill, so wie alle anderen auch.«

Norma stand ungefähr eine Minute da und betrachtete die dünne Sichel des zunehmenden Mondes, die über den Bergen zu sehen war.

»Ich begreife einfach nicht, was die Leute an diesem Fall so faszinierend finden.«

»Ich schon«, antwortete die junge Frau. »Ich bin übrigens Wanda.«

»Ich möchte nicht wissen, wer Sie sind«, entgegnete Norma. »Bitte nicht falsch verstehen, das soll keine Beleidigung sein. Aber es ist ein bisschen so, wie wenn man einer streunenden Katze einen Namen gibt. Sobald man das getan hat, bedeutet das, dass man sie behält. Wo sind Sie untergekommen?«

»In dem billigen Motel am Highway am südlichen Ende von Sloot.«

»Steigen Sie in meinen Wagen«, forderte Norma sie auf. »Ich bringe Sie dorthin, sonst gibt es am Ende noch zwei vermisste junge Mädchen in dieser Stadt.«

* * *

»Helfen Sie mir, das zu verstehen«, verlangte Norma, als sie auf den dunklen Highway abbog. »Was hat dieser Fall an sich, dass alle so fasziniert davon sind?«

»Na ja, sie wird vermisst«, sagte Wanda.

»Ja, das habe ich verstanden. Ihnen ist schon klar, dass aktuell Tausende Menschen vermisst werden, richtig?«

»Die kenne ich ja nicht.«

»Oh, Sie kannten Jill?«

»Nein, nicht persönlich. Aber ihr Foto war in der Zeitung und alle auf Twitter teilen diese Videos, die sie über das Leben am College gemacht hat.«

»Wo gibt es die?«

»Auf Twitter.«

»Was ist ›Twitter‹?«

»Ehrlich? Sie haben noch nie von Twitter gehört?«

»Ein paar Leute haben es vielleicht mal erwähnt, trotzdem habe ich keine Ahnung, was sie meinen. Allerdings vermute ich, dass es so eine Internetsache ist.«

»Genau. Eine Internetsache.«

»Ich halte mich von dem Zeug so fern wie möglich. Also haben Sie das Gefühl, dass Sie sie irgendwie kennen?«

»Ja, schon.«

Ein längeres Schweigen entspann sich, nur unterbrochen vom Brummen des Motors und vom Geräusch der Reifen auf dem Asphalt.

Dann sagte Wanda: »Ich habe versucht, mich auf dem Zeltplatz umzuschauen. Da sind eine Menge Leute, die abwarten, ob Jake mit irgendjemandem spricht.«

Norma spürte, dass sie instinktiv kurz auf die Bremse trat.

»Er ist noch hier?«

»Ja. Haben Sie das nicht gewusst? Er behauptet, er wolle seine Freundin suchen und dafür sorgen, dass der Sheriff alles unternimmt, was möglich ist. Doch viele Leute vermuten, dass das einfach zu den Sachen gehört, die man sagt, wenn man nicht möchte, dass jemand weiß, was man wirklich getan hat. Ich habe ihn gesehen. Aber ich konnte ihn nicht dazu bringen, mit mir zu reden.«

»Ihnen ist schon klar, dass er möglicherweise gewalttätig ist, ob er seine Freundin nun tatsächlich umgebracht hat oder nicht, richtig?«

»Ja, das mit der häuslichen Gewalt hab ich gehört.«

»Warum versuchen Sie dann, mit ihm zu reden?«

»Er wird mir gegenüber ja nicht gewalttätig werden. Schließlich bin ich nicht seine Freundin.«

Norma schüttelte im Dunkeln den Kopf.

»Ich verstehe das nicht«, erklärte sie.

»Was denn?«

»Ich verstehe das alles nicht.«

Sie fuhr auf den Parkplatz des Lucky-7-Motels. Das Schild »Keine Zimmer frei« leuchtete. Norma parkte vor dem Rezeptionsgebäude und zog die Handbremse an.

Die Rezeption wirkte verlassen, doch es brannte Licht. Norma wandte den Kopf, um das Mädchen anzublicken, und konnte ihr Gesicht tatsächlich erkennen. Sie sah wie ein Kobold oder eine Elfe aus.

»Ist es möglich«, fragte Norma sie, »dass Sie, weil Sie ein wenig über Jill Moss wissen, diese Vorstellung im Kopf haben, dass sie Ihnen irgendwie ähnlich ist?«

»Da bin ich mir nicht sicher. Darüber habe ich bisher nicht nachgedacht. Warum?«

»Ich weiß nicht. Meiner Erfahrung nach ist das Mitgefühl von Leuten besonders groß, wenn jemand in Schwierigkeiten steckt, der sie an sie selbst erinnert. Dann fängt es an, sie wirklich zu interessieren. Aber wissen Sie, was? Das ist jetzt nicht wichtig. Ich versuche mir einen Reim auf das menschliche Wesen zu machen und vergesse dabei, dass ich das selbst in einer Million Jahre nicht schaffen werde. Wie auch immer, Sie sind jetzt in Ihrem Motel und zumindest für diese Nacht in Sicherheit. Nur versichern Sie mir bitte, dass Sie nicht vorhaben, die ganze Strecke zurück nach Connecticut per Anhalter zu fahren.«

»Irgendwie muss ich ja nach Hause kommen, oder?«

»Sie könnten den Bus nehmen.«

»Das kann ich mir nicht leisten.«

»Und Sie haben niemanden, der Ihnen das Geld schicken würde?«

»Nein.«

»Ihre Eltern?«

»Die geben mir nichts mehr.«

»Dieses Motel kostet doch auch was.«

»Nicht sehr viel. Selbst wenn ich morgen früh abreisen würde, würde es nicht für den Bus reichen.«

Norma holte ein dickes Bündel Dollarnoten aus ihrer Hosentasche. Das gesamte Trinkgeld des heutigen Abends.

»Wenn ich Ihnen das gebe, würden Sie dann morgen früh den Bus nach Hause nehmen?«

»Nein. Ich würde mehr Nächte in diesem Hotel dranhängen. Ich bleibe, bis sie sie finden.«

Aber das werden sie nie, dachte Norma.

»Ich hoffe, dass ich jemanden hier im Ort überreden kann, mich bei sich übernachten zu lassen.«

»Schauen Sie nicht mich an«, erwiderte Norma. »Ich nehme keine Streuner bei mir auf. Ich lebe aus gutem Grund allein und so wird es auch bleiben. Doch hören Sie gut zu: Wenn Sie zur Vernunft kommen und beschließen heimzufahren, melden Sie sich bei mir. Dann werde ich Ihnen Geld für den Bus geben, damit Sie nicht trampen.«

»Danke«, sagte Wanda. »Das wird sehr hilfreich sein, sobald man den Leichnam gefunden hat.«

»Moment mal, den Leichnam? Sie hoffen nicht, dass sie lebend wieder auftaucht?«

»Na klar, schon. Ich hoffe das. Aber es wird mit jedem Tag unwahrscheinlicher, oder?«

Darauf antwortete Norma nicht. Sie war leicht fassungslos.

»Vielen Dank fürs Herfahren«, meinte Wanda. »Man sieht sich.«

Damit öffnete sie die Beifahrertür, stieg aus und ging zu einem der Zimmer. Von den Moteltüren blätterte die Farbe ab.

Norma wartete, bis das Mädchen sicher drinnen war.

Dann fuhr sie mit ihrem Pick-up zurück auf den Highway und nach Hause.

Unterwegs schüttelte sie mehrmals den Kopf.

Und dann sagte sie irgendwann laut in die dunkle Fahrerkabine hinein: »Die ganze Welt ist verrückt geworden.«

Kapitel Zehn

Was ein Mörder sagen würde

Es war sechs Abende später, als Jake in die Kneipe kam. Und er fiel Norma definitiv auf, obwohl sie keine Ahnung hatte, wer er war.

Zunächst einmal deshalb, weil er sie an ihren Ex-Mann erinnerte. Dabei sah er ihrem Ex überhaupt nicht ähnlich. Ed war groß, dunkel und schwer gebaut gewesen. Dieser junge Mann war blond, und obwohl er sehnig und muskulös wirkte, war er schlank. Trotzdem musste Norma sofort an Ed denken. Vielleicht lag das an seiner Körperhaltung, vielleicht an seiner irgendwie herausfordernden Ausstrahlung. Weshalb auch immer, das Gefühl war unbestreitbar da.

Der andere Grund, warum sie ihn bemerkte, war, dass es jeder andere Gast im Pub ebenfalls tat. Im Raum hatte Stimmengewirr geherrscht – es waren vielleicht vierzig Gäste da –, doch bei seinem Eintreten wurde es absolut still. Einfach so. Schlagartig.

Norma hatte keine Nachrichten geschaut. Und zwar absichtlich. Normalerweise guckte sie täglich eine halbe Stunde Lokalnachrichten aus Phoenix – Phoenix war nicht wirklich in der Nähe, aber andererseits war nichts wirklich in der Nähe von Sloot – und eine halbe Stunde landesweite Nachrichten. Im Moment verzichtete sie jedoch darauf, bis das alles hier vorbei war. Da die Jill-Moss-Geschichte immer wieder aufgewärmt wurde, würde sie sicher irgendwann auch in den nationalen Nachrichten landen und Norma wollte nichts weiter darüber hören. Und von diesem Soziale-Medien-Zeug hatte sie sich ohnehin stets ferngehalten.

Dementsprechend war ihr sein Gesicht bis zu diesem Moment unbekannt gewesen. Bei allen anderen in der Kneipe war das eindeutig anders. Norma hatte nicht gewusst, dass Betty direkt hinter ihr stand, bis sie die Stimme ihrer Kollegin unweit ihres Ohrs hörte.

»Oh, oh«, sagte sie.

»Irgendwas entgeht mir gerade«, stellte Norma leise fest. »Was weiß jeder, was ich nicht weiß?«

»Das ist er.«

»Wer?«

»Der Freund. Der feste Freund des vermissten Mädchens.«

»Oh. Jake Willis.«

Während sie das sagte, kam er zu ihnen herüber. Er stützte sich mit den Ellenbogen auf den Tresen und blickte Norma direkt an. Sein blondes Haar stand hoch und sie war nicht sicher, ob er es extra so gestylt hatte oder ob er sich in letzter Zeit auf dem Zeltplatz einfach nicht um seine äußere Erscheinung gekümmert hatte. Seine Augen waren blau wie die von Jill, glichen ihren aber überhaupt nicht. Während ihre von einem strahlenden Blau waren, wiesen seine eine verwaschenere, fast schon graue Schattierung auf, was ihm ein kühles, distanziertes Aussehen verlieh.

Oder vielleicht war es auch gar nicht die Farbe seiner Augen, die diesen Eindruck vermittelte.

»Ich hätte gern ein Bier vom Fass«, verlangte er.

Norma spürte Wut in sich aufsteigen. Es begann in ihrem Magen und breitete sich rasend schnell in ihr aus, bis es sie ganz ausfüllte.

»Nein«, sagte sie.

»Wie bitte?«

»Kerle wie Sie bedienen wir hier nicht.«

»Kerle wie mich?«, wiederholte er in angespanntem Ton. »Was für ein Kerl bin ich denn?«

»Lassen Sie sich von mir etwas über diese Welt beibringen, junger Mann. Wenn eine Frau vor Ihnen wegrennt, tut sie das, weil sie von Ihnen wegwill. Sie möchten, dass sie bleibt? Nun, dann sollten Sie mal über die Art und Weise nachdenken, wie Sie sie behandeln. Wenn man gut zu anderen ist, werden sie ganz allgemein gesprochen nicht vor einem weglaufen. Sie können Leute nicht erst misshandeln und sie dann zwingen, bei Ihnen zu bleiben. Es interessiert mich nicht, ob es dabei um Ihre Freundin oder Ihre Ehefrau geht, Sie besitzen sie nicht. Sie entscheidet selbst über ihr Leben. Es ist möglicherweise ein schwerer Schlag für Ihr Ego, dass sie fortwill, aber unter keinen Umständen dürfen Sie ihr den Arm verdrehen und sie zwingen, sich dahin zu begeben, wo Sie sie haben wollen. Egal, was eine Frau tut, und egal, was Sie von dieser Frau halten, es gibt keinen Moment, in dem Sie das Recht haben, Gewalt anzuwenden. Niemals. So was ist immer Misshandlung.«

Sie merkte selbst, dass ihre Stimme mit jedem Satz schärfer und lauter wurde. Alle im Pub hörten sie. Irgendwie nahm sie das wahr, selbst wenn sie nicht erklären konnte, wie. Aus dem Augenwinkel sah sie, dass sich alle Köpfe in ihre Richtung drehten.

Jake Willis lehnte sich weit über den Tresen. Norma wollte zurückweichen, zwang sich jedoch, das nicht zu tun. Sie hatte kurz Angst, blieb aber stehen und ließ ihn reden.

»Sie denken, ich hätte sie umgebracht«, stellte er fest. »Oder?«

»Das hab ich nie gesagt, also verstehe ich nicht, weshalb Sie das denken.«

»Weil *alle* denken, dass ich sie umgebracht hätte.«

Irgendwo aus einer Ecke des Pubs ertönte eine Männerstimme. »*Ich* denke, du hast sie umgebracht«, verkündete sie.

Das war der Moment, in dem Jake Willis die Beherrschung verlor und zu schreien anfing. Glücklicherweise war seine Wut nicht mehr auf Norma gerichtet.

Er drehte sich abrupt um und stand nun dem Gastraum zugewandt ein paar Meter vom Tresen entfernt.

»Ich habe meine Freundin nicht umgebracht!«, brüllte er. »Komm her und sag mir direkt ins Gesicht, dass du denkst, ich hätte sie getötet. Ich hab das nicht getan.«

Auf diesen Ausbruch folgte Stille. Für einen kurzen Moment ließ Jake sie wirken.

Dann fragte er: »Und jetzt will es niemand gewesen sein? Hat niemand den Mumm, darauf etwas zu entgegnen?«

Wieder eine kurze Stille.

Dann erhob sich ein großer, kräftiger Mann. Er war bis auf seine blaue Jeans komplett in Schwarz gekleidet, inklusive einer schwarzen Lederweste, und hatte einen Bart und ein gerötetes Gesicht.

Er marschierte direkt auf Jake zu und baute sich vor ihm auf. Wenn sie gleich groß gewesen wären, hätten die beiden Männer einander Nase an Nase gegenübergestanden. Stattdessen überragte der Mann Jake deutlich und schaute auf sein wirres Haar hinab.

»Ja, ich habe etwas dazu zu sagen.« Seine Stimme war tief und unwirsch und schien weit unten aus seinem Brustkorb zu kommen. »Ich denke, das ist exakt das, was jemand, der seine Freundin umgebracht hat, behaupten würde.«

Für vielleicht zwei Sekunden stand die Welt still.

Dann explodierte Jake Willis.

Er schlug zu, doch die beiden Männer standen so dicht voreinander, dass nicht genug Platz war, um weit auszuholen. Sein erster Hieb verfehlte seinen Gegner, traf die Luft hinter ihm. Der zweite fand möglicherweise sein Ziel, aber Norma konnte das nicht genau erkennen, weil ihr die Körper die Sicht versperrten.

Der große Mann beendete die Sache schnell.

Er packte Jake am Hemdkragen, hob ihn hoch und warf ihn wie eine übergroße Puppe oder einen Heuballen von sich in Richtung des nächsten Tisches. Die zwei Frauen, die daran saßen, sprangen schnell auf und suchten das Weite.

Während Jake fiel, riss er den Tisch mit sich um und landete mit dem Rücken direkt auf der Kante.

»Autsch«, hörte Norma Betty sagen. »Das kann nicht gut sein. So kann man einem Mann den Rücken brechen.«

Jake rollte vom Tisch und blieb eine Weile auf dem Boden liegen, ohne sich zu rühren.

Eine zierliche junge Frau lief zu ihm und half ihm auf. Er hatte offensichtlich Schmerzen und Probleme, hochzukommen. Immerhin war sein Rücken allem Anschein nach nicht gebrochen, da er es auf die Füße schaffte. Allerdings hatte er einen Arm um die Schultern der Frau gelegt und stützte sich auf sie. Erst als er mit ihr schon fast zur Tür gehumpelt war, fiel Norma auf, dass es sich bei der zierlichen Frau um Wanda handelte.

Kurz vor dem Ausgang schaute sie zu Norma und nickte ihr zu.

»Oh, hallo«, sagte sie.

»Wanda, was zur Hölle tun Sie da?«

»Ich bringe ihn nur zurück zum Zeltplatz«, antwortete sie.

Norma hätte dazu noch das eine oder andere anzumerken gehabt, doch dafür blieb ihr keine Zeit, denn Wanda und Jake waren bereits zur Tür hinaus und in der Dunkelheit verschwunden.

Langsam löste sich die Spannung im Raum und die Leute nahmen ihre Gespräche wieder auf. Das Leben ging weiter, so wie es das immer tat, egal was gerade passiert war.

»Du kennst das Mädchen?«, fragte Betty.

»Ich hab sie nachts mal zu ihrem Motel gefahren. Sie hat kein Auto.«

»Dann frag ich mich, wie sie ihn zurück zum Zeltplatz schaffen will.«

»Keine Ahnung. In *seinem* Auto, schätze ich.«

»Ich wüsste nur gern, warum«, erwiderte Betty. Sie klang abwesend, als ob sie laut dächte.

»Wahrscheinlich will sie mit ihm reden. Wie alle anderen auch. Du weißt schon. Von ihm selbst hören, was passiert ist.«

»Ich hoffe, dass das alles ist.«

»Was meinst du damit, du *hoffst*, dass das alles ist? Was sonst könnte es sein?«

»Na ja. Du weißt schon.«

»Nein. Sorry, weiß ich nicht.«

»Manche Frauen stehen auf Bad Boys. Man muss sich nur die anschauen, die Serienmörder heiraten, die für ihre Taten eine lebenslange Gefängnisstrafe absitzen.«

»Ja, das ist seltsam. Immerhin sind sie im Gefängnis. Praktisch für Leute, die sagen, dass sie eine Beziehung wollen, aber nicht wirklich. Und man kann sich einreden, dass sie es in Wahrheit gar nicht waren. Trotzdem sind sie weggesperrt. Du weißt schon. Nur für den Fall, dass man sich geirrt hat. Doch dieser Kerl ist auf freiem Fuß und kann weiter Arme verdrehen. Niemand ist so dumm, sich mit so jemandem einzulassen.«

Als Norma darauf nichts hörte, wandte sie sich um, um Betty anzusehen. Die blickte sie mit einer hochgezogenen Augenbraue an.

»Ich lebe in der Realität«, bemerkte Betty. »Wo lebst du?«

»Ja, okay. Ich verstehe, was du meinst.«

»Schmeißen wir den großen Kerl raus?«

»Da bin ich mir nicht sicher. Ich glaube nicht. Er hat schließlich nicht angefangen.«

»Wir hatten hier seit Jahren keine Schlägerei mehr.«

»Ich fürchte, das wird sich nun ändern. Jeder geht jedem an die Kehle, weil alle über das Schicksal von Jill Moss spekulieren. Ziemlich sicher endlos. Ich schätze, das wird von jetzt an normal sein, und ich hasse es.«

Eine weitere kurze Stille.

Dann meinte Betty: »Das ist seltsam.«

»Was genau meinst du?«

»Dass du das sagst.«

»Warum ist das seltsam?«

»Weil es ja nur so sein wird, bis sie sie finden. Oder ihre Leiche.«

»Oh«, erwiderte Norma. »Stimmt.«

Und damit war das Gefühl wieder zurück. Dieses tief beunruhigende Gefühl, dass da immer etwas sein würde, was man vergaß, wenn man ein Geheimnis hütete. Dass hinter jeder Ecke stets die Möglichkeit lauerte, einen Fehler zu machen. Es schien bloß auf einen zu warten. Darauf zu warten, dass man darüber stolperte.

Betty sagte nichts mehr, also fügte Norma hinzu: »Wenn sie sie finden, sicher. Ja. Dann wird das vermutlich aufhören. Kommt darauf an, was sie finden.«

»Du hast mir mal erklärt, dass man Vermisste eigentlich immer findet. Entweder lebend oder eben die sterblichen Überreste.«

»Manche Leute tauchen nie wieder auf.«

»Aber warum denkst du, dass das hier einer dieser Fälle sein wird?«

»Ich weiß es nicht, Betty. Diese ganze Sache sorgt dafür, dass ich mich neben der Spur fühle.«

»Ja, das hab ich bemerkt. Ian hatte recht. Es war gut, dass er dich aus dem Suchtrupp genommen hat. Ich glaube, die ganze Sache geht dir aus irgendeinem Grund an die Nieren.«

»Ja, vermutlich. Ich bin insgeheim erleichtert, dass er mich nach Hause geschickt hat.«

Sie redeten den Rest der Nacht über nicht mehr viel. Ab und zu sah Norma, wenn sie über ihre Schulter blickte, dass Betty sie mit leicht besorgter Miene betrachtete.

Vielleicht würde sie Betty irgendwann mal beiseitenehmen und ihr die Wahrheit darüber erzählen müssen, warum ihre Ehe gescheitert war. Das würde Betty eine Erklärung dafür liefern, dass das alles für Norma so schwierig war.

Es gefiel ihr überhaupt nicht, das zu tun. Es störte sie, dazu genötigt zu sein. Es war ihr Geheimnis, eins, das sie jahrzehntelang für sich behalten hatte. Und jetzt musste sie es binnen einer Handvoll Tage gleich zwei Leuten enthüllen.

Aber Norma hatte jetzt zwei Geheimnisse. Besser, das eine preiszugeben, als Betty in das andere mit hineinzuziehen. Zumindest war dieses Geheimnis eins, bei dem sie selbst darüber entscheiden konnte, ob sie jemanden einweihte und wen.

Kapitel Elf

Was Reporter tun

Es war neun Tage später, als Wanda kam, um sich zu verabschieden.

Leider tat sie das auf dem dunklen, leeren Parkplatz hinter dem Pub, ein paar Minuten nach Schließung und von hinten, während Norma zu ihrem Auto ging und glaubte, allein zu sein.

»Hey«, sagte Wanda.

Norma erschrak so heftig, wie sie das von sich gar nicht kannte. Sie erschrak so sehr, wie es nur möglich ist, wenn die Nerven viel zu lange überstrapaziert worden sind.

Sie stieß einen kleinen erstickten Schrei aus und wirbelte mit ausgestreckten Händen herum, als wolle sie sich verteidigen.

»Oh. Wanda«, stieß sie aus. Ihre Stimme klang in ihren eigenen Ohren atemlos. »Sie haben mir einen Heidenschreck eingejagt. Schleichen Sie sich nie im Dunkeln und mitten in der Nacht so an jemanden an.«

»Sorry«, erwiderte Wanda. »Ich wollte nur einfach nicht abreisen, ohne Auf Wiedersehen zu sagen.«

»Oh, Sie wollen zurück nach Connecticut? Das ist vermutlich klug. Brauchen Sie Geld für den Bus?«

»Nein, danke. Ich hab eine Mitfahrgelegenheit.«

Die junge Frau blickte Norma nicht an, sondern seitlich an ihr vorbei. Norma drehte sich um, um nachzuschauen, was da war.

Auf dem Parkplatz stand ein Pick-up, auf dessen Ladefläche eine Menge Zeug festgezurrt war. Der Motor und die Scheinwerfer waren aus. Norma konnte die Umrisse von jemandem ausmachen, der auf dem Fahrersitz saß, aber keine Einzelheiten.

»Versuchen Sie mir zu erklären, dass Sie nicht die Einzige sind, die wegen dieser Sache den ganzen weiten Weg von Connecticut hierher auf sich genommen hat?«

Wanda trat unbehaglich von einem Fuß auf den anderen. Sie schien irgendwie unruhig, doch Norma hatte keine Ahnung, weshalb.

»Nein. Er wohnt in Südkalifornien. Aber trotzdem hat er angeboten, mich nach Hause zu fahren.«

»Oh, ich verstehe. Sie haben jemanden kennengelernt. Jemand Besonderes.«

»Zwischen uns ist nichts.«

»Wenn er im Moment an der Grenze zwischen Arizona und Utah ist, in Südkalifornien lebt und trotzdem bereit ist, Sie nach Connecticut zu fahren, dann, finde ich, ist da definitiv was.«

Für eine unbehaglich lange Weile schwieg Wanda. Sie trat weiter von einem Fuß auf den anderen, was eindeutig verriet, dass sie sich irgendwie nicht ganz wohl fühlte.

»Er hängt noch an seiner alten Freundin«, erklärte sie.

»Doch nicht so sehr, dass er Sie nicht bis nach Connecticut chauffiert.«

»Er redet nur gerne mit jemandem, der ihn nicht für ein Monster hält. Das ist alles.«

Einen Moment standen sie einfach da, einander gegenüber, in der Dunkelheit, und schwiegen.

Norma setzte die Puzzlestücke in ihrem Kopf zusammen. Oder vielleicht träfe es genauer zu, wenn man sagte, dass die Puzzlestücke sich allein zusammensetzten. Norma schien mehr dabei zuzusehen, wie sie sich ineinanderfügten.

Als sie das schließlich getan hatten, marschierte sie zu dem dunklen Wagen. Im Gehen zog sie das Handy aus ihrer Tasche und fuhr mit dem Finger übers Display, sodass der Button für die Taschenlampe erschien. Sie schaltete sie ein und leuchtete damit dem Fahrer ins Gesicht, hoffte dabei die ganze Zeit, dass sie sich irrte.

Sie tat es nicht. Es war tatsächlich Jake Willis, der darauf wartete, Wanda quer durchs Land nach Hause zu fahren.

Jake zuckte zusammen, kniff die Augen zu und wandte sein Gesicht von dem grellen Licht ab, wobei er sich eine Hand vors Gesicht hielt.

»He!«, beschwerte er sich. »Lassen Sie das.«

Norma senkte das Handy, bis der Schein der Taschenlampe den Boden um ihre Füße erhellte.

Dann marschierte sie zurück zu Wanda.

»Haben Sie völlig den Verstand verloren, junge Dame?«

»Ich wusste, dass Ihnen das nicht gefallen würde.«

»Ach ja?«

»Er hat sie nicht umgebracht.«

»Das habe ich auch nie behauptet.«

»Er hat ihr auch nicht den Arm auf den Rücken gedreht. Da wurde aus einer Mücke ein Elefant gemacht.«

»Oh, das hat er ganz eindeutig getan. Es gab jede Menge Zeugen.«

»Die Leute haben sich geirrt bei dem, was sie meinen, beobachtet zu haben. Er hat ihr einfach den Arm um die Schultern gelegt und sie zurück ins Camp gebracht.«

Die Taschenlampe von Normas Handy war immer noch an, daher hob sie es und richtete den Lichtstrahl auf die junge

Frau. Sie wollte in Wandas Miene lesen, ob sie den Unsinn wirklich glaubte, den sie da von sich gab. Aber sie hätte eigentlich wissen müssen, dass das nichts bringen würde. Wanda drehte das Gesicht weg und Norma konnte nicht erkennen, ob sie beschämt wegschaute oder nur, weil das Licht sie blendete.

»Kleines«, sagte sie. »Sie müssen doch selbst wissen, dass diese beiden Dinge komplett unterschiedlich aussehen.«

Sie schaltete die Taschenlampe ihres Handys wieder aus.

»Sie irren sich, was ihn betrifft«, beharrte Wanda. Ihre Stimme war leise, beinahe flehend. »Er wird völlig falsch dargestellt. Und missverstanden. In Wahrheit ist er ein ganz sanfter Mann.«

»Also ich bin es nicht, die sich in ihm irrt.«

»Es ist ohnehin egal. Ich bin nicht seine Freundin. Er ist immer noch total verliebt in Jill. Er denkt und redet von nichts anderem als ihr. Er ist völlig besessen von ihr.«

»Ja«, meinte Norma. »Bei diesem letzten Satz haben Sie tatsächlich etwas Wahres gesagt. Das war ja von Anfang an das Problem. Wenn Liebe irgendwann zu einer Besessenheit wird, führt das nie zu etwas Gutem.«

»Ich muss jetzt los«, wiederholte Wanda.

»Sie begehen einen Riesenfehler.«

»Ich tue es trotzdem.«

»Das war mir klar. Man kann niemandem etwas ausreden, wenn der es sich fest in den Kopf gesetzt hat.«

»Warum haben Sie es dann überhaupt versucht?«

»Nun, also, ich sehe das so: Wenn Sie jetzt aufbrechen und Ihnen etwas Furchtbares zustößt, dann weiß ich, dass ich es zumindest versucht habe. Ich kann mich für den Rest meines Lebens abends ins Bett legen und mir versichern, dass ich es wenigstens versucht habe. Anstatt mich hin und her zu wälzen und mich mit dem Gedanken zu quälen: Ich hätte immerhin etwas sagen können. So ist das, wenn es um andere Leute und ihre großen Fehler geht: Man muss sich damit zufriedengeben, dass man es versucht hat.«

»Er fährt mich einfach nur nach Hause. Mir wird nichts passieren.«

»Ich sage Ihnen was: Ich werde heute Abend darum beten, dass das stimmt.«

Zu Normas großer Überraschung trat die junge Frau auf sie zu und umarmte sie. Norma war so überrascht, dass sie mehrere Sekunden benötigte, bevor sie die Umarmung erwiderte.

Ihr fiel auf, dass das das zweite Mal in wenigen Wochen war, dass eine verzweifelte junge Frau sie umarmte, als sei sie so etwas wie eine Elternfigur. Und das nach Jahrzehnten, in denen ihr niemand nahe gekommen war.

»Viel Glück«, sagte sie.

Wanda ließ sie los und verschwand im Dunkeln.

Norma nahm an, dass sie nie wieder etwas von ihr sehen oder hören würde. Niemals wissen würde, wie die Sache ausgegangen war.

Bei dieser Annahme irrte sie sich allerdings, wie sich noch herausstellen sollte.

* * *

Norma wachte aus einem unruhigen Schlaf auf. Wenigstens war er in den wenigen Momenten unruhig gewesen, in denen sie überhaupt welchen hatte finden können. Sie stand auf, schlüpfte in Jeans und ein warmes Sweatshirt und begab sich in die Küche, um Kaffee zu kochen.

Als sie müde durch das Fenster über der Spüle blickte, stutzte sie.

Vor ihrem Tor drängten sich etliche Menschen und dahinter befanden sich einige Autos.

Die Autos waren hauptsächlich Pkws, aber es waren auch Transporter dabei, auf deren Dächern Übertragungstechnik montiert war. Die Schriftzüge würden vermutlich die von TV-Sendern sein, da war sich Norma ziemlich sicher, selbst wenn sie sie von dort aus, wo sie stand, nicht entziffern konnte. Es waren ungefähr ein Dutzend Personen, darunter zwei Männer mit unförmigen Videokameras auf der Schulter.

»Was zur …«, entfuhr es Norma, obwohl sie allein in der Küche war.

Sie trat hinaus in die kühle Morgenluft, gefolgt von den Hunden, die zum Tor liefen und die Eindringlinge anbellten. Die wichen instinktiv zurück.

Norma lehnte sich ans Tor und eine etwa dreißigjährige Frau in einem lavendelfarbenen Hosenanzug und mit einem Mikrofon in der Hand trat auf sie zu.

»Was tun Sie alle hier draußen?«, fragte Norma.

»Sie haben ein Schild am Tor, das den Zutritt verbietet«, antwortete die Frau.

Sie hatte blondes Haar, was Norma nicht direkt überraschend fand, und es sah ganz so aus, wie Frauenhaar aussieht, wenn man gerade den Friseursalon verlässt. Zwar herrschte heute der gewohnte böige Wind, doch auf dem Kopf der Frau bewegte sich keine einzige Strähne.

Das muss mit jeder Menge Haarspray festgeklebt sein, dachte Norma.

»Ja, ich weiß, dass da ein Betreten-verboten-Schild hängt, schließlich habe ich es selbst angebracht. Ich hab auch nicht gemeint, warum Sie nicht hereingekommen sind und es sich gemütlich gemacht haben. Ich hab gemeint: Was haben Sie hier überhaupt verloren?«

Ein weiterer Nachrichtenreporter hatte sich hinter die Frau gestellt und streckte ebenfalls ein Mikrofon in Normas

Richtung. Es war ein Mann in den Zwanzigern mit kurzem dunklen Haar und einer blauen Windjacke über einem Oberhemd mit Schlips.

Die Hunde saßen direkt neben Norma, einer auf jeder Seite, und knurrten tief in der Kehle.

»Wir haben gehört, dass Sie Teil der Suchmannschaft für Jill Moss waren«, sagte der Reporter. »Und wir wollten Ihnen ein paar Fragen dazu stellen.«

»Ich war am Anfang dabei, aber jetzt nicht mehr. Reden Sie mit jemandem, der noch jeden Tag dort draußen unterwegs ist.«

»Die können wir nicht finden, wissen nicht mal, um wen es sich handelt«, beschwerte sich die Frau. »Das Sheriffbüro will uns nicht verraten, wer die Leute sind.«

»Wie haben Sie mich denn gefunden?«

»Jemand im Pub hat dort allen erzählt, dass Sie zur Suchmannschaft gehört haben. Sie sind also eine bekannte Größe.«

»Na toll«, erwiderte Norma. »Einfach super. Das wollte ich schon immer sein. Eine bekannte Größe.«

»Können Sie uns ein paar Fragen beantworten?«, fragte der Mann.

Norma schaute an den beiden Eindringlingen vorbei und bemerkte, dass die Kameras nun auf ihr Gesicht gerichtet waren. Das machte sie wütend. All dies machte sie wütend. Doch die Vorstellung, dass die Kameras bereits liefen, bevor sie sich einverstanden erklärt hatte, ein Interview zu geben, war der Tropfen, der das Fass zum Überlaufen brachte.

»Nein«, sagte sie mit harter Stimme. »Ich kann ganz bestimmt nicht ein paar Fragen beantworten. Weil ich die Informationen, die Sie wollen, gar nicht habe. Und jetzt verschwinden Sie und lassen mich in Ruhe. Ich hatte nicht mal Zeit für eine Tasse Kaffee, die Hunde sind noch nicht gefüttert worden, genauso wenig wie das Pferd, und ich brauche diesen ganzen Ärger hier nicht.«

»Wir möchten einfach nur wissen, ob Sie glauben, dass Jill Moss noch gefunden wird.«

»Sie wollen wissen, was ich glaube?«, rief Norma. »Was für einen verdammten Unterschied macht es, was ich glaube? Was für einen Unterschied macht es, was irgendjemand glaubt? Sie sind von den Nachrichten. Sie sind Reporter, dabei wissen Sie nicht mal, was Reporter tun. Sie berichten Tatsachen. Tatsachen! Dinge, die Sie tatsächlich wissen können. Das letzte Mal, dass ich blöd genug war, im Fernsehen Nachrichten zu gucken, musste ich mir anhören, wie irgendein Reporter darüber redete, was ein bestimmter Kongressabgeordneter *glaubt.*«

Norma musste Luft holen und bemerkte, dass die beiden Reporter leicht verwirrte Blicke wechselten.

»Oh, Sie verstehen nicht, was daran problematisch ist? Und das ist genau das Problem. Sie erkennen nicht mal, wie falsch das ist. Ein Reporter soll nicht sagen, was irgendjemand glaubt, weil man das nicht wissen kann. Niemand weiß, was irgendjemand glaubt. Wir wissen nur, was sie sagen, was sie glauben. Und wenn Sie den Unterschied zwischen einer Tatsache und einer behaupteten Tatsache nicht kennen, dann sind Sie all das, was mit der Welt heutzutage nicht stimmt. Gehören Sie zu einem dieser rund um die Uhr sendenden Nachrichtenkanäle?«

»Sie schon«, erwiderte der junge Mann.

Norma richtete ihre Augen und ihren Zorn auf die Frau.

»Gut. Ich wollte das hier schon immer mal jemandem sagen. Ich gebe Ihrem und den ganzen anderen Nachrichtensendern die Schuld an allem, was bei den Medien heutzutage schiefläuft, und die Hälfte der Schuld an dem, was mit der ganzen Welt nicht mehr stimmt. Als ich noch klein war, gab es Walter Cronkite. Er hat uns nicht erzählt, was andere Leute denken oder glauben. Er hat uns erklärt, was gerade passiert, ziemlich genau eine halbe Stunde am Tag. Denn wissen Sie, was? Ungefähr so lange braucht man, um die Tatsachen wiederzugeben, ohne dass man Menschen Mikrofone ins Gesicht hält und sich anhört, was sie *glauben*, was passiert ist. Sie brauchen jeden Tag vierundzwanzig Stunden Inhalt, daher greifen Sie auf irgendwelchen Unsinn zurück, alles nur für die Einschaltquoten. Und ja, ich bin sicher, Walter Cronkite wollte auch gute Quoten, aber er hat sie erreicht, indem er ein Nachrichtenreporter war, dem die Leute vertraut haben, nicht mit belanglosen Meldungen, die das widerspiegeln, was die Leute zu hören hoffen. Dank Ihnen kennt niemand mehr den Unterschied zwischen dem, was wahr ist, und dem, wovon man glaubt, es sei wahr. Das ist eins der schlimmsten Probleme, die wir in der Welt heute haben, und Sie haben das nicht nur verursacht, Sie treiben diese Entwicklung auch noch voran.«

Das Mikrofon der Frau war nicht länger vor Normas Gesicht, sie hatte es an ihre Seite sinken lassen.

Als Norma ihre Wutrede unterbrach, um Luft zu holen, blickte die Frau über ihre Schulter zu einem der Kameramänner.

»Du kannst mit dem Filmen aufhören«, teilte sie ihm mit.

»Ich hab damit aufgehört, als sie gesagt hat, du wüsstest nicht, was Reporter tun«, erwiderte er.

»Ich drehe weiter«, merkte der andere Kameramann an. »Auch wenn ich bezweifle, dass da irgendwas dabei ist, das wir verwenden können.«

»Wenn Sie mich im Fernsehen zeigen, verklage ich Sie vor allen Gerichten, die es gibt«, warnte ihn Norma.

»Okay«, meinte der Kameramann. »Jetzt habe ich auch aufgehört.«

»Wissen Sie eigentlich, wie viele Frauen derzeit vermisst werden?«, erkundigte sich Norma.

Niemand sagte etwas.

»Warum befassen Sie sich nicht mit einem der anderen Fälle?«

Einen Moment lang herrschte Stille.

Dann antwortete die Frau in dem lavendelfarbenen Hosenanzug: »Aus irgendeinem Grund hat dieser Fall das Interesse der Öffentlichkeit geweckt.«

»Ja, und vielleicht sollten Sie sich mal fragen, warum das so ist. Und jetzt verschwinden Sie von meinem Tor und lassen Sie mich in Ruhe.«

Sie wandte sich ab und marschierte zurück zum Haus, schaute dabei absichtlich nicht über ihre Schulter zurück, um sich zu vergewissern, ob ihren Anweisungen Folge geleistet wurde. Sie ging ins Haus und warf die Tür hinter sich zu. Dann fiel ihr auf, dass sie die Hunde ausgesperrt hatte, daher öffnete sie sie noch mal kurz.

Die beiden kamen hereingetrabt.

Norma trat ans Küchenfenster und widmete sich wieder der Aufgabe, ihren morgendlichen Kaffee zu kochen. Vor ihrem Tor liefen die Leute umher, luden Ausrüstung in ihre Autos und fuhren davon.

Während der Kaffee in die Kanne tropfte, nahm Norma den Hörer ihres Festnetztelefons von der Wand und rief Betty an.

Sie meldete sich beim zweiten Klingeln.

»Hey«, sagte sie. »Was ist los?«

»Du wirst es nicht glauben, aber ich hatte gerade Fernsehteams von Nachrichtensendern vor meinem Tor.«

»Oh, das glaube ich gern«, entgegnete Betty.

»Jill Moss wird doch jetzt schon seit Wochen vermisst. Warum plötzlich heute?«

»Die sind schon die ganze Zeit hier. Hast du das nicht gewusst?«

»Ich hab niemanden gesehen.«

»Das liegt daran, dass sie bis jetzt draußen am Zeltplatz waren.«

»Oh. Am Zeltplatz. Da bin ich überhaupt nicht gewesen.«

»Ja, sie hatten da ihr Lager aufgeschlagen und versucht, Aufnahmen von Jake zu kriegen oder ihn dazu zu bringen, sich ihnen gegenüber irgendwie zu äußern. Aber jetzt ist er weggefahren und sie müssen ihr Mikrofon jemand Neuem unter die Nase halten.«

»Ich würde mich nicht unbedingt als ›neu‹ bezeichnen«, meinte Norma. »Wie auch immer, das ist ja wieder typisch für mein Glück, dass sie mich gefunden haben.«

»Bist du sie losgeworden?«

»O ja.«

»Das habe ich mir schon gedacht. Leute loszuwerden ist deine Spezialität.«

* * *

Es war Normas freier Tag, weshalb sie nur wenig zu tun hatte.

Dabei hätte sie es eigentlich vorgezogen, beschäftigt zu sein, doch es gab einfach nicht genug zu erledigen und so war sie rastlos. Etwas war da in einer Ecke ihres Bewusstseins, das sie nach unten zog, und sie konnte es einfach nicht abschütteln, egal, wie sehr sie es versuchte.

Sie konnte ihren Finger nicht genau darauf legen, was es war, aber es schien etwas mit den beiden jungen Frauen zu tun zu haben, die sich in ihr Leben gedrängt hatten, mehr oder weniger gegen ihren Willen. Sie hatten sie beide fest umarmt und ihr gedankt. Sie vielleicht sogar ein winziges bisschen geliebt. Sie hatten sie beide wie eine Mutter behandelt. Wie jemanden, der sich um sie kümmern würde.

Jetzt waren sie beide weg, sodass sie sich um keine von beiden mehr kümmern konnte, und sie hatte auch keine Möglichkeit, mit ihnen Kontakt aufzunehmen und sich zu erkundigen, ob es ihnen gut ging.

Gegen zwei Uhr nachmittags rief sie ihren ältesten Sohn Neal an, den, der in diesen Tagen am ehesten mit ihr redete. Doch er nahm nicht ab und meldete sich auch nicht zurück. Sie versuchte es mit ihrem jüngeren Sohn Rick, den sie ebenfalls nicht erreichte.

Kurz vor acht Uhr abends, bevor Betty, wie sie wusste, zu ihrer Schicht im Pub losfahren musste, rief Norma sie zu Hause an.

»Hey«, sagte sie.

Daran schloss sich eine längere Stille an.

»Alles in Ordnung?«, fragte Betty. »Du klingst irgendwie … Ich weiß nicht genau, wie.«

»Nein, mit mir ist nicht alles in Ordnung«, antwortete Norma.

»Was ist denn los?«

»Ich muss dir etwas erzählen. Ich muss das tun, damit du weißt, warum mich das alles so aus dem Gleichgewicht bringt.«

»Okay«, erwiderte Betty. »Ich hab mir schon gedacht, dass da was ist, denn sonst bist du immer ausgeglichen. Also schieß los.«

Also begann Norma zu reden. Mit nur ganz leichten Schweißausbrüchen und etwas Zittern berichtete sie Betty, was sie kaum einem anderen Menschen anvertraut hatte. Die Geschichte des Vorfalls, der ihre Ehe beendet hatte.

Sie weihte Betty in dieses Geheimnis ein, weil sie ihr das andere nicht verraten durfte. Denn das war ja nicht ihr Geheimnis. Sie hatte ihr Wort gegeben und das bedeutete ihr etwas. Es war ein Schwur, den sie die nächsten fünf Jahre über nicht brechen würde.

Teil zwei

Kapitel Zwölf

Fünf Jahre später

Am Zeltplatz wurde ein älterer Mann vermisst und Norma ritt auf St. Fred durch die Hügel, in der Hoffnung, ihn zu finden.

Der Vermisste litt an Alzheimer und befand sich offenbar im letzten Stadium irgendeiner Krebserkrankung. Seine völlig verzweifelte Familie war mit ihm angereist, weil er immer schon Bryce Canyon hatte sehen wollen und seine Enkel gebeten hatte, ihn vor seinem Tod hinzubringen.

Dann hatte er irgendwann nachts den Zeltplatz verlassen und war verschwunden.

Jetzt war er seit zwei Nächten irgendwo dort draußen. Das Wetter war mild und frühlingshaft, mit Tagen, an denen es nicht glühend heiß wurde. Trotzdem schien es Norma angebracht, sich dafür zu wappnen, dass er, falls sie ihn fand, nicht mehr am Leben sein würde.

Sie ritt schweigend über die Hügel, denn die Erwartung, auf einen Toten zu stoßen, sorgte dafür, dass ihr nicht nach Singen zumute war. Genau genommen sang sie bei ihren Sucheinsätzen insgesamt nicht mehr so viel wie früher. Schon mehrere Jahre lang nicht. Seit das mit Jill Moss passiert war, war Norma die Lust darauf vergangen.

Gegen Mittag wurde Fred durstig und sie hatte keine Spur des Vermissten entdeckt, weder tot noch lebendig.

Sie kehrte zum Zeltplatz zurück, um sich Wasser und was zu essen zu holen.

»Norma!«, rief ihr Ian von Weitem zu.

Er winkte ihr zu, damit sie zu ihm kam.

Sie lenkte St. Fred zu der Stelle, wo Ian vor seiner behelfsmäßigen, mit Zeltplanen geschützten Kommandozentrale stand.

»Ich bin froh, dass du zurück bist«, erklärte er und streichelte Freds langes Gesicht. »Wir haben ihn gefunden.«

»Lebendig?«

»Erstaunlicherweise ja. Ich wünschte, ich hätte dir das früher sagen können. Ich wollte dich zurückbeordern, um dir weitere Mühe zu ersparen.«

»Na ja, dafür kannst du nichts. Wenn ich ein Satellitentelefon hätte wie alle anderen, hättest du das sicher getan. Wie geht es dem alten Knaben?«

»Er ist total dehydriert und hat ein paar kleinere Blessuren davongetragen. Im Moment ist er in einem Rettungswagen unterwegs zum Krankenhaus, aber alles in allem würde ich sagen, er hat sich in den zwei Tagen tapfer geschlagen.«

»Gut«, erwiderte Norma. »Seine Familie muss sehr erleichtert sein.«

»Sie waren überglücklich, als ich es ihnen mitgeteilt habe.«

»Es sind Tage wie diese, die uns vor Augen führen, warum wir den Job machen, nicht wahr?«

Seltsamerweise antwortete Ian darauf nicht. Er schien seinen eigenen Gedanken nachzuhängen.

Norma schwang sich aus dem Sattel, und als ihre Füße den Boden berührten, stieß sie unwillkürlich einen halb erstickten

Laut aus. Er erinnerte sie an die Laute, die ihre Großmutter von sich gegeben hatte, wann immer sie sich auf ihrem Sessel niederließ oder sich daraus erhob. Es war jedenfalls kein Geräusch, das sie gerne von sich selbst hören wollte.

Sie war steif und ein bisschen wund von der langen Zeit im Sattel. Ihre Beine benötigten eine Minute, um sich an den festen Boden zu gewöhnen.

Vielleicht wurde sie langsam zu alt für das hier. Der Gedanke schoss ihr ungebeten durch den Kopf. Inzwischen war sie dreiundsechzig und St. Fred zweiundzwanzig. Er schien für sein Alter in guter Verfassung zu sein, doch Norma war sich nicht sicher, ob sie das Gleiche von sich behaupten konnte.

Sie streifte dem Pferd die Zügel über den Kopf und führte es zum Wassertrog. Ian ging neben ihnen her.

»Wo wir von Tagen wie diesen reden«, begann er.

Aber er schien diesen Gedankengang nicht zu Ende verfolgen zu wollen.

»Was ist mit ihnen?«

Sie blieben an der Tränke stehen. Fred senkte den Kopf und tauchte das Maul ins Wasser. So verharrte er eine Weile, sog das kostbare Nass ein wie ein Staubsauger. Norma konnte die Muskeln an seinem Hals arbeiten sehen, wann immer er schluckte.

»Ich bin mir nicht sicher, ob du das verfolgt hast«, meinte Ian. »Manchmal glaube ich, außer mir achtet niemand auf so was. Daher bin ich mir nicht sicher, ob du weißt, was für ein Tag heute ist.«

»Ich gebe auf.«

»Heute vor fünf Jahren ist Jill Moss verschwunden.«

Der Name landete wie ein Boxhieb in Normas Magen.

Es gab keinen Tag, an dem sie nicht an Jill dachte, doch den Namen hatte sie schon ein paar Jahre lang nicht mehr laut ausgesprochen gehört.

Sie hatte gewusst, dass es ungefähr fünf Jahre her war. Es waren fünf Frühlinge gekommen und verstrichen. Aber sie hatte sich nicht den genauen Tag gemerkt.

»Und du weißt, was das heißt«, fügte Ian hinzu. »Richtig?«

»Heute wird sie für tot erklärt.«

»Genau.«

Sie standen einen Moment lang schweigend da und schauten dem Pferd beim Trinken zu. Norma war ebenfalls wie ausgetrocknet. Doch St. Fred hatte sie über die Hügel getragen, nicht andersherum, und sie würde ihm stets erlauben, seinen Durst zuerst zu stillen.

»Ich vermute, er hat sie wirklich umgebracht«, äußerte Ian.

»Das können wir nicht mit Sicherheit wissen.«

»Meinst du nicht, sie wäre sonst in den letzten fünf Jahren mal aufgetaucht?«

»Vielleicht hat sie entschieden, genau das nicht zu tun.«

»Zumindest ihren Eltern hätte sie ja wohl erzählt, dass sie noch am Leben ist.«

»Möglicherweise hat sie das getan, aber sie haben es aus Rücksicht auf ihre Sicherheit unter Verschluss gehalten.« Norma hätte sich am liebsten auf die Zunge gebissen. Sie wusste, sie hatte zu viel gesagt. »Rein hypothetisch«, fügte sie hinzu. »Und das von einer Frau, die beileibe keine Freundin von solchen Spekulationen ist. Ich vermute, von Zeit zu Zeit erwischt es uns alle.«

Zuerst erwiderte Ian nichts darauf.

Dann, als das Pferd den Kopf hob und sie gemeinsam zum Parkplatz weitergingen, meinte er: »Ich kann verstehen, warum die Vorstellung, dass sie noch am Leben ist, tröstlich für dich ist.«

»Nur ist sie das jetzt vor dem Gesetz nicht mehr.«

»Richtig.«

Ian lief zu seinem Campingstuhl unter dem Sonnensegel und holte eine Wasserflasche aus der Kühlbox voller Eis. Er kam damit zurück zu Norma und reichte sie ihr. Das Plastik war außen beschlagen und die Kälte fühlte sich in ihrer Hand gut an.

»Danke«, sagte sie.

»Ich weiß, dass dieser Fall für dich von emotionaler Bedeutung ist.«

»Aus irgendeinem Grund schon.«

»So einen haben wir alle, wenn nicht gar mehrere. Wie auch immer, tut mir leid, wenn ich der Überbringer schlechter Nachrichten bin.«

»Nicht deine Schuld«, erwiderte sie. »Ich lade jetzt mal mein Pferd ein und fahre nach Hause.«

Sie öffnete die hintere Klappe des Pferdeanhängers und Fred ging hinein. Seine Hufe klapperten laut auf dem dünnen Gummibelag des Metallbodens.

»Ich will nicht behaupten, es sei unmöglich, dass sie lebt«, erklärte Ian. »Aber ich bin wie du: Ich halte mich gern an die Fakten. Und ich möchte darauf hinweisen, dass es nicht sehr wahrscheinlich ist.«

»Da gebe ich dir recht«, antwortete sie.

Sie fand es anstrengend, ihre Gedanken so zu formulieren, dass das, was sie sagte, auch wirklich stimmte. Das tat sie jetzt seit fünf Jahren und mittlerweile war sie zermürbt von der Anstrengung.

»Ich werde jetzt nach Hause fahren und mich hinlegen«, verkündete sie.

Doch als sie zu Hause war, stellte es sich als unmöglich heraus, einzuschlafen.

* * *

An dem Abend arbeitete sie nicht.

Als Betty sie aus dem Pub anrief, war es erst acht Uhr, aber Norma war schließlich doch eingenickt. So schrak sie mit wild klopfendem Herzen aus dem Schlaf hoch.

Draußen war es dunkel und sie glaubte, sie bekäme einen Anruf mitten in der Nacht, was ihrer Erfahrung nach nie etwas Gutes bedeutete. Sie hatte noch nicht auf die Uhr geschaut und wusste nicht, wie früh es tatsächlich war.

Sie setzte sich im Bett auf und schnappte sich den Telefonhörer.

»Was?«, meldete sie sich atemlos. »Was ist passiert?«

»Bist du zum Telefon gerannt?«, erkundigte sich Betty.

»Nicht wirklich. Was ist los?«

Norma drehte den Radiowecker zu sich, sodass sie die Ziffern erkennen konnte, und stellte endlich fest, dass es erst acht Uhr war.

»Ich hab mich nur gefragt, ob du es schon gehört hast. Ich bin mir nicht sicher, ob du dieser Tage oft Nachrichten guckst.«

»Ja, ich hab's gehört. Aber … es war in den Nachrichten? Das überrascht mich.«

»Echt? Wie kann dich das überraschen? Wie könnte so eine große Sache nicht in den Nachrichten kommen?«

Im Dunkeln blinzelte Norma ein paarmal. Durch ihr Schlafzimmerfenster konnte sie die vagen Umrisse von St. Fred erkennen. Er lag wie ein Fohlen zusammengerollt im Mondschein auf seiner Koppel, den großen Kopf auf die zusammengefalteten Vorderbeine gelegt.

Ihr schoss durch den Kopf, dass sie und Betty vielleicht nicht von der gleichen Sache redeten.

»Es ist kaum eine Eilmeldung wert, dass fünf Jahre vergangen sind«, erwiderte Norma. »Das ist ja nicht besonders überraschend.«

In der Leitung herrschte kurz Schweigen.

Dann sagte Betty: »Ah, dann weißt du es also nicht.«

»Das glaube ich auch. Was ist denn passiert?«

»Jake Willis ist wegen versuchten Totschlags verhaftet worden.«

Norma merkte, dass sie immer noch halb schlief. Ihr Verstand fühlte sich wie in Watte gepackt an und sie konnte sich keinen rechten Reim auf diese Worte machen.

»An Jill Moss?«

»Nein, nicht an Jill Moss. Wir wissen ja nicht sicher, ob er sie umgebracht hat, schließlich gibt es keine Leiche.«

In dem Sekundenbruchteil zwischen diesen Sätzen und denen, die folgten, verspürte Norma eine gewaltige Erleichterung. Denn das wäre die schlimmste Möglichkeit gewesen. *Stell dir nur vor*, dachte sie. *Stell dir vor, sie klagen Jake Willis wegen Mordes im Zusammenhang mit Jills Verschwinden an.* Und sie selbst wäre einer von bloß einer Handvoll Menschen, die genau wussten, dass er es nicht getan haben konnte. Und sie würde es niemandem sagen können.

Doch während Norma noch dankbar war, dass ihr das erspart blieb, sprach Betty weiter.

»Warte«, unterbrach Norma sie. »Warte mal. Könntest du das noch mal wiederholen? Ich glaub, ich war gerade nicht ganz bei der Sache, sodass ich das nicht richtig mitgekriegt habe.«

»Also, ich hab gesagt …«, begann Betty. »Er war mit seiner Frau im Auto auf dem Highway unterwegs und hat am Straßenrand angehalten. Sie müssen irgendwie gestritten haben, denn er hat sie gewürgt.«

Norma spürte bei dem letzten Wort eisige Kälte in ihrem Magen.

»Aber er hat rechtzeitig aufgehört?«, fragte sie.

»Nein, hat er nicht. Ein anderer Autofahrer hat mitgekriegt, was da vor sich ging, und ist rechts rangefahren. Er hat das Fenster von diesem Jake mit einem Radkreuz eingeschlagen und ihn von ihr weggezerrt. Es gibt keinen Hinweis darauf, dass er von allein aufgehört hätte.«

Wieder herrschte Schweigen, dieses Mal länger. Es prickelte. Zumindest schien es Norma so. Vielleicht prickelte auch sie selbst, als würde die Nachricht wie mit zahllosen kleinen Nadeln in ihre Haut stechen.

Sie antwortete nicht. Sie hatte keine Worte.

»Glaubst du jetzt, dass er Jill getötet und den Leichnam irgendwo verscharrt hat?«, hörte sie Betty fragen.

»Nun«, erwiderte Norma. Dann musste sie es wieder tun. Wie so oft in den letzten Jahren musste sie sorgfältig abwägen, wie sie sich ausdrücken sollte, um bei der Wahrheit zu bleiben, ohne das große Geheimnis zu verraten. »Es sind jetzt auf jeden Fall mehr Indizien, die dafürsprechen.«

»Mann, du gibst echt nicht nach und räumst ein, dass es so war, oder?«

»Nicht solange ich es nicht sicher weiß.«

»Nun, wie auch immer. Ich hab mir gedacht, dass du es wissen möchtest. Denn die ganze Sache mit Jill Moss hat dich ja ganz schön mitgenommen. Und wegen dem, was du mir über deine eigene Ehe erzählt hast. Jedenfalls fand ich, du solltest es von einer Freundin erfahren. Du weißt schon. Nicht während du allein zu Hause bist oder so.«

»Ich bin nie allein zu Hause«, entgegnete Norma. »Ich hab die Hunde und St. Fred in der Nähe. Aber ich verstehe, was du meinst. Danke.«

Sie saß immer noch im Dunkeln auf der Bettkante und schaute aus dem Fenster. Ihr Bett war hoch und ihre Füße reichten nicht ganz bis auf den Boden, sodass sie sich wie ein Kind fühlte. Irgendwie verloren. Oder vielleicht lag das auch an etwas anderem.

»Alles in Ordnung?«, wollte Betty wissen.

Nein, dachte Norma.

»Ja«, antwortete sie.

»Okay, dann lass ich dich mal in Ruhe.«

»Warte«, sagte Norma.

»Was denn?«

»Heute ist es auf den Tag genau fünf Jahre her, dass Jill als vermisst gemeldet wurde.«

»Hast du mitgezählt?«

»Ian hat mich darauf hingewiesen.«

»Oh. Was ist damit?«

»Findest du das nicht merkwürdig?«

»Ich glaube, alles an dieser ganzen Geschichte ist merkwürdig, doch … welchen Teil davon meinst du speziell?«

»Fünf Jahre sind die Frist, nach der jemand vor dem Gesetz für tot erklärt wird. Jill Moss gilt also von heute an offiziell als tot.«

»Und?«

»Glaubst du, das ist Zufall? Dass Jake Willis sich genau diesen Tag ausgesucht hat, um seine Frau umzubringen?«

»Vielleicht. Oder vielleicht war er angespannt und gereizt wegen dieses Datums. Woher soll ich das wissen? Und bist du nicht diejenige, die sich immer nur an das halten will, was sie sicher weiß?«

»Richtig. Tut mir leid.«

»Ich muss jetzt arbeiten. Leg du dich wieder hin.«

Aber in dieser Nacht fand Norma nur wenig Schlaf. Wenn überhaupt.

Kapitel Dreizehn

Fünf Jahre und ein Monat

Es war genau einen Monat später.

Es passierte, kurz nachdem der Pub für den Abend geschlossen hatte. Norma hatte angeboten, den Kassensturz zu übernehmen, und Betty nach Hause geschickt. Sie war allein hinter dem Tresen.

Als die Tür aufschwang, zuckte Norma erschreckt zusammen und keuchte unwillkürlich auf. Sie hatte sich darauf verlassen, dass Betty hinter sich abgesperrt hatte, ohne es zu überprüfen, was eigentlich gar nicht zu ihr passte. Sie hatte sich angreifbar gemacht, sodass sie ausgeraubt werden konnte, und jetzt war es zu spät.

Instinktiv griff sie nach dem Pfefferspray, das sie unter der Theke aufbewahrte, wobei es genau genommen sogar stärker als normales Pfefferspray war. Wenn man es richtig anwandte, konnte es so ziemlich jeden und alles in die Knie zwingen.

Sie ließ ihre Hand ein, zwei Sekunden darauf liegen, aber als der Neuankömmling ins Licht trat, erkannte Norma, dass es eine zierliche Frau war.

Sie nahm ihre Hand von der Spraydose.

»Wir haben geschlossen«, verkündete sie.

Die Frau ging weiter auf Norma zu. Sie blieb auf der anderen Seite des Tresens stehen und starrte sie an. Norma starrte zurück.

Die Frau hatte braune Augen, eine Unmenge blonder Haare und erinnerte Norma an eine Elfe. Sie konnte noch keine dreißig sein.

Zu Normas Überraschung machte die Frau es sich auf einem der Barhocker bequem, stützte die Ellbogen auf die Theke und das Kinn in eine Hand.

»Ich habe Ihnen doch gesagt, dass wir geschlossen haben«, erklärte Norma.

»Sie erinnern sich nicht an mich«, meinte die Frau. »Oder?«

Aber sobald sie den Mund öffnete und sprach – sobald Norma ihre Stimme hörte –, fiel es ihr wieder ein.

»Oh«, antwortete sie. »Wanda.«

»Gut. Sie erinnern sich also doch. Es wäre nicht schön, herausfinden zu müssen, dass jemand so viel wichtiger für mich gewesen ist als umgekehrt.«

»Es ist nur schon ziemlich lange her und Sie sehen so anders aus. Waren Sie früher nicht brünett?«

Wanda lächelte und strich sich mit einer Hand über ihr voluminöses Haar. Norma beneidete sie darum. Je älter sie wurde, desto dünner wurde ihr Haar. Und obwohl sie generell kein Problem mit dem Älterwerden hatte, störte sie *das* schon. Das und dass ihr ein Damenbart wuchs.

»Ja, ich habe es gefärbt«, erwiderte die Frau. »Und ich trage es nicht mehr als Zopf. Das tun nur Kinder.«

Wanda hatte einen schwarzen Rollkragenpullover an. Einen sehr dicken mit hohem Kragen, der ihr bis zum Kinn reichte. Er schien nicht zu ihr zu passen, dachte Norma. Es war ein Kleidungsstück, das Norma eher bei einer älteren Frau erwartet hätte, die faltige Haut am Hals verbergen wollte.

»Was führt Sie her?«

Ohne das geringste Zögern sagte Wanda: »Sie.«

»Ich? Warum das denn?«

»Ich weiß, wir kennen einander kaum. Wir haben nur ein paarmal miteinander gesprochen. Aber Sie haben versucht, mir zu helfen. Sie haben mich gewarnt, auch wenn ich es nicht hören wollte.«

Norma stand einen Moment da, die Hände ganz still, und ließ die Worte wirken. Bis sie sich in ihrem Kopf ordneten und Sinn ergaben. Ganz offensichtlich hatte Wanda einen weiten Weg zurückgelegt, um eine Nachricht zu überbringen, die ihr sehr wichtig war. Norma hoffte, dass bald klar werden würde, was diese Nachricht war.

Sie schaute die junge Frau fragend an und plötzlich verstand sie es. Das blond gebleichte Haar. Der Rollkragenpullover. Die lange Fahrt nach Sloot, um Norma nach all dieser Zeit zu finden.

»Sie sind die Frau, die er beinahe umgebracht hätte«, sagte sie.

Wanda hob die Hände, als wollte sie eine riesige Wahrheit umfassen.

»Genau die bin ich«, bestätigte sie. »Mrs Wanda Willis.«

»Und darum tragen Sie diesen Rollkragenpullover. Weil Sie blaue Flecken haben. Den meisten Leuten ist nicht klar, wie lange es dauert, bis die verschwinden. Wobei ich vermute, das hängt von verschiedenen Faktoren ab. Sie wissen schon. Davon, wie sehr er Sie in dem Moment gehasst hat und wie ernst es ihm damit war, die Sache zu Ende zu bringen. Nach einem Monat werden sie heller. Mehr so ein blasses Gelb und Grün statt des klassischen Schwarz und Blau. Aber man kann sie nach einem Monat noch sehen und ziemlich lange darüber hinaus.«

»Wenn die meisten Leute das nicht wissen«, begann Wanda, »und ich stimme Ihnen zu, dass sie das nicht tun, woher wissen

Sie dann, wie lange man blaue Flecken hat, nachdem jemand versucht hat, einen zu erwürgen?«

»Ich weiß es«, erwiderte Norma.

Sie erwartete, dass die junge Frau nachhaken würde, doch das tat Wanda nicht. Stille senkte sich herab und hing für ein paar Sekunden über der Theke.

»Ich denke, Sie brauchen einen Drink«, sagte Norma. »Was möchten Sie haben? Ich lade Sie ein.«

* * *

»Ich bin so eine Idiotin«, erklärte Wanda und drehte ihr Glas mit Orangensaft zwischen den Händen, bevor sie einen Schluck nahm.

Sie hatte jeglichen angebotenen Alkohol abgelehnt, obwohl es in Normas Augen genau der richtige Zeitpunkt dafür war. So sehr, dass sie versucht gewesen war, sich selbst welchen einzuschenken.

Sie kam um den Tresen herum zu Wanda und setzte sich auf den Hocker neben ihr.

»Jeder macht Fehler«, sagte sie. »Vor allem wenn es um die Liebe geht.«

»Ja. Jeder macht Fehler. Aber nicht so welche wie diesen. Nicht wie ich. Ich bin eine Idiotin.«

»Unsinn.«

»Jedenfalls fühle ich mich so. Sie haben mich gewarnt, dass ich im Begriff stünde, einen Fehler zu begehen. Ich wollte es nicht wahrhaben.«

»Niemand will das je«, erwiderte Norma. »Oh, ich meine das nicht so, wie es sich angehört hat.«

»Ich weiß nicht, ob es Interpretationsspielraum gibt.«

Norma seufzte. »Lassen Sie mich versuchen, es etwas besser zu erklären. Niemand sieht die Menschen kritischer als ich.

Doch ich meine das nicht negativ. Es scheint mir einfach die Art und Weise zu sein, wie wir gepolt sind. Wie wir funktionieren. Andere können ewig auf uns einreden, dass wir aus ihren Erfahrungen lernen sollen. Aber das tun wir nicht – aus den Erfahrungen anderer können wir nicht lernen. Das klappt nicht. Wir lernen nur aus unseren eigenen. Ich weiß nicht, warum, doch so ist es eben. Und da das nun mal auf alle Bewohner dieses Planeten zutrifft, sind Sie keine Idiotin, bloß weil es bei Ihnen genauso ist. Sie sind eben nur ein Mensch wie jeder andere auch.«

»Hm«, meinte Wanda und trank fast ihr ganzes Glas in einem einzigen langen Schluck aus. »Das hab ich jetzt nicht erwartet. Ich hab erwartet, dass Sie mich anschreien und mir mit ›Ich hab's Ihnen ja gesagt‹ kommen und damit, dass ich eine Idiotin sei, weil ich nicht auf Sie hören wollte.«

»Wenn jemand sich ohnehin schon so viele Selbstvorwürfe macht, denke ich, muss ich nicht auch noch in dieselbe Kerbe hauen«, entgegnete Norma. »Ich glaube, das tut dann nicht dringend not. Wollen Sie wirklich nichts Stärkeres?«

Wanda schwieg eine Weile. Sie leerte ihr Glas und starrte hinein, bestimmt eine ganze Minute lang. Dann begann sie zu weinen.

»Ich bin schwanger«, verkündete sie.

»Oh. Das ist vermutlich … unpraktisch.«

Wanda lachte bitter.

»Ach, finden Sie? Ja, so könnte man es wohl ausdrücken. Mein Ehemann sitzt im Gefängnis, weil er versucht hat, mich umzubringen, und meine Eltern haben den Kontakt zu mir abgebrochen. Also ja, nicht gerade der günstigste Zeitpunkt der Welt.«

»Wollen Sie das Baby behalten?«

»Ja. Ich habe mir schon immer ein Baby gewünscht. Aber ich weiß nicht. Das wird echt schwierig. Ich bin ganz allein und niemand wird mir helfen.«

»Haben Sie denn keine Freunde?«

»Ich vermute, Sie wissen nicht, was passiert, wenn man jahrelang mit einem Kontrollfreak zusammenlebt.«

»Doch. Jeglicher Kontakt zu Freunden und Bekannten wird nach und nach unterbunden. Sie wollen alles für einen sein, die ganze Welt. Keinerlei Einfluss von außen.«

»Richtig. Und jetzt habe ich keine Ahnung, was ich tun soll. Ich meine das ganz wörtlich: Ich habe keinerlei Plan. Wenn ich von diesem Barhocker aufstehe, weiß ich nicht, wie es weitergeht.«

»Ich schlage vor, wir fangen damit an, dass Sie über Nacht bei mir bleiben. Dann können wir uns weiter unterhalten.«

»Ich dachte, Sie würden nie jemanden zu sich nach Hause einladen.«

»Das tu ich auch nicht.« Aber in dem Moment, in dem Norma das sagte, hatte sie das Bild von Jill Moss vor Augen, wie sie in ihrem Wohnzimmer an die Hunde geschmiegt geschlafen hatte. »Also, fast nie«, korrigierte sie sich. »Kommen Sie. Lassen Sie uns von hier verschwinden.«

Auf dem Weg zu ihren Autos fiel Norma plötzlich etwas ein.

»Hey. Weiß Jake, dass Sie schwanger sind?«

»Oh, ja«, seufzte Wanda und klang niedergeschlagen. »Wir haben es unseren Familien mitgeteilt. Eigentlich ist es besser, wenn man wartet und es den Leuten erst nach vier Monaten oder so erzählt, falls irgendwas schiefläuft. Das wussten wir damals allerdings nicht. Wir haben es *allen* gesagt.«

»Oh«, erwiderte Norma. »Das ist schade.«

* * *

Wanda saß an Normas Küchentisch, während die ein letztes Mal die Hunde rausließ.

Als die beiden wieder sicher im Haus waren, fragte Norma: »Wann haben Sie zum letzten Mal was gegessen?«

»Oh, lassen Sie mich mal überlegen.«

»Das ist nie ein gutes Zeichen, wenn man es nicht sofort weiß.«

»Nicht seit ich zu Hause aufgebrochen bin. Ich bin einfach nur gefahren und gefahren und habe bloß zum Tanken angehalten.«

»Von Connecticut?«

»Nein, da lebe ich schon seit Jahren nicht mehr. Wir haben in Südkalifornien gewohnt.«

»Nun, ich mach uns mal eine Kleinigkeit. Sie können nicht mehr einfach nichts essen. Es geht jetzt nicht mehr nur um Sie. Wollen Sie Kaffee? Tee?«

»Ich sollte kein Koffein zu mir nehmen.«

»Oh, stimmt. Ich habe Kräutertee. Pfefferminz und Kamille.«

»Kamille hört sich gut an.«

Während Norma das Wasser aufsetzte, bemerkte Wanda: »Sie sind so nett zu mir.«

»Ich kann durchaus nett sein.«

»Das weiß ich. So hab ich das nicht gemeint.«

»Da bin ich mir sicher.«

Sie schwiegen, während Norma Eier, Brot und Milch aus dem Kühlschrank holte. Es war so lange still, dass sie erschrak, als Wanda wieder sprach.

»Das wird sich jetzt vielleicht komisch anhören.«

»Was denn?«, fragte Norma.

»Jetzt sind alle noch mehr davon überzeugt, dass er sie umgebracht hat. Ich meine Jill Moss. Nun, vermutlich wissen Sie, wen ich gemeint habe. Nach dem, was mir zugestoßen ist, sind sich alle noch sicherer, dass er sie umgebracht hat.«

»Das ist überhaupt nicht komisch.«

»Nein, aber das, was jetzt kommt.«

»Oh.«

»Ich glaube nicht, dass er es getan hat. Und ich schwöre, das ist jetzt nicht das, was Frauen manchmal tun, wenn sie einen gewalttätigen Mann lieben. Ich liebe ihn und er ist gewalttätig. Das ist nicht zu übersehen. Dennoch sitze ich nicht hier und behaupte, er hätte sie niemals töten können, weil ja wohl ziemlich klar ist, dass er das sehr gut hätte tun können. Ich sage nicht, dass er es nicht getan haben könnte oder nicht getan hätte. Ich sage, ich glaube nicht, dass er es getan hat. Und ich erkläre Ihnen auch, warum. Das Schlimmste, was sie ihm hat antun können, war, ihn zu verlassen. Und ich denke, genau das hat sie getan. Es hat ihn schier in den Wahnsinn getrieben. Das konnte ich beobachten. Zweieinhalb Jahre lang war er wie besessen, hat endlos das Internet durchforstet, ob irgendwo eine Spur von ihr auftaucht. Und das war nicht nur vorgeschoben, er hat nicht mal geahnt, dass ich es wusste. Das erste Mal habe ich einen Blick über seine Schulter erhascht, als ich ins Zimmer gekommen bin, und habe danach seinen Browserverlauf gecheckt. Man konnte erkennen, wie es ihn in den Wahnsinn getrieben hat, dass sie ihn verlassen hat. Ja, ich weiß, dass es irgendwie merkwürdig ist, dass sie nie wieder aufgetaucht ist. Dadurch sieht es schlecht für ihn aus. Aber sein ganzes Verhalten war das von jemandem, der wirklich nicht wusste, wohin sie verschwunden ist. Und dann hat er es mit einem Mal sein lassen. Als ob es wichtig gewesen sei, bis es das plötzlich nicht mehr war. Selbst so eine Besessenheit stirbt irgendwann, wenn sie keine neue Nahrung erhält.«

Norma wartete einen Moment ab, ob Wanda fertig war. Währenddessen schlug sie die Eier mit ein bisschen Milch in einer Schüssel auf.

»Ich bin mir ziemlich sicher, dass er ihr den Arm auf den Rücken gedreht und sie zum Zeltplatz zurückgezwungen hat«, fuhr Wanda fort. »Auch wenn er geschworen hat, dass das eine Lüge gewesen sei.«

»Das steht ziemlich fest. Es gab mehrere Zeugen.«

»Oh, das hört sich so vertraut an. Es ist seltsam, dass Sie das vor fünf Jahren das erste Mal zu mir gesagt haben. Ich hab es noch im Ohr, als wäre es gestern gewesen. Man sollte meinen, wenn ich Ihnen so genau zugehört habe, hätte ich mir Ihren Rat zu Herzen nehmen sollen, oder? Doch das haben wir alles schon genug durchgekaut.«

»Ja, allerdings«, stimmte Norma ihr zu.

»Sie glauben, dass er sie umgebracht hat, oder?«

»Ich hab mir da bisher keine Meinung gebildet.«

»Nun, da sind Sie vermutlich die Einzige auf dem Planeten.«

»Ja, das ist mir schon aufgefallen«, antwortete Norma. »Ich bin nicht gerade ein typisches Beispiel für die amerikanische Öffentlichkeit. Da sie nicht wieder aufgetaucht ist, denken alle, er hätte es getan. Aber es ist fünf Jahre her und es gibt unterdessen jede Menge Indizien. Sagen Sie es mir, wenn Sie es wissen: Halten Sie es für Zufall, dass es auf den Tag genau fünf Jahre her war, dass sie als vermisst gemeldet worden ist? Am selben Tag, an dem sie offiziell für tot erklärt wurde? Scheint mir ein ziemlich großer Zufall zu sein.«

»Nein, ich halte das nicht für Zufall«, erwiderte Wanda. »Das ist nur meine persönliche Meinung. Wobei er es nie zugegeben hätte. Doch er hat gewusst, dass das Datum näher kam. Es hat ihn beschäftigt. Er hat sich Sorgen gemacht und er ist an dem Tag schnell durchgedreht. Wahrscheinlich hat er sich gedacht, wenn sie erst mal für tot erklärt wäre, würde das mehr Druck für ihn als Verdächtigen bedeuten.«

Norma schüttelte den Kopf. Mehrfach. Sie goss die aufgeschlagenen Eier in die heiße Pfanne. Es brutzelte.

»Wenn man weiß, dass man ab einem bestimmten Datum verdächtiger wird«, stellte sie fest, »ist der Versuch, die neue Frau umzubringen, eine merkwürdige Reaktion.«

»Wer weiß schon so genau, warum jemand irgendetwas tut?«

»Ich jedenfalls nicht«, verkündete Norma. »Ganz bestimmt nicht.«

»Sie wissen mehr über Menschen als jeder andere, mit dem ich bisher gesprochen habe.«

»Dann müssen Sie mehr unter Leute kommen«, stellte Norma fest. »Wie auch immer, hören Sie zu. Wenn ich das fragen darf ... Worüber haben Sie sich gestritten? Was haben Sie gesagt, das ihn so in Rage gebracht hat?«

»Oh, wow. Das ist seltsam. Ich erinnere mich gar nicht mehr. Natürlich war ich für eine ziemlich lange Zeit ohne Sauerstoff, was oft zu Erinnerungslücken führt. Das haben mir zumindest die Ärzte erzählt. Alles andere von dem Tag weiß ich noch gut. Jetzt bin ich mir nicht sicher, ob das eine körperliche Ursache hatte – der Sauerstoffmangel – oder ob ich mich nicht erinnere, weil es tatsächlich gar nichts Wichtiges gewesen ist. Wissen Sie, was ich meine? Ergibt das, was ich eben gesagt habe, Sinn?«

»Ich weiß genau, was Sie meinen. Schon als ich die Frage gestellt habe, war mir klar, dass es falsch war. In dem Moment, in dem sie mir über die Lippen kam, wusste ich, dass das genau das ist, was sie Ihnen antun. Das ist es, was Schläger wie er tun, und es ist auch das, was die Leute hinterher tun, wenn sie dem Opfer eine Mitschuld unterstellen und es nicht verstehen wollen. Sie schieben Ihnen die Verantwortung zu. Sie tun so, als ginge es darum, was Sie direkt vorher gesagt haben, und nicht um die Tatsache, dass er Sie gewürgt hat. Dabei hab ich es nicht so gemeint.«

»Was haben *Sie* direkt vorher gesagt, bevor jemand Sie gewürgt hat? Wenn ich das fragen darf?«

Die Worte hingen einen Moment zwischen ihnen in der Luft und hallten nach. Es schockierte Norma ein wenig, das gefragt zu werden. Aber das sollte es nicht, wurde ihr klar. Sie hatte es Wanda ja mehr oder weniger verraten. Oder zumindest hatte sie genug verraten.

»Soll ich ehrlich sein? Ich erinnere mich nicht. Und ich glaube nicht, dass der Grund dafür Sauerstoffmangel war, sondern schlicht und ergreifend, dass das, was ich gesagt habe, tatsächlich nicht wichtig war.«

Kapitel Vierzehn

Zwei Staatsanwälte

Als Norma am nächsten Morgen aufwachte, schlüpfte sie in ihren Morgenmantel und ging in die Küche. Ihr Gast saß am Küchentisch und weinte.

»Kaffee?«, fragte Norma mit vom Schlaf belegter Stimme. »Oh, richtig. Tut mir leid. Jedenfalls koch ich mir Kaffee. Hättest du gern Milch oder etwas anderes?«

Wanda schüttelte unglücklich den Kopf.

»Möchtest du darüber reden?«

Die junge Frau antwortete nicht. Norma ließ ihr Zeit, sich zu entscheiden, und kochte sich erst mal eine Kanne Kaffee. Immer noch schweigend füllte sie Trockenfutter in die Schalen für die Hunde. Während die Kaffeemaschine das Wasser erhitzte und durch den Filter tropfen ließ, nahm sie gegenüber von Wanda am Tisch Platz.

Die junge Frau hatte ihren Rollkragenpullover gegen einen Männerflanellschlafanzug getauscht. Die Male an ihrem Hals waren zu einem unschönen Gelbgrün verblasst und wiesen immer noch die unverkennbaren Umrisse von Fingern und

Daumen auf. Bei ihrem Anblick wurde Norma kurz etwas flau im Magen.

»Vielleicht hilft es dir«, erklärte sie.

»Ich hab einfach keine Ahnung, wie es weitergehen soll.«

»Wenn du das Baby willst, dann solltest du es bekommen. Ich weiß, das ist ein angsteinflößender Gedanke, vor allem weil du ja niemanden hast, der dir zur Seite steht.«

»Das ist noch nicht mal das, was mir am meisten Angst macht«, erwiderte Wanda. »Ich hab hier gesessen und hab mir gedacht … Was, wenn ich einen Jungen kriege und er am Ende so wird wie sein Vater?«

»Das wird er nicht.«

»Das kannst du nicht wissen.«

»Auf dem Gebiet verfüge ich über einige Erfahrung. Ich habe selbst zwei Jungs. Sie sind überhaupt nicht so geworden wie ihr Vater und sie sind ja mit ihm aufgewachsen. Dein kleiner Junge, wenn dein Baby denn einer ist, wird mit dir aufwachsen. Babys werden nicht voller Wut und Gewalt geboren. Sie kommen unbelastet und unschuldig auf die Welt. Sie lernen so was in ihrem Zuhause oder es ist die Reaktion auf irgendein Bedürfnis, das sie haben, das nicht erfüllt wurde. Du wirst eine gute Mutter sein, darum wird er auch ein gutes Kind werden.«

»Woher willst du wissen, ob ich eine gute Mutter sein werde?«

»Du sitzt hier an meinem Küchentisch und weinst wegen der Zukunft eines Kindes, von dem du dir nicht mal sicher bist, dass du es bekommen möchtest. Ich glaube, das ist ein ganz gutes Anzeichen.«

Norma stand auf, goss sich eine Tasse Kaffee ein und kehrte wieder an den Tisch zurück.

»Und ich könnte dir helfen«, fügte sie hinzu. »Zumindest ein Stück weit.«

Wanda schaute zu Norma. Ihre Augen waren verquollen und gerötet, sodass Norma klar wurde, sie musste hier länger weinend gesessen haben, als sie gemerkt hatte.

Wanda antwortete nicht, daher fügte Norma hinzu: »Ich habe zwar kein Gästezimmer, wie dir ja vermutlich aufgefallen ist, doch es lässt sich bestimmt jemand finden, der dir ein Zimmer vermietet. Und der vielleicht auch einen Job für dich hat. Und wenn du dir für die Geburt freinehmen musst, könnte ich dir vielleicht finanziell unter die Arme greifen.«

»Ich bin wirklich überrascht, dass du das anbietest«, sagte Wanda. »Ich meine, es ist echt nett, aber es überrascht mich. Du hast mir bisher nicht den Eindruck vermittelt, dass du mich besonders gut leiden kannst.«

»Ich mag niemanden besonders. Nimm es also nicht persönlich.«

»Und wir kennen einander ja kaum.«

»Leute helfen anderen Leuten, obwohl sie einander kaum kennen.«

»Wie kommst du darauf?«

»Was ist zum Beispiel mit dem Typen, der dir das Leben gerettet hat? Der Autofahrer, der angehalten und das Fenster von eurem Auto eingeschlagen hat, um Jake von dir wegzuzerren. Er hat sich in Gefahr begeben, um dir zu Hilfe zu eilen. Ich kenne dich deutlich besser, als er das getan hat.«

Einen Moment herrschte Stille. Wanda schien diese Idee erst verarbeiten zu müssen.

»Was meinst du, warum er das getan hat?«, fragte Norma. »Ich hab verschiedene Theorien, doch ich möchte deine hören.«

»Nun, vermutlich … weil ich ganz offensichtlich Hilfe gebraucht habe?«

»Bingo.«

Ein paar Minuten lang saßen sie schweigend da. Norma trank ihren Kaffee.

»Das ist schön«, erklärte Wanda nach einer Weile. »Danke. Und vielleicht tut es dir schon bald leid, dass du es angeboten hast, denn ich werde wohl darauf zurückkommen.«

»Kein Problem.«

»Dürfte ich vielleicht dein Telefon benutzen? Mit meinem Handy habe ich hier praktisch keinen Empfang.«

»Bedien dich.«

»Es ist ein Ferngespräch nach Südkalifornien.«

»Ich habe eine Flatrate für Anrufe innerhalb der Vereinigten Staaten oder nach Kanada.«

»Gut. Danke. Ich hab versprochen, den Typen von der Staatsanwaltschaft anzurufen und ihm zu sagen, wo er mich erreichen kann, während ich hier bin.«

Sie nahm den Hörer von Normas Festnetztelefon und tippte eine Nummer ein, die sie auswendig zu kennen schien. Norma fragte sich unwillkürlich, wie viele Nummern die junge Frau im Kopf hatte und wie es wohl wäre, sich die alle merken zu können.

Mehrere Minuten lang lauschte sie Wandas Teil der Unterhaltung. Wie sollte sie das auch verhindern? Schließlich saß sie ihr am Tisch gegenüber.

Das Telefonat entwickelte sich schnell vom Erwartbaren zu Weltbewegendem. Nicht für Wanda, sondern Normas Welt war es, die in den Grundfesten erschüttert wurde.

»Ich bin bei einer Freundin in Sloot. Genau da, wo ich hinwollte.«

»Ich bin mir nicht sicher. Entweder Arizona oder Utah. Der Ort liegt direkt auf der Grenze, daher weiß man das nie so genau. Man kann aus dem Haus gehen, um sich ein bisschen die Beine zu vertreten und etwas frische Luft zu schnappen, und im anderen Bundesstaat landen.«

»Ich bin mir nicht wirklich sicher, wie lange.«

»Der Staatsanwalt hier? In diesem Bezirk? Zu was für einem Bezirk gehört Sloot?«

»Warum will der mit mir reden?«

»Kann er das denn tun? Wie soll das funktionieren?«

»Oh. Okay. Gut, ich werde mit ihm sprechen. Aber ich werde ihm sagen, was ich wirklich glaube, und das ist, dass er unschuldig ist. In dem Fall zumindest.«

Irgendwo im Umfeld dieses letzten Satzes begann sich Normas Magen anzufühlen, als befände er sich in einer Schlinge, die sich immer enger zusammenzog.

»Ich gebe Ihnen besser die Nummer hier.«

»Oh, richtig. Natürlich. Die können Sie im Display sehen. Ich hab nicht nachgedacht.«

»Okay, ich glaub schon, er kann mich hier anrufen.«

»Gern. Bye.«

Sie stand auf und legte den Hörer zurück, dann setzte sie sich wieder auf ihren Platz bei Norma, die spürte, wie sich ein leichter Schock in ihr ausbreitete. Es war ein Prickeln und gleichzeitig fühlte sie sich wie betäubt.

»Was ist mit dir?«, erkundigte sich Wanda. »Du wirkst, als hättest du gerade einen Geist gesehen.«

»Was genau hat der Staatsanwalt hier vor zu tun? Warum will er mit dir reden?«

Doch Norma kannte die Antwort bereits.

»Er hat vor, Jake wegen Mordes an Jill Moss anzuklagen.«

»Wie kann er das tun? Es gibt ja nicht mal eine Leiche. Wie will er da beweisen, dass es Mord war?«

Ihre eigene Stimme klang fremd für sie. Als wären ihre Ohren zu oder so, wie Stimmen aus größerer Entfernung zu kommen scheinen, wenn man gerade einschläft.

»Genau das hab ich ja gesagt. Also mehr oder weniger. Wenn man diesen Typen von der Bezirksstaatsanwaltschaft Los Angeles glauben kann, ist es zwar ungewöhnlich, aber nicht unmöglich. Man braucht halt jede Menge Indizienbeweise. Und mal ehrlich, das bin ich. Ich und meine hässlichen Würgemale. Wir sind Indizienbeweise. Warum siehst du so geschockt aus?«

»Ich bin gleich wieder zurück«, erklärte Norma. »Ich muss nur rasch das Pferd versorgen.«

* * *

Sie stand in St. Freds Stall oder Unterstand oder wie auch immer man das nennen wollte, denn es war eigentlich etwas dazwischen. Sie starrten beide auf die zwei Portionen Heu, die sie gerade in seine Futterkrippe getan hatte.

Es passte nicht zu ihm, dass er nicht sofort zu fressen begann. Norma schloss daraus, dass er spürte, wie aufgewühlt sie war.

Pferde wissen so was, dachte sie. *Jedes Tier, dessen Schicksal in den Händen von Menschen liegt, hat dieses unheimliche Gespür dafür, was Menschen empfinden.*

»Offenbar rächt es sich jetzt«, teilte sie dem Pferd mit.

Seltsamerweise schwang er seinen Kopf herum und schaute hinter sie. Als ob sie ihn vor etwas gewarnt hätte, das er mit seinen eigenen Augen sehen sollte.

»Und wo ich gerade mit Sprichwörtern um mich werfe«, fügte sie hinzu. »Keine gute Tat bleibt je ungestraft.«

Fred trat einen Schritt dichter an die Krippe und nahm sich mit den Lippen etwas Heu.

»Ja, friss du nur«, ermutigte sie ihn.

Es mochte Zufall sein, aber genau das tat er.

»Glücklicherweise bist du hier draußen und nicht dort drin«, sagte sie und deutete mit einer Kopfbewegung zu ihrem Haus. »Da gibt es nämlich zwei verzweifelte Menschen, die keine Ahnung haben, was sie als Nächstes tun sollen.«

Sie beobachtete Fred ein oder zwei Minuten lang beim Fressen, während die Worte »keine Ahnung« in ihrem Kopf umhertrudelten.

»Ich muss mit ihr sprechen«, erklärte sie plötzlich. »Das ist es, was ich als Nächstes tun muss. Ich muss mit Jill reden.«

Sie eilte zurück zum Haus und steckte den Kopf durch die Tür, erschreckte damit Wanda, die immer noch am Küchentisch saß und weinte.

»Ich muss in die Stadt«, verkündete sie. »Kommst du allein zurecht?«

»Klar«, erwiderte Wanda.

»Brauchst du irgendwas aus der Stadt?«

»Eine Unterkunft und eine Tagesmutter für mein Baby?«

»Ich werde uns Eis besorgen.«

»Das ist immerhin das Nächstbeste«, antwortete Wanda.

* * *

Es gab in der gesamten Stadt Sloot eine einzige Telefonzelle und die stand vor dem Minimarkt an der freien Tankstelle. Das war das einzige öffentliche Telefon, das übrig war, und dass es das hier überhaupt noch gab, lag nicht so sehr daran, dass die Leute in der Gegend keine Handys besaßen, sondern eher daran, dass der Empfang hier draußen je nach Anbieter problematisch sein konnte.

Sie erhielt von einem mürrischen Kassierer im Teenageralter eine Handvoll Münzen, nachdem sie für das Eis mit einem Zwanziger gezahlt und das Rückgeld in Vierteldollar-Stücken verlangt hatte.

Sie stellte das Eis auf den Beifahrersitz, ehe sie sich vorsichtig der Telefonzelle näherte, als drohe ihr dort Gefahr. Sie tippte die Nummer ein, die sie noch in ihrer Kontaktliste hatte, genau da, wo Jill sie abgespeichert hatte.

O und T. Owen und Teresa Moss.

Beim zweiten Klingeln meldete sich Teresa.

»Hallo?«

»Hallo«, erwiderte Norma und bemerkte, dass sie erstaunlich nervös war. »Hier ist eine Stimme aus Ihrer Vergangenheit.«

»Oh?«

»Norma. Von der Rettungsmannschaft in Sloot. Sie erinnern sich, oder?«

Schweigen.

Ein heftiger Wind fegte über den Parkplatz, ließ einen Staubteufel aufsteigen. Der dröhnte an Normas Ohren vorbei, sodass sie Schwierigkeiten hatte, überhaupt was zu verstehen.

Gott sei Dank war niemand in der Nähe.

»Ja, natürlich«, antwortete Teresa.

»Gut. Ich hätte nie gedacht, dass ich Sie noch mal anrufe. Es ist nichts, was ich leichthin tue. Aber ich muss mit Ihrer Tochter sprechen.«

»Schauen Sie, Norma. Ich bin mir sicher, Sie handeln in guter Absicht. Und wir haben alle gehört, was mit Jake los ist. *Jeder* hat das mitgekriegt. Doch es hat nichts mit unserer Familie zu tun. Das geht allein ihn und seine Frau etwas an und die Strafverfolgungsbehörde in dem Ort, wo sie gelebt haben. Niemand hat Interesse daran, schlafende Hunde zu wecken. Es betrifft uns nicht.«

»Dieser nächste Teil allerdings schon«, erklärte Norma. »Unser Bezirksstaatsanwalt hier hat vor, Jake wegen Mordes an Ihrer Tochter anzuklagen. Auch ohne Leiche.«

Egal, wie oft sich Norma mit den Fingern das Haar aus Augen und Mund strich, der Wind wehte es stets sofort wieder zurück.

»Ich bin mir nicht sicher, dass ich das Problem verstehe«, entgegnete Teresa Moss.

»Sie verstehen es nicht.«

»Nein, nicht wirklich.«

»Ihnen ist entgangen, dass der Mensch, für dessen Ermordung er angeklagt werden soll, gar nicht tot ist?«

»Nun, vermutlich finde ich, dass er verdient, was auch immer ihm angelastet wird.«

»Obgleich es etwas ist, von dem Sie genau wissen, dass er es nicht getan hat.«

»Das hätte er aber, wenn er es gekonnt hätte.«

»Dennoch hat er es nicht getan.«

»Trotzdem, er *hätte* es getan.«

Norma seufzte frustriert, doch der Wind riss es ihr von den Lippen.

»Erstens: Wir glauben vielleicht, er hätte es getan, trotzdem können wir es nicht mit Sicherheit wissen. Zweitens: Was wir mit absoluter Sicherheit wissen, ist, dass er es nicht getan hat. Ich habe mich damals auf der Fahrt zu Ihnen mit Ihrer Tochter genau darüber unterhalten. Wenn ich losziehe, um eine Bank zu überfallen, und mein Auto dann eine Panne hat, kann man mich nicht wegen Bankraub verurteilen. Obwohl ich die feste Absicht hatte. Man schickt Leute ins Gefängnis für das, was sie getan haben, nicht für das, was sie vorhatten. Und woher wollen Sie wissen, ob ich nicht einfach unverrichteter Dinge wieder aus der Bank herausgekommen wäre, weil ich mich eines anderen besonnen hätte? Das würden wir nie genau wissen.«

»Er hat es sich ja auch nicht anders überlegt, als er seine Frau gewürgt hat. Ein Fremder mit einem Radkreuz hat bei ihm für den Gesinnungswandel gesorgt.«

»Ich gebe zu, das spricht nicht für ihn. Und ich hoffe, dass sie ihn für eine sehr lange Zeit wegsperren. Verdammt, ich hoffe sogar, dass sie den Schlüssel zu seiner Zelle wegwerfen. Trotzdem fällt Ihnen doch sicher auf: Das eine ist etwas, was er unzweifelhaft getan hat, während das andere etwas ist, das er auf keinen Fall getan hat. Im Grunde genommen ist es mir völlig egal, ob er bis in alle Ewigkeit hinter Gittern sitzt. Es könnte keinen Passenderen treffen.«

»Worin besteht dann also das Problem?«

»Ich möchte nicht diejenige sein, die dafür verantwortlich ist, dass er dort landet. Das ist mein Problem damit. Ich möchte das nicht auf dem Gewissen haben. Erinnern Sie sich noch, dass ich Ihnen gesagt habe, diese Sache könnte uns noch mal einholen und auf eine Weise in Schwierigkeiten bringen, die wir uns unmöglich vorstellen können? Das hier ist das Worst-Case-Szenario, finden Sie nicht?«

»Das soll hoffentlich nicht heißen, dass Sie Ihr Versprechen uns gegenüber brechen wollen.«

»Nein, soll es nicht. Überhaupt nicht. Ich nehme Versprechen sehr ernst. Ich möchte mit Jill darüber reden, ob sie eventuell das Geheimnis lüften möchte. Sie wissen schon, dass sie noch am Leben ist und all das. Und wenn sie das nicht will, nun … Dann ist das nicht mein Problem. Dann belastet es ihr Gewissen, nicht meins. Sie muss das für sich entscheiden. Aber ich hänge da mit drin. Und ich möchte mit ihr darüber reden.«

»Ich glaube, das ist keine gute Idee«, wandte Teresa Moss ein. Ihre Stimme war ganz kühl geworden und reserviert. Als ob ihr Norma mit einem Mal völlig fremd wäre. »Sie hat komplett neu begonnen. Sie hat alles aufgegeben. Ihre Identität. Jeden Teil des Lebens, das sie neunzehn Jahre lang geführt hat. Ich werde sie nicht derart aus der Bahn werfen. Ich werde ihr nicht erzählen, dass Sie angerufen haben. Tut mir leid, doch so empfinde ich nun mal.«

Norma öffnete den Mund, um Einspruch zu erheben, aber dazu kam sie nicht mehr. Es klickte in der Leitung und das Telefonat war beendet.

Sie stand auf dem windigen und verlassenen Parkplatz und starrte den Telefonhörer an.

Dann hängte sie auf und fuhr nach Hause.

* * *

»Ich habe einen Vorschlag für dich«, erklärte Norma ihrem Gast, als sie zu Hause ankam. »Es ist nicht wirklich eine langfristige Lösung, doch es gäbe dir in den nächsten paar Tagen etwas zu tun. Ich muss kurzfristig wohin. Ein Notfall in der Familie. Und ich kann dir nicht sagen, wie lange ich wegbleiben werde, aber ich kann dich auf dem Laufenden halten. Ich zeige dir, wie du das Pferd füttern und die Hunde versorgen musst, und du kannst für mich das Haus hüten. Dich hier um alles kümmern, solange ich nicht da bin. Du kannst mein Bett benutzen und eine gewisse Ungestörtheit genießen, sodass du etwas Zeit dafür hast, über die Zukunft nachzudenken. Meinst du, du könntest das für mich tun?«

»Sicher«, antwortete Wanda. »Danke. Ich hoffe, mit deiner Familie ist alles so weit in Ordnung.«

»Da sind wir schon zwei.«

Danach meldete sich Norma im Pub krank, schrieb Wanda ein paar Anweisungen zur Versorgung der Tiere auf und packte eine kleine Reisetasche. Dann war sie bereit zum Aufbruch.

Und machte sich auf den Weg.

Kapitel Fünfzehn

Vor dem Gericht der öffentlichen Meinung

Als sie an die Haustür von Owen und Teresa Moss klopfte, bemerkte Norma, dass ihre Hand zitterte. Sie wollte nicht, dass das so war. Eigentlich war sie immer stolz darauf gewesen, dass sie vor nichts und niemandem Angst hatte. Allerdings war das das Bild, das sie von sich selbst hatte, während dies die echte Welt war, und vor ihr lag eine echte Konfrontation.

Es war später Nachmittag, windig und warm, und die Sonne stand schon tief am Himmel hinter den Bäumen im Westen.

Teresa Moss öffnete die Tür und ihre Gesichtszüge erstarrten.

Ein paar Minuten lang verharrten sie so, musterten einander stumm. Keine verriet durch irgendetwas, was sie empfand.

Ein anderes Gefühl stieg in Norma auf – ein Aufflammen von Ärger. Sie öffnete den Mund, um zu sagen: »So. Legen Sie jetzt mal einfach auf.«

Doch das tat sie nicht.

Stattdessen flackerte ihr eine Erinnerung durch den Kopf. An ihre Mutter, die immer erklärt hatte: »Mit Honig fängt man mehr Fliegen als mit Essig, Süße.«

»Also«, begann sie.

Die andere Frau wippte auf den Fersen zurück und verschränkte die Arme vor der Brust, aber sie schwieg.

»Normalerweise würde ich nie sagen, was ich jetzt gleich sagen werde. Wenn ich etwas für jemanden tue, dann weil ich glaube, dass es das Richtige ist, nicht weil ich im Gegenzug irgendetwas von ihm erwarte. Ich gehöre nicht zu den Leuten, die andere darauf hinweisen, dass sie ihnen etwas schulden.«

»Doch genau das werden Sie jetzt tun«, erwiderte Teresa Moss. Sie klang nicht verärgert, höchstens ein bisschen ängstlich. *Vielleicht haben alle ein bisschen Angst, wenn sie mit anderen Leuten zu tun haben*, dachte Norma. *Vielleicht ist der Ärger einfach nur eine dünne Lackschicht über dieser Angst.*

»Eine gemäßigte Version davon, ja. Ich möchte es nicht, aber ich fürchte, ich muss. Ich habe eine Menge durchgemacht, seit ich Ihre Tochter gefunden und sie heimlich, still und leise zu Ihnen gebracht habe. Ich habe jede Menge Lügen erzählt, obwohl ich das verabscheue. Es hat mich viel Schlaf gekostet und ich möchte gar nicht darüber nachdenken, wie viele Magentabletten ich geschluckt habe. Und jetzt möchte ich mit ihr reden. Wenn sie das nicht will, in Ordnung. Dann weiß ich, ich hab's versucht. Doch ich bin mir nicht sicher, dass ich damit leben kann, wenn Sie diese Entscheidung für sie treffen. Ich bin selbst Mutter und ich verstehe, dass man seine Kinder beschützen möchte. Aber jetzt ist sie eine erwachsene Frau. Sie ist … wie alt? Vierundzwanzig?«

»Ja. Vierundzwanzig. Und sie wird es nicht ablehnen. Das ist ja das Problem.«

Sie standen einander eine Weile schweigend gegenüber. Der Wind frischte auf, wehte kräftiger als eben noch und fühlte sich heiß an.

Norma fragte erst mal nicht, weshalb sich die andere Frau so sicher war, dass Jill von ihr besucht werden wollte.

Dann hörte sie Teresa Moss seufzen und wusste, sie hatten einen Wendepunkt in der Unterhaltung erreicht.

»Sie haben den ganzen Tag im Auto gesessen?«, fragte sie Norma.

»Ja.«

»Haben Sie schon etwas gegessen?«

»Nicht wirklich.«

»Vermutlich sollten Sie dann besser reinkommen.«

* * *

»Mein Ehemann ist noch im Büro«, erklärte Teresa Moss.

Sie stellte ein Holzbrett mit Käse und Crackern vor Norma und setzte sich.

»Danke«, erwiderte Norma.

Sie saßen auf Barhockern an der Insel in der Mitte der Moss'schen Küche. Die Sonne war beinahe untergegangen und der schwache Schein der Dämmerung vor den Fenstern war die einzige Lichtquelle.

»Vielleicht ist es gut, dass er nicht hier ist«, fügte Norma hinzu. Und schob dann rasch nach, nachdem sie gemerkt hatte, wie das klang: »Tut mir leid. Das war nicht so gemeint, wie es sich angehört hat.«

»Sie haben bei dem einen Mal, als Sie ihn getroffen haben, einen völlig falschen Eindruck von ihm gewonnen.«

»Wir haben uns nicht mal getroffen. Ich habe ihn lediglich kurz vorbeieilen sehen. Aber das habe ich nicht gemeint. Ich hätte ihn nicht allein anhand eines so schwierigen Moments beurteilt. Nur … Ich dachte, er ist es, der entschlossener ist, zu verhindern, dass ich mit ihr spreche.«

»Nun, da liegen Sie komplett falsch«, entgegnete Teresa. Sie griff nach einem Cracker – einem mit Mohn – und führte ihn zum Mund, hielt dann jedoch inne und starrte darauf. »Ich bin hier die Löwenmutter. Er war tatsächlich sauer auf mich, weil ich das Telefonat so abrupt beendet habe. Er findet, wir schuldeten Ihnen so viel mehr. Und er ist der Ansicht, Cassie sollte das selbst entscheiden.«

»Cassie?«

»Sie musste ihren Namen ändern.«

»Oh. Richtig. Natürlich.«

»Sie ist mehr oder weniger in die Rolle ihrer eigenen Cousine geschlüpft. Das erklärt zum einen etwaige Ähnlichkeiten und zum anderen die Tatsache, dass wir sie ab und zu besuchen. Es war schwierig, aber ich glaube, wir haben es ganz gut hingekriegt. Owen hat unter der Hand jemanden für die Papiere gefunden. Jemanden, der Kriminellen hilft, unterzutauchen. Er hat mehrere Dokumente für uns gefälscht. Glücklicherweise ist unsere Familie klein und die wenigen Verwandten, die wir haben, waren nur zu gern bereit, mitzuspielen.«

»Natürlich. Tut mir leid. Ich hab bloß nicht das mit dem Namen bedacht.«

Ein Teil von ihr hatte das Bedürfnis, darüber nachzudenken, wie es wohl war, so zu tun, als sei man die eigene Cousine. Das fühlte sich für Norma nicht richtig an. Es kam ihr nicht wie eine sichere Sache vor. Wäre es nicht ziemlich einfach, zu beweisen, dass es gar keine Cousine gegeben hatte, bis Jill verschwunden war?

Doch Teresa sprach weiter, daher konnte Norma sich nicht länger damit beschäftigen.

»Und er hat noch mehr gesagt. Also Owen. Er hat mich daran erinnert, dass sie ständig von Ihnen redet. Norma dies, Norma das. Norma ist so klug, Norma ist so ausgeglichen und echt. Zugegeben, wir sehen sie nur zwei- oder dreimal im Jahr. Aber sie lässt keinen Zweifel daran, dass Sie in ihren Augen eine Heldin sind.«

Norma verspürte bei dieser Äußerung kurz ein wohliges Glühen tief in ihrem Bauch. Doch sie schob es beiseite. Sie wollte niemandes Heldin sein. Diese Rolle brachte zu viel Verantwortung mit sich.

»Und außerdem, meint Owen … Also, er sagt, ich würde sie der Möglichkeit berauben, Sie zu treffen. Er denkt, das würde sie auf jeden Fall gern tun, egal worüber Sie mit ihr reden möchten. Allerdings teilt er meine Ansicht in Bezug auf Jake. Er findet, für je mehr Verbrechen sie ihn ins Gefängnis stecken, desto besser.«

»Selbst wenn Sie genau wissen, dass er eines dieser Verbrechen nicht schuldig ist.«

»Ja. Die Welt ist ohne ihn ein besserer Ort.«

»Sie wünschen ihm den Tod?«

»Ich habe darüber nachgedacht. Jahrelang habe ich mit dem Gedanken gespielt, einen Killer auf ihn anzusetzen. Nur konnte ich mich letzten Endes nicht dazu überwinden.«

»Freut mich zu hören.«

»Es macht mich so wütend, zu wissen, dass er zu einem Mord imstande ist, die Leute ihn jedoch unterbrechen und dadurch verhindern, dass er wie ein Mörder bestraft wird.«

»Weil er nie einen Mord begangen hat.«

»Aber das hätte er.«

»Das können Sie nicht wissen«, wandte Norma ein.

Sie atmete lang und tief durch. Dann starrte sie auf den Teller mit den Snacks und stellte fest, dass sie den Appetit verloren hatte. Besonders, da sie jetzt gleich – ein weiteres Mal – eine Geschichte erzählen würde, von der sie eigentlich nie gewollt hatte, dass irgendjemand sie erfuhr. Jemals.

»Als ich jünger war, war ich verheiratet«, begann sie. »Und mein Ehemann ähnelte in vielerlei Hinsicht Jake, nur dass er besser darin war, es zu verstecken. Seine hässliche Seite habe allein ich zu sehen bekommen. Er hat sie sehr lange gut verborgen. Doch dann geriet es immer schneller außer Kontrolle und schließlich ist es ihm restlos entglitten. Er hat mich beinahe erwürgt. Ich hatte bereits das Bewusstsein verloren und war sicher, ich würde sterben. Aber ich bin wieder aufgewacht, also muss er wohl irgendwann aufgehört haben. Aus irgendeinem Grund hat er es nicht zu Ende gebracht. Möglicherweise hat es ihn erschreckt, zu merken, wie dicht er davorstand, mir tatsächlich das Leben zu nehmen. Ich weiß es nicht und ich werde es auch nie erfahren. Alles, was ich weiß, ist, dass es kein Mord war, denn ich bin nicht tot. Es mag noch nicht einmal versuchter Mord gewesen sein, denn vielleicht hatte er gar nicht die Absicht, mich umzubringen. Es war jedoch unbestritten eine schlimme Tat und es war auf jeden Fall gefährliche Körperverletzung und es ist auch definitiv etwas, was nur ein schrecklicher Mensch tun würde. Und ja, ich bin ebenfalls der Ansicht, dass die Welt ohne schreckliche Menschen ein besserer Ort wäre. Aber Sie behaupten, Sie wüssten, was er getan hätte, wenn er die Gelegenheit gehabt hätte, und das stimmt nicht. Man weiß nie, ob ein Mensch aufhört, bevor es Mord ist, oder nicht.«

Ein langes Schweigen folgte. Es tat beinahe körperlich weh. Vielleicht bereitete Norma auch etwas anderes Schmerzen und sie bildete sich nur ein, dass es das Schweigen war.

»Es tut mir leid, dass Sie das durchmachen mussten«, antwortete Teresa nach einer Weile.

»Danke.«

»Ich bin etwas überrascht.«

»Warum? Es ist ja schließlich nichts so Seltenes.«

»Da haben Sie leider recht. Natürlich haben Sie recht. Vermutlich hatte ich Sie mir als jemanden vorgestellt, der nie in so eine Situation geraten könnte. Denn Sie wirken wie eine Frau, die herumzustoßen sich niemand trauen würde. Was natürlich Quatsch ist. Das kann schließlich jedem passieren.

Außerdem … Wenn ich das geahnt hätte, wäre ich davon ausgegangen, dass Sie wollen würden, dass Jake schwer bestraft wird.«

»Ich möchte, dass Jake für genau das bestraft wird, was er getan hat. Für nicht mehr und nicht weniger.«

»Ist Ihr Ehemann bestraft worden? Wenn ich das fragen darf.«

»Nein.«

»Haben Sie ihn nicht angezeigt?«

»Doch. Aber er hat sich einen ausgezeichneten Strafverteidiger gesucht, während ich von meinem Billig-Anwalt nicht viel Hilfe erhalten habe. Es ist schnell zu einem Fall geworden, bei dem Aussage gegen Aussage stand. Er hat behauptet, ich hätte mich mit einem anderen Mann getroffen, der für die Male an meinem Hals verantwortlich sei. Es sah für mich nicht so aus, als ob ich gewinnen könnte, und es hat meine Jungs zerrissen, daher habe ich es auf sich beruhen lassen. Das bedaure ich. Jeden Tag bedaure ich das. Schauen Sie. Jake kommt ins Gefängnis. Er wird wegen versuchten Totschlags angeklagt und es gibt jede Menge Zeugen für die Tat. Er wird jahrelang hinter Gittern sitzen. Ich weiß, wir hätten gerne Haftstrafen von Jahrzehnten, trotzdem muss man sich mal in die Lage des Verurteilten versetzen – das eigene Zuhause zu verlieren und alles, was man kennt, und viele Jahre ins Gefängnis zu müssen. Das ist nicht nichts. Jake ist kein Muskelprotz, sondern schlank, jung und attraktiv. Sein Leben da drin wird die Hölle sein. Er wird am eigenen Leib erfahren, wie es ist, misshandelt zu werden. Wenn Sie ihm wünschen, dass er leidet, dann wird Ihr Wunsch in Erfüllung gehen. Doch das mit der Anklage wegen Mord … Nun, es ist nicht meine Entscheidung, genauso wenig wie Ihre. Ihre Tochter muss entscheiden, was sie tun möchte.«

»Es ist nur, dass sie schon so viel durchgemacht hat.«

»Dann ist sie stark. Das ist die eine Belohnung für Probleme, die das Leben uns beschert. Sie hat sich da durchgebissen.

Behandeln Sie sie nicht so, als sei sie zerbrechlich. Sprechen Sie ihr das nicht ab.«

* * *

Sie saßen schweigend über ihrem Dinner. Owen, Teresa und Norma. Teresa hatte Hähnchenfleisch und Gemüse in einer Pfanne angebraten und mit Nudeln serviert. Mehrere Minuten lang aßen sie, ohne zu sprechen. Es war eine unangenehme Situation, um es milde auszudrücken.

Dann legte Owen plötzlich seine Gabel hin. Sie stieß mit einem Klirren gegen seinen Teller und alle zuckten zusammen, sogar er selbst, der das Geräusch erzeugt hatte.

»Es vergeht kein Tag, an dem ich nicht bereue, wie ich mich bei unserer ersten Begegnung verhalten habe«, teilte er Norma mit.

»Nehmen Sie es nicht so schwer«, entgegnete Norma. »Verschwenden Sie nicht noch mehr Zeit daran. *Ich* hab es Ihnen nie übel genommen. Es war einfach ein extrem schwieriger Tag in Ihrem Leben.«

»Aber nicht so schwierig wie der Tag davor. Und das war Ihr Verdienst. Und ich habe Ihnen noch nicht einmal gedankt.«

Er starrte auf seinen Teller. Auf sein Essen, das er nicht angerührt hatte. Als ob es interessant sei, zuzuschauen, wie es kalt wurde. Das Haar auf seinem Kopf war an einer großen ovalen Stelle schütter. Norma fragte sich, ob das auch schon so gewesen war, als sie ihn das letzte Mal gesehen hatte.

Sie wurden alle älter. Alle wurden das. Ihr aller Leben verstrich, ob sie nun zur Kenntnis nehmen wollten, dass dem so war, oder nicht.

»Was ich gerade gesagt habe, stimmt nicht ganz«, fügte er hinzu. »Es ist ein bisschen klischeehaft, zu behaupten, kein Tag sei vergangen. Es gab vermutlich welche, an denen ich nicht daran gedacht habe. Doch ich bezweifle, dass eine Woche verstrichen ist, ohne dass ich es bereut hätte.«

»Falls Ihnen das hilft«, erklärte Norma, »Sie haben hiermit meine offizielle Erlaubnis, damit aufzuhören.«

Er nahm seine Gabel wieder zur Hand und aß ein paar Minuten lang schweigend.

Dann ergriff plötzlich Teresa das Wort.

»Ich denke, wir hatten gehofft, wenn Jake zu einer wirklich langen Gefängnisstrafe verurteilt wird, könnte sie ihr Versteck verlassen.«

»Nun, da haben Sie nicht wirklich gründlich nachgedacht«, erwiderte Norma. »Nichts für ungut.«

»Ich weiß. Er wird irgendwann freikommen, egal, für was er verurteilt wird.«

»Das habe ich nicht gemeint.«

»Und wir werden angeklagt werden, wegen der Falschaussage der Polizei gegenüber. Aber weil er ernsthaft versucht hat, jemanden umzubringen, glauben wir, hoffen zu dürfen, dass sie milde über uns urteilen. Weil sie wissen, dass wir einen wirklich guten Grund für das hatten, was wir getan haben.«

»Das war es auch nicht.«

»Was Norma zu sagen versucht, Teresa«, schaltete sich Owen mit ruhiger Stimme ein, »ist, dass, wenn sie ihn für den Mord an unserer Tochter ins Gefängnis stecken und sie dann ihr Versteck verlässt, die Verurteilung ungültig und er sofort wieder frei sein wird.«

»Oh«, bemerkte Teresa. »Stimmt. Ich vermute, ich hab wirklich nicht gründlich nachgedacht. Trotzdem wird er eine Strafe verbüßen müssen, weil er seine Frau beinahe erwürgt hätte, oder?«

Bei diesem letzten Satz schaute sie nervös zu Norma. Vielleicht weil sie sich an das erinnerte, was Norma ihr über ihre eigene beinahe tödliche Ehe erzählt hatte.

»Ich glaube, was Sie zu berücksichtigen vergessen«, meinte Norma, »ist Folgendes: Sie halten still, während ein Mann für einen Mord verurteilt wird, den es nicht gegeben hat. Sie haben kein Problem damit, mir das zu sagen, weil er es Ihrer Ansicht nach verdient und Sie es nur mir gegenüber einräumen, *einem* Menschen gegenüber. Aber was meinen Sie, wie die Öffentlichkeit das aufnehmen wird? Vor dem Gericht der öffentlichen Meinung geht es nicht wirklich zimperlich zu.«

»Sie kann ihr Versteck nicht verlassen, Teresa«, warf Owen ein. »Darüber reden wir dauernd. Und dann erinnere ich dich an all die Gründe, weshalb das nicht funktioniert. Weshalb es nie funktionieren wird. Und dennoch kehrst du im Kopf immer wieder zum Ausgangspunkt zurück.«

»Selbst wenn sie es nicht drauf anlegt«, erklärte Norma, »könnte es herauskommen. Sie könnte auffliegen. Die ganze Geschichte mit der Cousine ist ein bisschen dünn. Ich meine, in Ihrer Familie ist plötzlich aus dem Nichts eine Cousine aufgetaucht.«

»In den fünf Jahren bisher hat es problemlos geklappt«, wandte Teresa ein.

»Das bedeutet ja nicht, dass nicht noch was passieren und alles auffliegen könnte.«

»Wie?«

»Ich weiß es nicht. Da bin ich keine Expertin. Vielleicht irgendwas mit Aufzeichnungen beim Zahnarzt?«

»Da hat sie großes Glück. Sie hat wirklich gute Zähne und hatte bis vor zwei Jahren nie auch nur eine Plombe in einem bleibenden Zahn.«

»Und wenn sie sich aus irgendeinem Grund einem DNA-Test unterziehen muss? Aber ich habe keine Ahnung. Vielleicht weiht sie auch jemanden ein, weil sie glaubt, sie könne dem Betreffenden vertrauen. Doch das stellt sich dann als Irrtum heraus und die Person, die sie eingeweiht hat, erzählt es überall herum. Oder auch nur einem anderen Menschen. Ich kenne nicht alle Arten und Weisen, auf die es geschehen kann. Ich kann nicht alle Möglichkeiten vorhersehen. Das ist ja das Problem. Das kann niemand. Darum heißt es ja auch, so was wie das perfekte Verbrechen gäbe es nicht. Da ist immer irgendeine Kleinigkeit, die einen verrät, denn das menschliche Gehirn kann nie alles berücksichtigen.«

»Wissen Sie …«, setzte Teresa an und zögerte dann kurz. »Das haben Sie mir schon vor fünf Jahren gesagt. Dass wir uns mit unerwarteten Konsequenzen konfrontiert finden könnten.«

»Und das ist jetzt passiert.«

»Ja, das stimmt vermutlich.«

»Nun, ich kann zumindest von mir ehrlich behaupten, dass ich das, was jetzt geschehen ist, so nicht geahnt hab«, meinte Norma. »Damals wäre mir nie eingefallen, dass man ihn des Mordes anklagen könnte. Ich hab immer geglaubt, man bräuchte dafür eine Leiche. Aber jetzt tut die Staatsanwaltschaft es trotzdem. Und wenn es funktioniert und sie ihn verurteilen … Ich vermute, damit kann ich leben, vorausgesetzt, ich kann meine Bedenken Ihrer Tochter vortragen. Ich finde einfach, es ist ihre Entscheidung, nicht meine. Niemand muss wissen, dass ich überhaupt daran beteiligt war. Ich frage mich allerdings, ob Sie damit leben können. Sie wissen schon. Wenn er zehn Jahre oder länger im Gefängnis sitzt und dann plötzlich rauskommt, dass Jill gar nicht tot ist und Sie es die ganze Zeit wussten.«

»Vielleicht wird sie niemandem sagen, dass wir es wussten«, brachte Teresa vor. Sie klang inzwischen ziemlich verzweifelt, als griffe sie nach Strohhalmen. »Vielleicht könnte sie sagen, dass sie sich sogar vor *uns* versteckt hat.«

»Sie haben mir selbst erzählt, dass Sie sie von Zeit zu Zeit besuchen. Deshalb ist sie ja ihre eigene Cousine. Ihre Nichte. Denken Sie, eine Jury würde Ihnen glauben, dass Sie den

Unterschied zwischen Ihrer Nichte und Ihrer Tochter nicht kennen?«

Wieder herrschte Schweigen und blieb für eine lange Zeit ungebrochen.

Norma widmete sich dem Essen auf ihrem Teller, obwohl sie gar keinen Hunger mehr hatte.

Als ob er ihre Gedanken lesen könnte, erkundigte sich Owen bei seiner Frau: »Hast du ihr gesagt, dass sie in Oregon ist?«

Norma hob abrupt den Kopf.

»Jill? Sie ist in Oregon?«

»Cassie«, verbesserte Teresa sie. »Ja.«

»Nun, das wird eine verdammt lange Fahrt werden.«

»Sie müssen ja nicht vor Ort mit ihr sprechen«, schlug Owen vor. »Sie könnten es am Telefon klären. Wir könnten einen Video-Call machen.«

»Nein«, entgegnete Norma und legte ihre Gabel hin. »Nein, ich glaube wirklich, darüber sollte man von Angesicht zu Angesicht reden.«

»Sie übernachten auf jeden Fall erst mal in unserem Gästezimmer«, verkündete Owen. »Und fahren dann morgen früh weiter.«

* * *

Teresa brachte ihr ein ordentlich zusammengelegtes Duschtuch, ein Handtuch und einen Waschlappen, alles in fröhlichem Gelb. *Die einzigen fröhlichen Dinge hier*, dachte Norma.

»Wer kümmert sich eigentlich um Ihre Hunde?«, wollte Teresa wissen.

Norma schaute sie überrascht an.

»Tut mir leid«, schob Teresa nach. »Haben Sie die Hunde noch? Es ist fünf Jahre her und ich weiß gar nicht, wie alt sie waren, als sie das letzte Mal hier waren.«

»Ja, ich hab sie noch«, erwiderte Norma.

Sie war sich nicht sicher, ob sie noch mehr sagen sollte. Sollte sie verraten, dass sie Jakes letztem Opfer Unterschlupf und Unterstützung gewährte? Vielleicht. Vielleicht war es in Ordnung. Aber sie war sich nicht sicher. Sie war müde und konnte nicht klar denken. Vielleicht ergaben sich daraus unbeabsichtigte Konsequenzen.

»Ich hab einen Hausgast«, erklärte sie.

»Oh, verstehe. Nun, dann schlafen Sie gut. Und lassen Sie es mich wissen, wenn Sie etwas brauchen.«

Damit verließ sie das Zimmer.

* * *

Als Norma am nächsten Morgen aus dem Gästezimmer kam, saß Teresa am Frühstückstisch. In der Küche brannte kein Licht, die Morgendämmerung vor dem Fenster über der Spüle war schwach und fahl.

Teresa hielt einen Becher mit Kaffee – so roch es zumindest – zwischen den Händen und starrte blicklos vor sich hin. Norma spürte die Niedergeschlagenheit im Raum, die sich wie ein schwerer Stoff in dicken Falten über alles hier gelegt hatte.

»Kaffee?«, fragte Teresa.

Das überraschte Norma, denn die andere Frau hatte durch nichts erkennen lassen, dass sie ihre Anwesenheit überhaupt bemerkt hatte.

Mit einer Kopfbewegung deutete Teresa auf den Küchentresen, wo eine saubere Tasse neben der Kaffeemaschine stand. Daneben befanden sich das verschnörkelte Porzellankännchen für Sahne und die Dose mit Zucker, doch Norma beachtete sie nicht. Sie schenkte sich Kaffee ein und setzte sich zu ihrer Gastgeberin an den Tisch. Den Kaffeebecher zierte ein Logo vom Grand-Teton-Nationalpark, auf dem schneebedeckte Berggipfel abgebildet waren.

»Owen ist schon zur Arbeit gefahren?«, fragte sie.

»Ja. Er hat mich gebeten, Sie zu grüßen und Ihnen in seinem Namen Auf Wiedersehen zu sagen.«

»Geht es Ihnen gut?«

»Nicht wirklich, nein. Ich glaube, weder Owen noch ich können uneingeschränkt behaupten, dass es uns gut geht. Unsere Ehe steckt nicht in Schwierigkeiten, wir sind immer noch gern ein Paar. Doch keinem von uns geht es wirklich gut. Aber vielleicht war das mehr, als Sie wissen wollten.«

»Ich hab gefragt«, antwortete Norma.

Sie nahm einen Schluck Kaffee. Er war heiß und stark, genau so, wie sie ihn mochte. Vermutlich sogar besser als das, was sie für sich selbst kochte, was eine Menge hieß.

»Ich glaube, es holt mich einfach gerade ein«, erklärte Teresa. »Die ganze Situation. Ich glaube, mir ist jetzt endgültig klar geworden, welchen Preis das alles von uns gefordert hat.«

Sie hatte ihr langes blondes Haar im Nacken zusammengenommen und hochgesteckt, sodass viel mehr von ihrem Gesicht zu sehen war als zuvor. Norma schien es widersinnig, dass sie ausgerechnet diesen Augenblick gewählt hatte, um mehr von sich selbst preiszugeben – das aus dem Weg zu nehmen, was ihr in gewisser Weise Schutz gewährte.

Und dann, beinahe als hätte sie diesen Gedanken laut ausgesprochen, hob Teresa eine Hand, entfernte die Goldspange, und ihr Haar fiel ihr wieder ins Gesicht und auf ihre Schultern.

»Sie haben mich vor fünf Jahren davor gewarnt«, wandte sie sich an Norma. »Sie haben gesagt, wir müssten die ganze Zeit so tun, als seien wir weiterhin verzweifelt. Wir müssten weiterhin so tun, als ob unsere Tochter vermisst würde und wir keine Ahnung hätten, wo sie ist und ob es ihr gut geht. Das Einzige, wovor Sie mich nicht gewarnt haben, war, dass es sich nach einer Weile anfühlen würde, als sei es tatsächlich so. Besonders da wir sie nur ein paarmal im Jahr besuchen können.«

Norma trank einen Schluck von ihrem heißen Kaffee.

»Und wenn Sie es noch einmal tun müssten?«

»Oh, ich würde es wieder genauso machen. Um meine Tochter zu beschützen? Mein einziges Kind? Ohne mit der Wimper zu zucken.«

Ein längeres Schweigen entstand. Gefühlt mehrere Minuten lang, lang genug, dass Norma eigentlich damit rechnete, dass es in der Küche heller werden würde, doch das passierte nicht. Sie schaute aus dem Fenster und dachte sich, dass der Himmel bedeckt sein musste. Allerdings war das in dem Zwielicht schwer zu erkennen.

»Was hätten Sie getan?«, fragte Teresa. »Wenn Sie an unserer Stelle gewesen wären?«

»Oh, ich glaube, ich hätte es ein bisschen anders gehandhabt. Ich hätte nicht so getan, als sei sie nie gefunden worden. Ich hätte sie irgendwo untergebracht, wo sie vor ihm sicher gewesen wäre. Wirklich sicher. Ein Fort Knox für Menschen. Sicherheitskameras, möglicherweise sogar ein Leibwächter. Und ich hätte dafür gesorgt, dass Jake überwacht wird, sodass ich es erfahre, sobald er das Haus verlässt. Vielleicht durch einen Privatdetektiv.«

Der Ausdruck in Teresas Augen hatte sich geändert. Sie wirkte nicht länger verloren und unfokussiert, sondern konzentriert, als sei sie im Geist mit einem mathematischen Problem beschäftigt.

»Das klingt so viel besser. Das ergibt so viel mehr Sinn. Warum haben wir das nicht getan?«

»Fragen Sie nicht mich.«

»Es war einfach so, dass sie diese Idee hatte, dass sie verschwinden wollte, und wir nie versucht haben, es ihr auszureden.«

»Und daher haben Sie das Problem so gelöst, wie es eine Neunzehnjährige tun würde.«

»Genau.«

Teresa zog ein Stück Papier aus ihrer Hosentasche und schob es über den Tisch zu Norma. Es war aus einem langen, schmalen Block mit Linien herausgerissen worden. Etwas, was man zum Schreiben einer Einkaufsliste benutzte. Darauf standen der Name Cassie MacEnerny und eine Adresse in einer Stadt in Oregon, von der Norma noch nie zuvor gehört hatte.

»Danke«, sagte sie. »Weiß sie, dass ich komme?«

»Ja und nein. Ich wollte ihr in der SMS nicht zu viel verraten, daher habe ich nur geschrieben, dass sie Besuch erhalten würde, von jemandem, der eine Heldin für sie ist. Ich bin mir nicht sicher, ob sie es verstanden hat oder nicht.«

»Nun«, erwiderte Norma und fühlte sich leicht verlegen. »Ich sollte besser schauen, dass ich bald aufbreche. Es wird eine lange Fahrt.«

»Kein Frühstück?«

»Vermutlich sollte ich wirklich losfahren.«

»Für genau diesen Fall habe ich Ihnen ein paar Teilchen in eine Tüte gepackt.«

»Nun, die werde ich nicht ablehnen«, entgegnete Norma.

Kapitel Sechzehn

Norma weiss eine Menge

Nachdem Norma in ihrem Pick-up eine ungemütliche Nacht auf einem Tankstellenrastplatz verbracht hatte, traf sie am folgenden Vormittag bei der Adresse in Oregon ein, die Teresa Moss ihr gegeben hatte.

Sie fuhr über einen langen unbefestigten Weg und war überrascht, wie ländlich und dünn besiedelt die Gegend war. Irgendwie hatte sie ein Haus oder Apartment in einer kleinen Stadt oder einer größeren Ortschaft erwartet, selbst wenn sie im Nachhinein nicht wusste, warum eigentlich.

Sie bog um eine Kurve und sah vor sich ein offenes Tor, ein kleines Haus, kaum mehr als eine Hütte, und eine Koppel mit zwei Pferden – ein riesiger Falbe und ein kleineres, feinknochiges kastanienbraunes. Ein braun-weiß gefleckter Jagdhund kam laut bellend auf ihren Wagen zugerannt.

Norma parkte den Pick-up unweit des Häuschens und saß einen Moment einfach da, fragte sich, ob sie das Auto verlassen sollte, solange der Hund da war. Sie schaute sich um und es dauerte einen Moment, das merkwürdige Gefühl zu identifizieren, das sie überrollte. Ein großes Grundstück in ländlicher

Umgebung, ein kleines Haus, ein großes sandfarbenes Pferd, ein Jagdhund – es war ein Leben, das auf bizarre Weise ihrem eigenen glich, auch wenn das natürlich reiner Zufall sein konnte.

Eine junge Frau trat aus dem Gebäude, aber Norma glaubte nicht, dass es Jill war.

Während sie vom Auto aus verfolgte, wie die Frau auf sie zulief, wurde sie sich immer sicherer, dass es nicht Jill war. Die junge Frau hatte dunkles Haar und dunkle Augen, eine schmalere Nase und vollere Wangen. Vielleicht sogar ein anderes Kinn? Kurz überlegte Norma, ob Jill sich so verändert haben könnte, doch das schien zu weit hergeholt, daher ließ sie den Gedanken fallen.

Die junge Frau packte den Hund am Halsband und winkte Norma, aus dem Auto auszusteigen.

Norma öffnete die Tür und stellte ihre Füße auf den harten, staubigen Boden.

»Sie tut Ihnen nichts«, beruhigte die Frau sie. Norma konnte sich nicht entscheiden, ob sie die Stimme kannte oder nicht. Eher nicht. »Sie bellt nur.«

Dabei ließ die Frau das Halsband los und der Hund kam schwanzwedelnd auf Norma zu und schnüffelte an ihren Jeans und ihren Stiefeln.

Norma schaute zu dem Hund, als die junge Frau plötzlich nach ihr griff und sie in eine feste Umarmung zog. Das traf Norma völlig unvorbereitet.

»Sie sind es«, flüsterte sie Norma ins Ohr. »Ich habe so gehofft, dass Sie es sind. Meine Mom hat gesagt, ich würde Besuch von einer Heldin kriegen. Ich konnte mir nicht vorstellen, wen sie außer Ihnen so bezeichnen würde. Und ich hab mir zudem gedacht, wenn es jemand anders als Sie wäre, hätte sie es mir verraten. Ich hab auf jeden Fall die ganze Zeit gewartet und gehofft, dass Sie es sind.«

Sie trat zurück, ließ die Hände allerdings auf Normas Schultern liegen.

»Meine Güte«, antwortete Norma. »Sie sehen völlig anders aus.«

»So soll es ja auch sein, oder nicht?«

»Vermutlich schon. Haben Sie sich operieren lassen?«

»Ja.«

»Und Sie tragen braune Kontaktlinsen.«

»Richtig.«

»Sie sind wahrscheinlich die einzige blonde, blauäugige Frau auf dem ganzen Planeten, die sich absichtlich die Haare und die Augen braun gefärbt hat.«

»Ich weiß! Und das allein ist echt merkwürdig. Es ist auch merkwürdig, wie sehr es einen verändert. Aber das nur am Rande.«

»Wissen Sie, warum ich hier bin?«

Jetzt runzelte Jill die Stirn.

»Ich denke schon. Vielleicht. Ich nehme an, es hat etwas damit zu tun, dass Jake versucht hat, seine Frau umzubringen, und damit, dass der Staatsanwalt in Ihrem Bezirk gerade angekündigt hat, dass er ihn wegen Mordes anklagen wird.«

Norma fühlte, wie ihre Augen groß wurden.

»Sie wissen das?«

»Heute Morgen war es in den Nachrichten.«

»In den Nachrichten? Warum wird hier in Oregon über eine Mordanklage in Utah berichtet? Ist Ihr Fall für die Medien tatsächlich noch immer eine so große Sache?«

»Ich schaue die Nachrichten im Internet«, erklärte Jill und runzelte die Stirn stärker.

»Ach, richtig. Das Internet.«

»Ich verfolge alle Neuigkeiten zu ihm sehr aufmerksam. Und zu … Sie wissen schon. Zu mir.«

»Das ist vermutlich nur natürlich.«

Einen Moment schwiegen sie. Der Hund wollte an Normas Schritt schnüffeln, doch Jill griff wieder nach seinem Halsband und zog ihn weg.

»Ihnen ist klar, dass wir ein Problem haben«, fragte Norma. »Oder?«

»Ich bin mir nicht sicher, was wir in der Angelegenheit tun sollen.«

»Darum bin ich hier. Um es zu besprechen.«

Jill seufzte tief. Als ob etwas – möglicherweise Anspannung – aus ihr herauswollte und sie endlich das Tor geöffnet hätte.

»Kommen Sie rein«, sagte sie. »Ich koch uns einen Kaffee. Und … haben Sie schon gefrühstückt?«

»Bisher nicht, nein.«

»Dann mach ich uns auch was zu essen. Ich hoffe, Sie haben nicht vor, sofort wieder abzuhauen. Wir haben viel zu bereden.«

»Ja, das stimmt wohl.«

»Warten Sie. Wo sind Ihre Hunde? Wer kümmert sich um St. Fred? O nein. Hätte ich das nicht fragen sollen? Gibt es sie nicht mehr?«

»Nein, ist schon okay. Sie sind alle noch bei mir.«

»Wer kümmert sich dann jetzt um sie?«

»Nun … Das ist eine ziemlich lange Geschichte. Und eine, die wir uns vermutlich besser für nach dem Frühstück aufsparen sollten.«

Sie überquerten nebeneinander den staubigen Hof in Richtung Hütte. Dann blieb Norma stehen und schaute sich ein weiteres Mal um.

»Irgendwas an alldem hier …«, begann sie.

»Ich weiß, was Sie sagen wollen.«

»Ach wirklich?«

»Sie denken, dass es genau wie bei Ihnen ist.«

»Oh. Dann ist Ihnen das also aufgefallen.«

»Nun, Sie können mir nicht vorwerfen, Ihr Leben kopiert zu haben. Ich habe einen Jagdhund und zwei Pferde, wohingegen Sie zwei Hunde haben und ein Pferd. Sehen Sie? Total originell!«

Bei diesen Worten breitete sich ein Lächeln auf dem Gesicht der jungen Frau aus, das Norma ansteckend fand.

»Na gut, meinetwegen«, willigte sie ein.

* * *

»Wo arbeitest du im Moment?«, erkundigte sich Norma über dem Kaffee.

Jill stand am Herd und bereitete Rühreier zu.

»Ich arbeite als Sprechstundenhilfe bei einem Tierarzt.«

»Und damit kannst du dir all das hier leisten?«

»Oh, nein. Ich kümmere mich hier nur um alles, es gehört mir nicht. Es sind fast dreihundert Hektar und auf der anderen Seite des Gatters gibt es eine Rinderherde. Ich kann hier wohnen und meine Pferde halten und im Gegenzug kümmere ich mich um das Vieh.«

»Das ist kein schlechter Deal.«

»Es ist wundervoll. Ich liebe es, hier zu sein.« Sie rührte einen Moment stirnrunzelnd in der Pfanne. Dann fuhr sie fort: »Es war nicht ganz richtig, als ich gesagt habe, dass ich nicht versuche, dein Leben nachzuahmen. Irgendwie tu ich das schon. Stört es dich?«

»Ich wüsste nicht, was mich daran stören sollte. Nur frage ich mich, warum.«

»Dein Leben erschien mir wunderbar. Ich werde nie vergessen, wie wir mitten in der Nacht auf dem Rücken dieses riesigen Pferdes bei dir angekommen sind. Meine Augen hatten sich an die Dunkelheit gewöhnt und der Mond spendete etwas Licht und ich hab dein kleines Haus und die Koppel gesehen und die Hunde, die umherliefen. Und ich hab das Pferd unter mir gespürt, das sich bewegt hat, und ich hab mir all das angeschaut und gedacht: Diese Frau macht es richtig. Norma weiß, wie man lebt. Norma weiß es einfach. Natürlich mag dabei auch eine Rolle gespielt haben, dass du mir praktisch das Leben gerettet hast. Vermutlich war ich zudem ziemlich aufgewühlt. Später hab ich dann … Nun, auf gewisse Weise ist es blöd, wenn man sich ein ganz neues Leben aufbauen muss. Man muss alles zurücklassen. Doch auf andere Weise … darf man noch mal von vorne anfangen. Wenn man eine Idee hat, wie man das eigene Leben verbessern kann, schätze ich, ist das der perfekte Zeitpunkt dafür, etwas zu ändern. Den Plan in die Tat umzusetzen, verstehst du?«

»Es steht nicht fest, dass ich dir das Leben gerettet habe.«

»Das scheint mir ziemlich sicher so zu sein. Selbst wenn Jake mich nicht umgebracht hätte – ich hatte keine Ahnung, wo ich war, und hatte weder Wasser noch irgendwelche Verpflegung oder Ausrüstung bei mir.«

»Oh. Na ja. Unter diesen Umständen können Menschen schon sterben. Ich glaube, wir sollten über diese … Sache reden. Diese Situation. Was meinst du?«

»Stört es dich, wenn wir erst mal frühstücken? Über ihn zu sprechen schlägt mir auf den Magen. Meist reicht dafür eigentlich schon der Gedanke an ihn.«

»Ich hab's nicht eilig, solange du es nicht eilig hast«, sagte Norma.

* * *

»Lass uns nach dem Frühstück ausreiten«, schlug Jill vor.

Norma hatte gerade nach der Flasche mit der scharfen Soße für ihre Eier gegriffen und ihre Hand hing für einen Moment reglos in der Luft.

»Ich weiß, was du denkst«, fuhr Jill hastig fort. »Aber man kann reiten und sich gleichzeitig unterhalten. Ich habe den großen Falben tatsächlich deshalb gekauft, weil er mich an St. Fred erinnert hat, und mich interessiert deine Einschätzung. Natürlich ist er nicht Fred, so viel kann ich dir jetzt schon verraten. Er ist ziemlich ruhig, doch wenn die Stute ausflippt, macht er manchmal einen ziemlichen Satz. Und glaub mir, die Stute flippt gern mal aus. Die ist ganz schön launisch.«

Norma kippte sich scharfe Soße über die Eier auf ihrem Teller – eine ganze Menge – und schwieg. Während Jill redete, die Worte hastig hervorstieß, erkannte Norma, dass die Jüngere offenbar versuchte, das schwierige Gespräch hinauszuzögern.

»Wie alt ist der Wallach?«

»Sieben.«

»Mit sieben war Fred auch noch nicht Fred. Pferde brauchen Zeit, um erwachsen zu werden, genau wie Menschen. Deiner Beschreibung nach hört es sich so an, als wäre die Stute einfach sehr temperamentvoll. Manche Pferde sind so. Das ist eben ihre Art.«

Norma hob eine Gabel mit Ei an den Mund.

»Ich habe sie dazugeholt, weil ich Sorge hatte, dass Grady sich so allein hier draußen nicht wohlfühlen würde. Es heißt immer, ein Pferd braucht ein anderes Pferd. Aber St. Fred hat kein anderes Pferd.«

»Das ist ihm egal«, erklärte Norma. »Wobei er da definitiv die Ausnahme ist. Den meisten Pferden wäre es nicht egal. Dein Rührei schmeckt übrigens wirklich gut.«

»Das liegt daran, dass ich eigene Hühner halte und die Eier erst heute Morgen eingesammelt hab. Wie auch immer, um noch mal auf die Pferde zurückzukommen: Normalerweise sitze ich, wenn ich ausreite, auf Grady und führe Mae am Zügel hinter mir her. Weil ich will, dass sie beide Bewegung kriegen. Ich könnte sie mit den Rindern auf die große Weide lassen. Die können prima alle zusammen grasen. Doch genau das ist das Problem: Dann grasen sie nur, statt herumzulaufen und sich zu bewegen. Sie fressen bloß mehr.«

»Außerdem«, stellte Norma fest, »muss man ein Pferd regelmäßig reiten, wenn man will, dass es ein gutes Reittier ist.«

»Heute bietet sich endlich einmal die Gelegenheit, dass beide Pferde einen Reiter haben. Ich rede zu viel, oder? Tut mir leid. Ich höre mich selbst, aber ich kann irgendwie nicht aufhören. Ich glaube, es macht mich tatsächlich ein bisschen nervös, mit dir über diese Sache mit Jake zu sprechen.«

»Das hab ich mir gedacht«, erwiderte Norma und führte eine weitere Gabel Rührei zum Mund. Es gab auch gebutterten Roggentoast und eine Schüssel mit gemischten Beeren, was Norma sehr schön fand. »Musst du heute nicht arbeiten?«, erkundigte sie sich.

»Nein, freitags hab ich frei. Was nett ist, weil so jedes Wochenende ein langes Wochenende ist. Kannst du bleiben? Übers Wochenende? Es wäre toll, wenn wir die Zeit hätten, uns in Ruhe alles zu erzählen.«

»Vermutlich«, sagte Norma und wischte sich den Mund mit der beigefarbenen Stoffserviette ab. »Ich muss zu Hause anrufen und fragen, ob es okay ist.«

»Jetzt verrat mir endlich, wer sich um die Hunde und das Pferd kümmert«, bat Jill. »Du hast gemeint, es wäre eine lange Geschichte.«

Eine unbehagliche Stille entstand. Sie schien für ein paar Sekunden über dem Tisch zu hängen und Norma war es nicht, die sie brach.

»Ich hab einfach ein Problem damit, mir vorzustellen, was an einem Hundesitter so schwierig sein soll«, erklärte Jill.

»Es könnte merkwürdig für dich sein, wenn du erfährst, um wen es sich handelt.«

»Ich kann mir wirklich nicht vorstellen, warum.«

»Weil es Jakes Frau ist. Also seine Ex-Frau. Nun … getrennt lebende Frau, denke ich. Scheidungen brauchen Zeit.«

»Moment. Die, die er zu erwürgen versucht hat?«

»Genau die.«

»Das *ist* merkwürdig.«

»Hab ich ja gesagt.«

»Woher kennst du sie? Du bist nicht irgendwie mit Jake in Kontakt geblieben, oder?«

»Nein! Natürlich nicht. Ich kenne den Kerl nicht mal. Ich hab ihm den Kopf zurechtgesetzt, als er einmal im Pub war, und ansonsten hab ich kein weiteres Wort mit ihm gewechselt. Wanda …«

Sie verstummte und Jill übernahm.

»Das ist seine Frau? Die, die er umbringen wollte? Wanda?«

»Richtig. Ich hab sie tatsächlich schon gekannt, bevor sie Jake kennengelernt hat.«

»Aber wie?«, wollte Jill wissen und zog das letzte Wort in die Länge, sodass es wie ein Heulen klang. Es war das erste Mal, dass sie sich verstört anhörte, wobei Norma das Gefühl hatte, dass das schon die ganze Zeit da gewesen war und bloß darauf gewartet hatte, an die Oberfläche zu dringen. »Das kann doch nicht alles einfach Zufall sein.«

»Nein, nicht wirklich. Ist es auch nicht. Nachdem ich dich zu deinen Eltern gebracht hatte, ist die ganze Sache rund um dein Verschwinden regelrecht explodiert. Was du bestimmt weißt. Was du allerdings vermutlich nicht weißt, ist, dass Sloot das Epizentrum des ganzen Wahnsinns geworden ist. Und davon hat der Pub ziemlich viel abbekommen, weil sich rumgesprochen hatte, dass ich Teil des Suchtrupps war. Also haben all diese Leute sich nicht nur auf dem Zeltplatz herumgetrieben, sondern haben auch im Pub abgehangen. Einige waren Journalisten, aber einige waren auch aus Sensationslust da, weil sie von dem Fall förmlich besessen waren. Wer weiß schon, warum Leute von etwas besessen sind? Jake war immer noch auf dem Zeltplatz und alle wollten, dass er sich zu der Sache äußert. Wanda ist per Anhalter angereist, den ganzen Weg von Connecticut nach Sloot.«

»Aber warum?«, fragte Jill. Ihre Stimme hörte sich leise an, klang jedoch weiter angespannt.

»Ich glaube, sie hatte das Gefühl, dich irgendwie zu kennen. Sie hat sich wohl mit dir identifiziert oder so. Tatsächlich hatte sie dann Gelegenheit, mit Jake zu sprechen, aber natürlich hatte ich gehofft, dass sie einfach nur seine Seite der Geschichte hören wollte. Dass es sich nicht so entwickeln würde, wie es dann aussah.«

Eine Weile aßen sie schweigend weiter. Mehrere Minuten lang. Norma war froh darüber, denn das Essen schmeckte zu gut, als dass man es hätte kalt werden lassen sollen.

»Ist es nicht seltsam, dass Frauen so was tun?«, fragte Jill schließlich leise.

»Sich in den falschen Typen verlieben?«

»Einige Frauen. Ich meinte bloß einige Frauen. Ich wollte keinesfalls sagen, dass alle Frauen so sind.«

»Ich hab das schon verstanden.«

»Und hör mich nur über ›einige Frauen‹ reden, als könnte ich das überhaupt nicht nachvollziehen. Dabei habe ich selbst genau denselben Fehler begangen.«

»Ich hab das auch getan«, gab Norma zu. »Doch wir haben es nicht gewusst. Sie wusste deutlich besser darüber Bescheid, auf was sie sich einließ.«

»Ich bin da mehr oder weniger versehentlich hineingeraten«, beteuerte Jill. »Aber dann bin ich geblieben. Alles, was ich sagen will, ist, dass es mir nicht zusteht, über andere ein Urteil zu fällen. Was meinst du, warum hat sie es getan?«

»Ich habe keine Ahnung.«

»Ich dachte nur, du wüsstest es vielleicht.«

»Wie kommst du darauf?«

»Weil du Norma bist. Irgendwie hab ich den Eindruck, du bist diejenige, die das Leben versteht. Das hab ich schon immer gefunden. Das ist vermutlich ein weiterer Grund, warum ich mir dich zum Vorbild nehme. Du weißt schon. Das Haus mitten im Nirgendwo, die Pferde und der Hund. Ich glaube, ich hab gedacht: Wenn Norma sich das so ausgesucht hat, dann muss es die richtige Wahl sein.«

»Man sollte Leute nie auf ein Podest stellen«, entgegnete Norma. »Das ist für keinen der Beteiligten gut. Ich weiß nicht alles. Ich hab lediglich mehr Lebenserfahrung als du. Hab ein paar Sachen auf die harte Tour gelernt. Lass dieses ganze ›Norma weiß, wie es läuft‹-Ding bitte sein, denn in dem Punkt werde ich dich enttäuschen müssen.«

»Wie wäre es mit: ›Norma weiß eine Menge‹? Würdest du das eher gelten lassen?«

»An manchen Tagen vielleicht schon«, erwiderte Norma. »Nicht grundsätzlich. Entweder hat Wanda nicht geglaubt, was über Jake erzählt wurde, oder vielleicht hat sie sich eingeredet, die Tatsache, dass er dich misshandelt hat, würde nicht bedeuten, dass er es bei ihr ebenfalls tut. Typischer Anfängerfehler.«

Sie schwiegen, bis Jill aufstand und begann, das Geschirr abzuräumen.

Dann sagte sie: »Das ist der Grund, warum ich bislang darauf verzichtet habe, mir einen neuen Freund zu suchen.«

»In den letzten fünf Jahren hattest du keinen Freund?«

»Du ja auch nicht, oder?«

»Nein. Doch das ist was anderes. Ich war Ende vierzig, als ich meinen Ehemann verlassen habe. Ich hatte zwei Kinder. Du hingegen stehst in der Blüte deines Lebens. Das ist deine Jugend.«

Jill stellte ein paar Teller in die Spüle. Vermutlich energischer, als sie vorgehabt hatte. Sie kam zurück, nahm Norma gegenüber am Tisch Platz und seufzte.

»Ich hab Angst, dass ich mir am Ende wieder den Falschen aussuche, Norma. Weil man das am Anfang nicht wissen kann. Ich meine, außer in Wandas Fall. Du hast es selbst gesagt. Wenn man jemanden kennenlernt, warnt der einen nicht vorab: ›Nur dass das klar ist, ich werde dich schlagen.‹ Wie also soll man das wissen?«

»Vielleicht tut man das nicht«, räumte Norma ein. »Vielleicht weiß man nicht, auf was man sich einlässt, und begeht einen Fehler. Aber das ist der Unterschied: Diesmal würdest du nicht bleiben.«

»Hm«, antwortete Jill. »Das ist tatsächlich das Einzige, was je jemand zu mir gesagt hat, was dafür sorgt, dass ich mich besser fühle.«

Kapitel Siebzehn

Mein Mordprozess

»Ich vermute, wir sollten darüber reden«, erklärte Jill. Sie musste den Kopf drehen und lauter sprechen, damit Norma sie hören konnte.

Sie ritten an einem bewaldeten Abhang entlang, Jill auf ihrer Stute, dahinter Norma auf dem großen Wallach mit dem hellen Fell. Wenn sie die Augen nach rechts wandte, konnte sie eine Wasserfläche unterhalb von ihnen erkennen, möglicherweise ein Stausee, der wie ein stilisierter Drache glitzernd in der Sonne lag.

»Über deinen Mordprozess?«, fragte Norma.

»Genau.«

»Deshalb sind wir ja hier, denke ich.«

Aber die Gelegenheit dazu erhielten sie erst einmal nicht.

Denn just in diesem Moment schien die Stute förmlich zu explodieren. Sie stieg, sprang dann mit allen vier Beinen gleichzeitig in die Luft. Als ihre Hufe wieder den Boden berührten, wirbelte sie herum und stürmte auf Norma und den Wallach zu.

Es war ein schmaler Pfad, auf dem kein Platz für ein zweites Pferd war. Es war eine dieser wirklich problematischen

Situationen, in die ein Pferd einen ohne die geringste Vorwarnung versetzen konnte.

»Ruhig«, sagte Norma zu ihrem Pferd.

Es tänzelte nervös, vertraute ihr jedoch und behielt die Nerven.

Und Jill … Jill reagierte wie eine erfahrene Reiterin. Sie zog an einem Zügel und brachte den Kopf der Stute herum, wendete ihr Pferd. Dadurch war schon mal die Gefahr gebannt, dass die Tiere zusammenstießen. Aber die Stute war immer noch in Panik, drehte sich wie wild auf dem schmalen Weg. Jill presste ihre Schenkel an den Bauch des Pferdes und hielt sich im Sattel, bis sich die Stute, den Kopf dicht an der schweißnassen Brust und mit geblähten Nüstern, praktisch auf der Stelle bewegte.

»Hör auf«, schrie Jill ihr Pferd an. »Hör auf mit dem Quatsch. Sofort!«

Endlich beruhigte sich die Stute wieder.

Jill wendete sie erneut und folgte wieder dem Pfad.

Norma atmete erleichtert auf und ritt auf ihrem Wallach hinter ihr her.

»Was hat sie erschreckt?«, fragte sie Jills Rücken.

»Ein Reh.«

»Das kann für Pferde schwierig sein. Besonders wenn sie nicht daran gewöhnt sind.«

»Hier begegnet einem jeden Tag Wild«, erwiderte Jill. »Sie hat nur nach einem Vorwand Ausschau gehalten. Sie hasst es, zu führen.«

»Warum hast du das nicht gesagt? Ich kann gern vorausreiten.«

»Das solltest du nicht tun müssen.«

»Stört es Grady, vorne zu gehen?«

»Nein. Es könnte ihn nicht weniger interessieren.«

»Was ist dann das Problem?«

Sie folgten dem Weg schweigend weiter, bis sie an eine breitere Stelle kamen. Jill lenkte ihr Pferd nach rechts und Norma ritt an ihr vorbei. Schon bevor sie sie ganz überholt hatten, sah Norma, dass die Stute den Kopf senkte, und hörte ein tiefes Seufzen.

»Du bist eine gute Reiterin geworden«, stellte sie fest.

»Es freut mich, dass du das findest. Ich meine … du kannst das ja beurteilen.«

»Stimmt. Die meisten Reiter wären eben abgeworfen worden, doch du hast das wie ein Profi gemeistert.«

»Danke«, antwortete Jill. »Ich wollte, dass du mich für eine gute Reiterin hältst. Darum wollte ich dich auch nicht bitten, die Führung zu übernehmen.«

»Ein guter Reiter berücksichtigt die Grenzen seines Pferdes. Gute Reiter vermeiden Probleme und bewältigen die, die sich nicht umgehen lassen. Es ist wie alles andere im Leben.«

»Ich weiß nicht, was ich wegen Jake unternehmen soll.«

»Das verstehe ich.«

»Ich meine, ich habe buchstäblich keine Ahnung. Ich zerbreche mir den Kopf und komme zu keinem Ergebnis. Ich kann einfach nicht erkennen, was richtig ist.«

»Du weißt, was richtig ist«, erklärte Norma. »Du musst nur entscheiden, ob du stark genug bist, es zu tun.«

»Ich bin mir da nicht so sicher. Ich meine, es gibt ›richtig‹ im Sinne von … Gerechtigkeit und was tatsächlich passiert ist. Aber ich muss auch in Betracht ziehen, was richtig für mich und mein Leben ist. Er hat es schon einmal aus den Angeln gehoben.«

»Nur damit das klar ist: Ich werde deine Entscheidung akzeptieren und respektieren, wie auch immer sie ausfällt.«

Für eine längere Weile erhielt sie keine Antwort von Jill.

»Das hast du gewusst«, sagte Norma. »Oder?«

»Nicht wirklich.«

»Du hast gedacht, ich würde deine Entscheidung nicht respektieren?«

»Ich hab geglaubt, du würdest wollen, dass ich so stark bin wie du.«

»Niemand ist immerzu stark.«

»Schließlich bist du den ganzen weiten Weg hergefahren, um mich dazu zu bringen, etwas zu tun.«

»Ich habe mich auf den Weg zu dir gemacht, damit du eine Entscheidung triffst. Weil ich nicht mit mir selbst im Reinen sein kann, wenn ein Kerl für einen Mord ins Gefängnis kommt, von dem ich ganz genau weiß, dass er ihn nicht begangen hat, und ich nicht einmal den Versuch unternommen habe, das zu verhindern. Doch es ist deine Entscheidung, nicht meine. Was auch immer du beschließt, es liegt ganz allein bei dir. Wenn du damit leben kannst, kann ich das auch.«

»So einfach ist es nicht«, meinte Jill.

»Warum nicht?«

»Weil ich eine Norma-typische Entscheidung treffen muss. Ich muss das richtig hinkriegen.«

»Lass es eine Weile auf dich wirken«, entgegnete Norma. »Wir haben das ganze lange Wochenende, um darüber nachzudenken.«

* * *

»Ich weiß, wie du seine Frau kennengelernt hast und so«, erklärte Jill. »Aber ich verstehe nicht, weshalb sie bei dir zu Hause ist und sich um deine Hunde kümmert.«

Sie saßen auf niedrigen Campingstühlen vor dem Häuschen, im Schatten eines Baumes, durch dessen Blätter der Wind fuhr, immer wieder den Blick in den Himmel freigab und ihn wieder verdeckte. Jills Hund saß neben Norma, hatte den schweren, großen, braun-weißen Kopf auf ihrem Knie abgelegt und schien in der Position eingeschlafen zu sein.

Norma trank ein Glas Limonade, die Jill zubereitet hatte, indem sie ein paar Zitronen vom Baum hinter dem Haus gepflückt hatte. Das Glas war mit zwei Zweigen Minze dekoriert, die in üppigen Büscheln wild unter dem Wasserhahn neben dem Haus wuchs.

»Okay«, begann Norma. »Es war so. Eines Abends hat sie nach meiner Schicht auf mich gewartet und erzählt, sie habe eine Mitfahrgelegenheit nach Connecticut. Das war zu der Zeit, als Jake alles zusammengepackt hatte, um den Zeltplatz in Sloot zu verlassen. Sie kam zum Pub, um sich zu verabschieden. Dabei ist sie nicht gleich damit rausgerückt, dass sie mit Jake fahren wollte, doch ich hab ihn im Auto sitzen sehen, während sie mit mir gesprochen hat. Sie hat mir geschworen, sie habe nicht vor, sich auf irgendwas mit ihm einzulassen, aber ich konnte erkennen, woher der Wind wehte. Ich habe sie gewarnt, sie sei dabei, einen Riesenfehler zu begehen. Und dann, nachdem das Ganze passiert war, ist sie bei mir aufgetaucht, um mir zu sagen, dass ich recht gehabt und sie besser auf mich gehört hätte. Und außerdem … weil sie vermutlich Unterstützung und Rat gebraucht hat. Sie hat sonst niemanden.«

Norma schwieg, versuchte zu entscheiden, ob sie auch die letzte Information weitergeben sollte. Sie beschloss, es zu tun, da Wanda durch nichts angedeutet hatte, dass es ein Geheimnis bleiben sollte.

»Sie ist schwanger«, fügte sie also hinzu. »Im Moment ist sie sich noch nicht darüber im Klaren, ob sie das Baby kriegen sollte oder nicht, weil sie ja ganz allein ist.«

»Irgendjemanden muss sie doch haben«, meinte Jill.

»Nicht wirklich. Du weißt, wie es ist, wenn man in einer Beziehung mit jemandem wie Jake ist. Männer wie er kappen alle Verbindungen zu anderen Menschen.«

»Aber ihre Eltern würden sie doch sicherlich bei sich aufnehmen.«

»Nein, *deine* Eltern würden das bei *dir* tun, aber nicht alle Eltern sind so gestrickt. Ihre Eltern haben sich von ihr losgesagt.«

»Wirst du ihr helfen?«

Jills Stimme klang reserviert, vielleicht auch ein bisschen besorgt.

»Wenn es keine andere Option gibt, vermutlich schon.«

»Trotzdem kann sie ja nicht bei dir in deinem Haus leben. Du könntest es nicht ausstehen, wenn jemand mit dir da wohnt. Oder?«

»Um Himmels willen, nein. Betty hat ein Zimmer frei und sie ist verrückt nach Babys, flippt bei ihnen immer völlig aus. Sie hat vier eigene erwachsene Kinder, doch sie wartet schon auf Enkel, bislang allerdings vergebens. Und es sieht nicht so aus, als würde sich daran bald etwas ändern.«

Sie saßen mehrere Minuten lang schweigend da. Norma trank ihre Limonade, kaute auf einem Zweig Minze und verfolgte das Spiel von Licht und Schatten vor ihren Augen.

Dann sagte Jill: »Ist es schlimm, dass ich ein bisschen eifersüchtig auf sie bin?«

»Du meinst, weil ich ihr helfe?«

»Weil du sie unter deine Fittiche nimmst, wie es sonst Eltern tun.«

»Süße, ich bin alt genug, um eure Großmutter zu sein.«

»Okay, dann so, wie es Großeltern tun.«

»Dich hab ich auch unter meine Fittiche genommen und dir geholfen.«

»Ja, aber das ist jetzt vorbei. Egal, das ist dumm von mir. Und missgünstig. Und kindisch. Außerdem bin ich ein bisschen eifersüchtig auf sie, weil sie mit meinem Ex verheiratet war. Was wirklich verrückt ist, denn ich will ihn auf keinen Fall zurück. Und er hat sie beinah umgebracht.«

»Gefühle scheren sich nicht um Tatsachen.«

»Trotzdem, ich bin verrückt.«

»Du bist ein Mensch«, verbesserte Norma sie. »Und es ist nicht so, als hättest du da viele andere Möglichkeiten.«

* * *

Norma lag im Dunkeln in Jills Bett. Jill selbst hatte sich auf der Couch im Wohnzimmer ausgestreckt. Die Tür zwischen ihnen stand offen und Norma wusste nicht, ob Jill schlief oder wach war, bis sie zu sprechen begann.

»Meine größte Angst ist, dass ich mich melde und die Mordanklage fallen gelassen wird und sie ihn nur zu einer Freiheitsstrafe auf Bewährung verurteilen für den versuchten Totschlag an … Wie hieß sie noch mal?«

»Wanda.«

»Genau. Wanda. Was, wenn die Jury ihn aus irgendeinem Grund für nicht schuldig hält?«

»Es gab mehrere Zeugen und die brutalen Male am Hals der armen Frau. Insofern ist es sehr unwahrscheinlich, dass eine Jury ihn ungeschoren davonkommen lassen würde. Obwohl … Hör zu, ich werde dir ganz bestimmt nicht weiszumachen versuchen, dass absolut nichts schieflaufen könnte. Du kennst mich. Ich bin Realistin. Dennoch stehen seine Chancen, nicht verurteilt zu werden, denkbar schlecht. Die Kombination aus der Tatsache, dass du dich versteckt hast, damit er dich nicht findet und umbringt, und der Tatsache, dass er versucht hat, die Partnerin umzubringen, die er finden konnte … Das ist eigentlich hieb- und stichfest.«

»Aber was, wenn er nur ein oder zwei Jahre ins Gefängnis muss? Wenn er rauskommt, könnte er mich aufspüren.«

»Ich denke, wenn das passiert, solltest du dir mit deinen Eltern überlegen, wie man deine Sicherheit am besten gewährleisten kann. Ihn vielleicht überwachen lassen oder einen Bodyguard für dich anheuern. Es ist nicht leicht für mich, dir einen guten Rat zu geben, weil es keine Garantien gibt. Du weißt, wie das ist im Leben. Und kannst du dir vorstellen, wie furchtbar ich mich fühlen würde, wenn dir etwas zustößt? Ich werde dir sagen, was Wanda mir erzählt hat. Sie hat mir erklärt, er sei etwa zweieinhalb Jahre lang komplett besessen von dir gewesen. Er hat überall im Internet nach dir gesucht, um rauszufinden, ob irgendwo eine Spur von dir auftaucht. Und dann, nach einer Weile, war es plötzlich vorbei. Besessenheit ist merkwürdig. Sie ist so mächtig, solange sie andauert, aber irgendwann hört sie auf. Das glaubt man nicht, doch so ist es. Auch Besessenheit muss gefüttert werden.«

Ein paar Augenblicke lang antwortete Jill nicht. Norma hatte die Hände hinter dem Kopf verschränkt, starrte durch das Fenster zu dem schmalen Halbmond, der über den Bäumen hing. Er sah beinahe so aus, als sei er an den Himmel gemalt worden, wie eine Kulisse in einem alten Film.

Normas Magen war unruhig. Sie fragte sich direkter als zuvor, ob es falsch von ihr gewesen war, Jill vor diese Wahl zu stellen.

»Wenn ich gegen ihn aussage«, meinte Jill, »dann füttert sie das am Ende noch. Es könnte sie wieder wecken. Und vermutlich wird man von mir wollen, dass ich unter Eid aussage. Du weißt schon, darüber, wie er mich behandelt hat, als wir zusammen waren. Womöglich glaubt er sogar, dass ich mein Versteck nur verlassen habe, um gegen ihn auszusagen. Damit er für das, was er getan hat, bestraft wird. Und das macht ihn vielleicht wütend.«

»Oder er denkt sich, du hättest dein Versteck verlassen, damit er nicht für etwas verurteilt wird, was er nicht getan hat.«

»Jetzt bin ich komplett verwirrt.«

»Es ist eine sehr komplizierte Ausgangslage.«

»Ich bin mir nicht sicher, was das für mich bedeutet. Entscheidungsmäßig.«

»Na ja«, begann Norma und sprach weiter, während sie noch überlegte. »Vielleicht wäre eine Möglichkeit, dass ich zum Bezirksstaatsanwalt gehe und ihn wissen lasse, du bist nicht tot. Natürlich nur, sofern du dich für diesen Weg entscheidest. Ich könnte dich als noch am Leben ›outen‹ und wir könnten es so aussehen lassen, als ob ich es gegen deinen Willen getan hätte. Und dann könntest du dich weigern auszusagen und erst vor Gericht erscheinen, wenn man dir mit Beugehaft droht. Was sie vermutlich irgendwann tun werden. Aber auf diese Weise könntest du ganz klar zeigen, dass du nicht freiwillig gegen ihn aussagst.«

»Vermutlich schon«, antwortete Jill. »Das ist wohl besser als die Alternative. Besser, als wenn er denkt, ich sei darauf aus, ihm zu schaden. Doch dann habe ich die Sorge … Was, wenn er das als Zeichen wertet, dass ich noch Gefühle für ihn habe?«

»Oh«, erwiderte Norma. »Daran hatte ich gar nicht gedacht.«

»Warum ist das Leben bloß so kompliziert?«

»Ich will verdammt sein, wenn ich das weiß.«

Eine Weile lagen sie stumm im Dunkeln. Norma hatte keine Ahnung, wie lange. Vielleicht war sie sogar ein oder zwei Minuten eingedöst.

Als Jill wieder zu reden begann, zuckte sie unwillkürlich zusammen.

»Hast du eigentlich eine Vorstellung davon, wie viele Frauen und Mädchen jedes Jahr als vermisst gemeldet werden? Wie viele im Moment vermisst werden? Also, wirklich vermisst, nicht so wie ich.«

»Leider ja.«

»Die meisten Leute wissen das gar nicht.«

»Stimmt. Und früher mal galt das auch für mich. Aber dann habe ich beschlossen, mich in meiner freien Zeit der Suche nach Vermissten zu widmen. Und das öffnet einem die Augen ziemlich rasch.«

»Ich habe darüber nachgelesen. Seit fünf Jahren habe ich mich praktisch in Statistiken zu Vermisstenmeldungen vergraben. Und in echten Fällen. Von echten Menschen. Statistiken kann man so viel leichter verdauen. Das sind bloß Zahlen. Wobei manchmal sogar die Zahlen schon erschütternd sind. Allein die von Frauen und Mädchen aus den indigenen Bevölkerungsgruppen Nordamerikas treiben einem die Tränen in die Augen. Und du ahnst, warum ich das anspreche, oder?«

»Weil niemand darüber redet. Niemand weiß auch nur davon.«

»Richtig. All diese Tausende Frauen und Mädchen werden vermisst, ohne dass irgendjemand ihnen Beachtung schenkt, weil alle viel zu sehr damit beschäftigt sind, sich auf mich zu konzentrieren. Hast du eine Ahnung, wie ich mich dabei fühle?«

Norma dachte kurz darüber nach, bevor sie antwortete.

»Nein, genau genommen nicht.«

»Schuldig. Ich fühle mich schuldig. Und ich kann mir nicht einmal vorstellen, wie sich die Eltern dieser Mädchen fühlen müssen. Denn es ist so, als ob die Presse und die Öffentlichkeit beschlossen hätten, dass ich wichtiger sei. Warum sollte ich wichtiger sein? Wegen meiner blonden Haare und blauen Augen? Weil ich besser zu ihrer Definition von ›hübsch‹ passe? Wenn du wüsstest, wie anders alles für mich mit braunem Haar und braunen Augen ist …«

»Du wolltest etwas darüber sagen, als ich hier angekommen bin. Du hast erklärt, es sei merkwürdig.«

»Es *ist* merkwürdig. Es ist komplett anders. Zwar ist es nicht so, dass Männer mich nie so behandeln, als wäre ich hübsch. Sondern … sie brauchen mehr Zeit, bis es ihnen auffällt.

Früher war das eine automatische Reaktion. Sie war sofort da. Sie haben mich angeschaut und irgendwelche Knöpfe wurden gedrückt. Eigentlich mag ich es so sogar lieber. Ich fühle mich sicherer. Aber ich finde es trotzdem merkwürdig.«

»Besonders da die große Mehrheit der Frauen auf der Welt weder blond noch blauäugig ist.«

»Das ist einfach ein furchtbares System. Es ist schrecklich für die andern, doch für mich ist es auch nicht gut. Da gibt es keinen Gewinner. Es ist wie das, was du vorhin gesagt hast: dass man dich nicht auf ein Podest stellen soll. Dass das schlecht ist für alle, die da mit drinhängen. Und dann haben wir über Frauen und Mädchen gesprochen und all die Männer und Jungs ignoriert, die vermisst werden. Als ob die Mädchen wichtiger wären, weil sie hilflos und zerbrechlich sind, was absolut frauenfeindlich ist, wenngleich es auch eine gewisse Wahrheit enthält, denn Frauen werden ja tatsächlich häufiger geschlagen und vergewaltigt und entführt und umgebracht. Trotzdem ist diese Statistik für den betroffenen Mann oder Jungen natürlich kein Trost.«

Sie hielt einen Moment inne, beinahe als sei sie außer Atem. Norma wusste jedoch, das war nicht wirklich der Fall. Ihr war zwar etwas ausgegangen, aber es war nicht der Sauerstoff.

»Was ist das für eine Welt, in der wir leben, Norma?«

»Es ist die Welt, mit der wir klarkommen müssen«, entgegnete Norma. »Denn eine andere haben wir nicht.«

Kapitel Achtzehn

Die Echten

Als Norma am nächsten Morgen in die Küche kam, sah sie Jill gerade durch die Hintertür nach draußen gehen.

»Erst die Pferde«, erklärte Jill. »Dann bereite ich unser Frühstück zu.«

Norma saß eine Weile am Tisch und beobachtete durch das Fenster, wie Jill Heuballen heranschleppte und über den Zaun bugsierte, dann Getreide abmaß und in Futtereimer füllte. Während sie ihr dabei zuschaute, konnte sie das zufriedene Kauen des Hundes hören, der in der Ecke sein Trockenfutter fraß. Von der Kaffeemaschine ertönte ein leises Zischen und Tropfen.

Sie verspürte ein merkwürdiges Gefühl, das sie einfach eine Zeit lang wahrnahm, ohne es genauer zu analysieren. Als sie das schließlich doch tat, entschied sie, dass es sich wohl um Bewunderung handelte.

Jill kehrte in die Küche zurück.

»Sorry«, sagte sie.

»Entschuldige dich niemals dafür, dass du dich erst um die Tiere kümmerst. Wir haben sie so gezüchtet, dass sie bei allem auf uns angewiesen sind. Für ihr nacktes Überleben. Das bedeutet eine Menge Verantwortung, und jeden, der diese Verantwortung nicht ernst nimmt, möchte ich gar nicht näher kennenlernen.«

»Ich mach uns Pancakes und Eier.«

»Gut.«

Norma saß da und sah Jill mehrere Minuten lang beim Kochen zu. Dann beschloss sie, dass sie das, was sie dachte, besser aussprechen sollte. Selbst wenn es meist einfacher war, solche Dinge unausgesprochen zu lassen.

»Du bist eine ganz wunderbare junge Frau geworden«, verkündete sie.

Jill, die gerade den Teig für die Pancakes verquirlte, verhielt mitten in der Bewegung.

»Warum sagst du das?«

»Du klingst überrascht. Findest du selbst das denn nicht?«

Jill stand mit dem Rücken zu ihr, daher war es Norma unmöglich, ihre Reaktion einzuschätzen.

»Ich hatte wohl insgeheim gehofft, dass du mir verraten würdest, welche Beobachtung dich zu dieser Einschätzung gebracht hat.«

»Oh. Okay. Dann schauen wir mal. Du hast zuerst die Tiere versorgt.«

Jill wandte den Kopf ein wenig, sodass Norma ihr kleines Lächeln erkennen konnte.

»Ich hab mir schon gedacht, dass dir das gefallen würde.«

»Aber du tust das ja auch, wenn ich nicht hier bin, oder?«

»Natürlich.«

»Das, was ich aufzähle, sind erst mal die kleinen Dinge. Zu den größeren komme ich gleich. Eine weitere Sache ist, wie du gestern reagiert hast, als sich dein Pferd erschreckt hat. Das klingt erst mal nicht so, als hätte es etwas mit dem Charakter zu tun, oder zumindest würde es das für jemand, der sich nicht mit

Pferden auskennt, nicht tun. Aber wenn zwei Leute auf einem schmalen Weg hintereinanderreiten, kann immer jemand verletzt werden. Menschen wollen nett zu ihren Pferden sein und da bin ich voll und ganz dafür, doch in dem Augenblick, ohne Vorwarnung und ohne Zeit dafür, dir genau zu überlegen, was du tust, hast du instinktiv gewusst, dass es deine Aufgabe ist, dafür zu sorgen, dass niemandem etwas passiert. Und nicht nur den Menschen, denn die Pferde wären ebenfalls in Gefahr gewesen, wenn du nicht so geistesgegenwärtig gehandelt hättest. Man muss sich fragen: Ist es wirklich gut für das Pferd, wenn man zu nachlässig und gutmütig mit ihm ist? Du hast gewusst, dass es deine Aufgabe ist, die Führung zu übernehmen. Darauf zu bestehen, dass deine Stute sich dir fügt und deinem Willen unterordnet. Im Grunde genommen unterscheidet sich das gar nicht so sehr von Eltern, die verhindern müssen, dass ihr Kind auf die Straße rennt. Manchmal weiß ein Erwachsener einfach mehr. Wie auch immer, du hast in einer schwierigen Situation gute Instinkte bewiesen.«

»Danke«, erwiderte Jill.

Sie wandte sich wieder dem Teig zu.

»Was war die große Sache?«, wollte sie nach einer Weile wissen.

»Die Tatsache, dass du dich in das Thema Vermisstenfälle eingelesen hast. Die Tatsache, dass du darüber sauer bist, dass die Welt dein Verschwinden ganz offensichtlich als wichtiger einstuft als das anderer Personen. Es ist ein Privileg, derjenige zu sein, dem die Öffentlichkeit gewogen ist. Natürlich versichert man dir, das sei nicht so, weil die Leute nicht glauben wollen, dass tatsächlich irgendein Privileg existiert. Sie erkennen es nicht. Aber du erkennst es. Du erkennst, dass niemand über indigene Frauen und Mädchen redet. Genauso wie bekannt ist, dass auch Jungs und Männer vermisst werden, doch die Öffentlichkeit hat mehr Mitgefühl mit Frauen und Mädchen.

Du zeigst echtes Mitgefühl für alle. Echtes Mitgefühl erstreckt sich auf jeden in einer bestimmten Situation. Das, das vornehmlich für einen selbst und Menschen wie man selbst reserviert ist, ist hingegen unaufrichtig.«

»Danke«, sagte Jill erneut. »Das bedeutet mir eine Menge, da es von dir kommt.«

»Dann freut es mich, dass ich es dir erzählt habe.«

»Weißt du, ich habe immer noch nicht entschieden, was ich tun soll.«

»Das weiß ich, ja.«

»Und du hast gesagt, du würdest mich deswegen nicht verurteilen.«

»Und das tue ich auch nicht«, bestätigte Norma.

* * *

»Oh, da fällt mir was ein«, meinte Norma, während Jill das Geschirr vom Frühstück abräumte. »Ich muss mein Handy aus dem Wagen holen. Ich muss Wanda anrufen und ihr mitteilen, wann ich wieder heimkomme. Falls der Akku nicht leer ist. Vielleicht muss ich es erst laden.«

»Du hast dich noch gar nicht bei ihr gemeldet?«

»Nein. Ich hab ihr ja gesagt, dass ich für ein paar Tage weg sein würde. Aber ich sollte ihr Bescheid geben.«

»Nun, wenn du dein Handy angelassen hast und es nicht im Flugmodus war, wird es jetzt tot sein. Hier draußen gibt es kaum Empfang, sodass die Handys bei der Suche nach einem Signal jede Menge Strom verbrauchen.«

»Das klingt vertraut«, stellte Norma fest.

Jill stand an der Spüle und wusch Teller und Tassen ab, bevor sie sie auf das Abtropfgitter stellte. Sie trocknete sich die Hände an einem dunkelroten Handtuch ab, das mit Sternen und Cowboystiefeln bedruckt war. Sie nahm das Festnetztelefon aus der Basisstation und reichte es Norma.

»Hier, benutz das. Ich habe eine Flatrate.«

»Danke«, erwiderte Norma.

Sie nahm das Telefon und tippte ihre Nummer zu Hause ein.

Es klingelte dreimal.

»Mist«, bemerkte Norma, mehr oder weniger an Jill gewandt. Vielleicht mehr an sich selbst. »Ich hoffe, sie geht ans Telefon. Wir haben nicht darüber geredet, ob sie das tun soll, wenn es klingelt.«

»Hallo?«, meldete sich eine zögernde Stimme. Es klang mehr wie eine Frage.

Es war schwer, sich vorzustellen, dass das Wanda war. Es hörte sich wie ein kleines Mädchen an.

»Wanda?«

»Oh, gut, du bist es.« Die Stimme war jetzt deutlich lauter und kräftiger. »Ich war mir nicht sicher, ob es richtig ist, den Hörer abzunehmen. Doch dann habe ich mir gedacht, du könntest es sein.«

»Und so ist es ja. Ist bei dir alles in Ordnung?«

»Sogar besser als in Ordnung, Norma. Mir geht es richtig gut. Ich bin so glücklich. Und ich fühl mich so frei. Ich hatte gar keine Ahnung, wie unfrei ich war. Ich vermute, ich hatte mich so daran gewöhnt, dass es mir irgendwie gar nicht mehr aufgefallen ist. Oder vielleicht hatte ich es auch nie wirklich wahrgenommen. Ich weiß nicht. Es gibt zu viele Schichten im Gehirn und es ist schwer, das genau zu verstehen. Aber ich spiele schon die ganze Zeit Musik, die ich mag. Ihm hat die Musik, die ich mochte, nie gefallen, daher habe ich sie nicht mehr gehört. Doch jetzt kann ich das wieder. Das sind nur Kleinigkeiten, aber für mich sind sie riesig. Und ich kann sagen, was immer ich will, selbst wenn da niemand ist, zu dem ich es sagen kann, daher spreche ich mit den Hunden und dem Pferd. Bei denen ist übrigens alles bestens. Tut mir leid, dass ich so viel rede.«

»Kein Problem«, beruhigte Norma sie. »Es freut mich, dass du glücklich bist.«

In der Leitung herrschte kurz Stille. Jill wusch weiter das Frühstücksgeschirr ab. Das laufende Wasser und das Klappern von Porzellantellern und -tassen war das einzige Geräusch.

»Es gibt da noch jemanden, mit dem du sprechen solltest«, erklärte Norma. »Fahr heute raus zum Pub, trink eine Limo und unterhalt dich ein bisschen mit Betty. Du solltest sie unbedingt wissen lassen, dass du schwanger bist. Sie liebt Babys wie verrückt. Sie hat vier eigene Kinder, die inzwischen alle erwachsen sind, doch keins davon hat bisher eigenen Nachwuchs, was sie wahnsinnig macht. Außerdem hat sie ein freies Gästezimmer.«

»Oh«, antwortete Wanda und klang ein bisschen enttäuscht. »Okay. Vermutlich. Nur ... Ich kenne sie ja gar nicht. Dich hingegen kenne ich.«

»Du wirst sie kennenlernen, und lass dir versichern, sie ist viel netter als ich. Mit ihr kommt man außerdem viel besser aus als mit mir. Nicht dass das schwierig wäre. Hör zu, ich bin übermorgen wieder da, okay? Ich fahre hier morgen gegen Mittag los, aber ich werde unterwegs irgendwo übernachten müssen, sodass ich Montag zurück sein werde. Das mit der Familienangelegenheit dauert noch ein wenig. Und wenn du mit Betty sprichst, sag ihr, dass ich am Montagabend wieder arbeiten kann.«

»In Ordnung«, erwiderte Wanda. »Wir sehen uns dann.«

»Bye.«

Norma unterbrach die Verbindung und legte das Telefon auf den Tisch. Jill wusch immer noch ab, blickte dabei durch das Fenster über der Spüle. Vielleicht betrachtete sie ihre Pferde, vielleicht die Hügel in der Ferne. Oder vielleicht starrte sie auch einfach ins Leere.

Norma war ein wenig überrascht, als sie sprach.

»Ich konnte lediglich deinen Teil der Unterhaltung hören, daher habe ich nicht mitgekriegt, weshalb sie glücklich ist. Sag es mir nicht. Lass mich raten. Sie hat das Gefühl, als sei dieses Riesengewicht von ihr gehoben worden, weil niemand mehr da ist, der jede Bewegung von ihr kontrolliert. Nur dass sie gar nicht wusste, dass dieses Gewicht überhaupt da war – oder zumindest hat sie nicht gewusst, was für ein großes Gewicht es war –, bis es weg war.«

»Das fasst es ziemlich gut zusammen«, bemerkte Norma. »Ja.«

»Ich kenne das Gefühl.«

»Ich auch, leider.«

Ein kurzes Schweigen.

Dann meinte Jill: »Ich bin nicht mehr eifersüchtig auf sie. Jetzt habe ich einfach nur Mitleid mit ihr, wegen der Lage, in der sie sich befindet.«

»Und da haben wir einen weiteren Grund, warum ich glaube, dass du ein guter Mensch bist.«

Jill wusch sich die Hände, trocknete sie erneut mit dem bedruckten Handtuch ab und setzte sich Norma gegenüber an den Tisch.

»Noch Kaffee?«

»Nein, danke.«

»Tut mir leid, dass du lügen musstest.«

»Wann habe ich gelogen?«

»Du hast ihr gesagt, du müsstest eine Familienangelegenheit regeln.«

»Oh. Das. Das bereitet mir kein Kopfzerbrechen. Das stimmt ja, denn schließlich bist du irgendwie Familie.«

* * *

»Ich hab immer noch keine Ahnung, wie ich es am besten anstelle«, erklärte Jill.

Sie saßen wieder unter den Bäumen und tranken Eistee.

Norma hielt das für eine interessante Äußerung, weil es so klang, als ob Jill generell beschlossen hätte, es zu tun, und sich bloß noch nicht darüber im Klaren wäre, wie genau sie es umsetzen sollte.

»Mir geht das dauernd im Kopf herum. Wieder und wieder. Wie ich auf der Bildfläche auftauchen und bekannt geben kann, dass ich nicht tot bin. Nur was, wenn er dann denkt, ich würde versuchen, ihn irgendwie zu retten? Oder wenn er glaubt, ich wolle unbedingt gegen ihn aussagen, jetzt, wo er im Gefängnis ist und mir nichts anhaben kann? Und wenn er dann wütend wird? Oder vielleicht sogar annimmt, das hieße, dass ich ihn noch immer liebe, was ganz andere Probleme aufwirft. Und wenn *du* plötzlich verkündest, ich sei nicht tot … Nun, ich weiß nicht. Das ist einfach das Problem. Vielleicht denkt er, ich hätte zugelassen, dass sie ihn wegen Mordes verurteilen. Ach, ich weiß einfach nicht, was er denken wird.«

»Nun, wie auch immer, wenn *ich* es mache, ist die Chance geringer, dass er Rückschlüsse auf dich zieht. Wenn wir glauben, dass er sauer auf dich ist, weil es nicht du bist, die die Wahrheit enthüllt, können wir immer noch behaupten, dass du mich kontaktiert hast, um zu besprechen, ob du dich beim Bezirksstaatsanwalt melden solltest. Oder deine Eltern. Das ist nicht weiter wichtig. Wir können es auf jeden Fall so hinstellen, als sei es bereits angestoßen worden.«

»Stimmt.«

Eine Weile schwiegen sie. Norma schloss die Augen und konnte immer noch den Unterschied zwischen Licht und Schatten erkennen, während das Laub in den Zweigen über den Frauen hin und her wehte.

»Bekommst du dann Schwierigkeiten?«, erkundigte sich Jill. »Weil du mich gefunden und es nicht gemeldet hast?«

»Vielleicht. Aber das nehme ich in Kauf. Vorher hatte ich Angst, dass man mich dann nicht mehr an den Suchen teilnehmen lassen würde. Inzwischen bin ich allerdings bereit, damit aufzuhören. Vielleicht brummt man mir ein paar Stunden gemeinnütziger Arbeit auf oder so. Ich bezweifle, dass es schlimmer als das wird.«

»Das würdest du für mich tun?«

»Das hab ich doch bereits gesagt.«

»Ich wünschte nur, ich wüsste es vorher«, meinte Jill. »Man muss eine Entscheidung treffen, ohne eine Vorstellung davon zu haben, was sich daraus ergibt. Es ist, als wollte man in die Zukunft schauen, aber das klappt eben nicht. Man muss sich entscheiden und findet erst später raus, was man sich damit eingebrockt hat.«

»Genau«, bestätigte Norma, ohne die Augen zu öffnen. »Dafür gibt es ein Wort.«

»Wirklich? Verrat es mir. Oh, warte, vergiss es. Sag es nicht, ich weiß es. Das Wort ist ›Leben‹.«

Norma öffnete die Augen und sie blickten beide zum Blätterdach über ihnen.

»Woher hast du gewusst, dass ich das sagen wollte?«

»Weil ich dich kenne. Vorher *wollte* ich dich kennen. Ich wollte glauben, dass ich dich kenne, vielleicht sogar besser, als ich das getan habe. Doch jetzt fange ich an, dich wirklich kennenzulernen.«

Mehrere Minuten lang saßen sie schweigend da.

Dann verkündete Jill: »Gut, dann geh du zum Staatsanwalt und unterrichte ihn, dass ich nicht tot bin. Das ist meine Entscheidung.«

Norma sah zu ihr hinüber, betrachtete sie, ohne sich eine Regung anmerken zu lassen.

»Sehr gut.«

»Ich hoffe, das klingt jetzt nicht lächerlich. Oder ärgert dich. Irgendwie habe ich schon gespürt, wie die Antwort lauten würde, zumindest eine kleine Weile lang. Aber ich dachte, wenn ich es sage, dann stehst du auf und machst dich auf den Heimweg.«

»Nein«, entgegnete Norma. »Schließlich hab ich Wanda schon angekündigt, dass ich Montag heimkomme. Und wir haben es ja wirklich nett hier. Warum sollte ich da vorzeitig aufbrechen wollen?«

»Das ist schön«, erwiderte Jill und schien sich etwas zu entspannen. »Weißt du, als du sie vorhin angerufen hast … Du hast abgewartet, ob sie ans Telefon geht, weil du sie nicht gebeten hattest, das zu tun, wenn es klingelt. Und irgendwie habe ich sie mir in dem Moment vorgestellt, als versteckte sie sich. Als würde sie sich in deinem Haus verstecken, so wie ich es getan habe, als ich da war. Mit vorgezogenen Vorhängen. Wie sie stumm wartet und das Telefon klingeln lässt, als sei niemand zu Hause. Und dann hat sie sich gemeldet und mir ist klar geworden, dass sie sich ja gar nicht verstecken muss. Sie muss keine Angst haben, weil er im Gefängnis ist. Sie kann sich jetzt sicher fühlen.«

Norma spürte ein gewisses Zögern, eine Zurückhaltung in Jills Stimme, war sich allerdings nicht sicher, ob sie das richtig deutete.

»Fühlst *du* dich jetzt sicher?«

»Nicht wirklich«, sagte Jill. »Ich wünschte, ich würde das tun. Ich möchte es. Tu ich aber nicht.«

* * *

»Bist du wach?«, fragte Norma leise.

Sie lag in Jills Bett, schlief jedoch nicht. Jill war im Dunkeln ein Umriss auf der Couch.

»Ja«, entgegnete der Umriss. »Ich wollte dich gerade das Gleiche fragen. Aber dann musste ich darüber nachdenken, dass du morgen Nacht nicht mehr hier sein wirst und ich dich das nicht mehr werde fragen können.«

»Ich könnte ja noch mal zu Besuch kommen. Wenn es kein Geheimnis mehr ist, dass du am Leben bist, könnte ich dich sogar beliebig oft besuchen.«

»Oh«, antwortete Jill. »Stimmt. Daran hatte ich gar nicht gedacht. Was wolltest du sagen, als du mich eben gefragt hast, ob ich wach sei?«

»Nur … Ich weiß nicht. Es klingt vielleicht komisch, doch ich hatte meine Zweifel, weil du so tust, als seist du deine Cousine. Das scheint mir nicht die raffinierteste Geschichte zu sein. Es ist viel zu leicht aufzudecken.«

»Mein Dad hat sich ausgedacht, dass Cassie in England geboren wurde und erst kürzlich hergezogen ist. Und er hat einen echten Profi für die Papiere gefunden.«

»Ein bisschen Ahnenforschung würde das schnell auffliegen lassen.«

»Möglicherweise«, meinte Jill. Sie klang leicht beunruhigt. »Trotzdem hat es die ganze Zeit funktioniert. Ich glaub, die Polizei hat ihre Ermittlungen eingestellt, bevor ich zu Cassie wurde. Niemand hat sich das genau angeschaut. Sie haben uns einfach geglaubt.«

»Dann hattet ihr Glück. Und ich bin ein bisschen überrascht. Eigentlich hatte ich mir vorgenommen, nichts dazu zu sagen, denn ich wollte dir auf keinen Fall Angst machen, weil dich das am Ende beeinflusst und dazu gebracht hätte, mit der Wahrheit rauszurücken. Du weißt schon. Indem ich andeute, dass die Leute es ohnehin herausfinden werden. Aber jetzt hast du deine Entscheidung getroffen, daher ist es nicht länger wichtig. Du bist jedenfalls ein paarmal ganz schön knapp davongekommen.«

»Stimmt«, erwiderte sie. »Und du hast mir dabei geholfen.«

»Nun, falls es mal wieder nötig wird, melde dich. Du weißt, wo du mich findest.«

* * *

»Glaubst du, du wirst ihn sofort aufsuchen?«, fragte Jill.

Sie standen an der offenen Tür von Normas Pick-up. Keine von beiden wirkte so, als sei sie darauf versessen, den Besuch zu beenden.

»Den Staatsanwalt, meinst du?«

»Ja.«

»Ich denke schon«, antwortete Norma. »Das hängt davon ab, wie müde ich bin.«

»Okay. Ich wünschte trotzdem, ich wüsste, wie das enden wird.«

»Jap. So geht es uns wohl allen.«

Darauf folgte eine längere Stille, voller Bedauern.

»Du kannst wieder Jill sein«, erklärte Norma. »Wenn du das möchtest.«

»Da bin ich mir nicht sicher.«

»Das überrascht mich. Ich hab gedacht, es würde dich freuen.«

»Dieses nette Kompliment, das du mir gemacht hast. Dass ich ein guter Mensch geworden bin. Das galt Cassie, nicht Jill. Du hast nie irgendetwas in der Art über Jill gesagt.«

»Jill war jung und musste noch ein paar Sachen über die Welt lernen. Du bist ein guter Mensch geworden und das wird sich nicht ändern, egal, wie du dich nennst.«

Anstatt etwas darauf zu erwidern, warf sich Jill nach vorn und zog Norma an sich. Hielt sie lange im Arm.

»Ruf mich an«, sagte sie ihr ins Ohr und fügte dann schnell hinzu: »Oh, warte. Was denke ich nur? Du kannst mich nicht anrufen. Wenn du mich anrufen könntest, hättest du das schon längst getan.«

»Wir gehen mit unserer Geschichte jetzt ja an die Öffentlichkeit«, entgegnete Norma. »Das ändert alles.«

Jill trat aus der Umarmung zurück und stand einen Moment da, eine steile Falte zwischen den Brauen.

»Wow«, meinte sie. »Es wird eine Weile dauern, bis ich mich daran gewöhnt habe.«

Dann wandte sie sich zurück zur Hütte, blickte über ihre Schulter und winkte.

Norma stieg in ihren Pick-up und fuhr los.

Kapitel Neunzehn

Deine Wut interessiert das nicht

Norma war nur noch einen Katzensprung von der Staatsgrenze von Arizona entfernt, als sie das überwältigende Verlangen verspürte, ihren älteren Sohn anzurufen.

Sie tippte in ihrer Favoritenliste seinen Namen an, stellte das Telefon auf Lautsprecher und legte es auf die Sitzbank des Pick-ups.

Er ging ran. Das überraschte Norma. Sonst tat Neal das so gut wie nie.

»Hey, Mom«, sagte er. »Was gibt's?«

»Ich hab neulich versucht, deinen Bruder zu erreichen, doch er hat mich nicht zurückgerufen.«

»Rick reist gerade als Backpacker durch Europa.«

»Ach«, meinte Norma. »Das ist ja seltsam. Gehört das nicht zu den Dingen, die man als Collegestudent macht?«

»Nun, da hat er es nicht getan und ich schätze, er hatte das Gefühl, dass das Leben an ihm vorbeiziehen würde. Was ist los, Mom? Ist alles in Ordnung?«

Norma blickte auf das Display des Handys auf dem Beifahrersitz, als ob es einen Gesichtsausdruck hätte oder irgendetwas anderes, das ihr etwas verraten könnte. Dann schaute sie zur Sicherheit lieber wieder auf die Straße.

»So ziemlich«, erwiderte sie. »Alles ist so ziemlich okay. Ich schätze, ich habe mich nur so gefühlt, als würde das Leben an mir vorbeiziehen.«

»Du bist aber nicht krank, oder?«

»Oh, nein. Ich bin kerngesund. Ich werde allerdings nicht jünger, daher muss man die Ziellinie im Auge behalten und dafür sorgen, dass nichts Wichtiges ungesagt oder unerledigt bleibt. Natürlich könnte ich auch gut und gerne weitere dreißig Jahre oder mehr vor mir haben, doch man weiß ja nie. Hör mal. Ich möchte nicht alles durcheinanderbringen. Ich glaube, ihr Jungs seid ganz zufrieden damit, die Vergangenheit auf sich beruhen zu lassen, aber ich schleppe das schon lange mit mir herum und jetzt muss es mal ausgesprochen werden.«

»Okay«, antwortete Neal, wobei er das Wort in die Länge zog.

Aus dem Augenwinkel sah Norma große Kakteen an ihrem Auto vorbeirauschen und eine Böschungsmauer, die aus alten Reifen errichtet worden war. Und Hektar über Hektar blanker Erde.

»Ich habe euren Vater nie betrogen. Es gab keinen anderen Mann.«

Eine lange Stille.

»Also *hat* er es getan«, stellte Neal fest.

»Erschüttert dich das?«

»Nicht wirklich. Ich meine, man wird älter. Man wird erwachsen und blickt zurück und erkennt, es ist durchaus möglich, dass nicht alles, was der eigene Vater einem erzählt hat, wahr ist.«

»Ich dachte, dass du mich kaum anrufst oder besuchst, läge daran, dass du seine Behauptungen noch immer glaubst und mich weiter dafür hasst.«

»Ich hasse dich nicht. Überhaupt nicht. Es war nur schwer. In mir waren zu viele Gefühle, allerdings kein Hass. Ich war wütend – auf dich, falls Dads Geschichte stimmte, und auf ihn, falls deine es tat. Und bei dem Gedanken daran, dass du die Wahrheit sagtest, waren da Schuldgefühle. Und die Verwirrung darüber, was ich jetzt fühlen sollte, nach all dieser Zeit macht es nur noch komplizierter und schwieriger.«

»Er konnte sehr überzeugend sein und du warst ja bloß ein Kind. Doch jetzt bist du ein erwachsener Mann und … Ich muss dich das jetzt einfach fragen: Glaubst du mir?«

»Ich neige dazu, ja. Ich muss darüber nachdenken, aber … Mit der Zeit habe ich andere Dinge bemerkt, die die Vermutung nahelegen, dass er ein Problem mit Wut hatte, doch bei dir habe ich nie etwas beobachtet, was darauf hinweist, dass du lügst und betrügst. Und ich schätze, du hättest nicht all die Jahre später aus dem Nichts angerufen, wenn es nicht wahr wäre.«

»Okay. Gut.«

»Ich werde dich besuchen kommen, noch vor Jahresende. Jane wird vielleicht arbeiten müssen, aber ich könnte wahrscheinlich die Kinder mitbringen.«

»Das wäre schön.«

Das Gespräch hing für einen Moment in der Luft. Norma war sich nicht sicher, ob es beendet war.

»Mom?«

»Ja, Süßer?«

»Es tut mir leid.«

»Lass das, Neal. Hör auf damit. Lass die Reue sein. Du warst ein Kind. Nichts von dem, was damals passiert ist, war deine Schuld.«

»Ich werde dafür sorgen, dass Rick sich bei dir meldet, wenn er zurück ist.«

»Gut. Mach das bitte. Ich muss jetzt auflegen«, fügte sie hinzu.

Weil es eine Sache gab, die sie schon immer gehasst hatte, nämlich vor anderen zu weinen.

* * *

Bei ihrer Ankunft zu Hause empfing ihr Gast sie überschwänglich. In der Tat wirkte Wanda so glücklich, wie Norma sie noch nie erlebt hatte.

»Norma!«, rief sie und sprang aus Normas Polstersessel auf, ohne ihre Hände zu Hilfe zu nehmen.

»Genieße es, das tun zu können, solange du dazu in der Lage bist«, meinte Norma. »Weil du das in sechs oder sieben Monaten schmerzlich vermissen wirst.«

Währenddessen wanden sich die Hunde um ihre Beine, bellten, winselten und wedelten wild mit dem Schwanz. Wanda versuchte, zu Norma zu kommen und sie zu umarmen, doch das war schlicht unmöglich.

»Ich freu mich so!«, erklärte sie, wobei sie ihre Stimme heben musste, um sich über den Lärm der Hunde hinweg verständlich zu machen.

Beim Sprechen wippte sie auf den Zehenspitzen auf und ab.

»Das sehe ich. Warum stehst du denn so unter Strom?«

»Ich bin nur glücklich. Ich habe mit Betty geredet, ziemlich lange. Betty ist toll! Sie lässt mich in ihrem Gästezimmer wohnen, bis ich nach dem Baby wieder auf eigenen Beinen stehe.«

»Dann kannst du das Baby also behalten.«

»Ja, und darüber bin ich so glücklich!«

»Nun, ich bin glücklich, dass du glücklich bist«, erwiderte Norma. »Aber jetzt muss ich erst mal mein Pferd begrüßen.«

Norma ging in den Hof, wobei sie merkte, dass sie furchtbar müde war, bis auf die Knochen. Sie spürte es bei jedem Schritt in allen Gliedmaßen und ihr Kopf schien vor Erschöpfung zu brummen.

Die Hunde folgten ihr, wobei sie in weiten Kreisen liefen und bellend ihre Aufregung und Freude kundtaten. Wanda bildete das Schlusslicht der Prozession, wobei sie immer weiter redete.

»Es hat mir so gefallen, Hunde zu haben«, verkündete sie. »Nun, nicht sie zu haben, denn ich weiß, dass sie nicht mir gehören, doch einfach in ihrer Nähe zu sein. Sie hierzuhaben, bei mir. Ich habe ganz vergessen, wie schön es ist, Hunde um sich zu haben. Man kann ihnen alles Mögliche erzählen und sie hören einem immer zu.«

Als sie sich St. Freds Koppel näherten, hob er den Kopf und wieherte leise in Normas Richtung, ganz tief in der Kehle. Sie konnte es bei all den anderen Geräuschen kaum hören, aber sie konnte sehen, wie sich seine Nüstern weiteten, als er die Luft ausstieß, und die weiche Haut um sie herum bebte, während das Geräusch verklang.

Er streckte seinen Kopf über den Zaun und sie streichelte sein langes Gesicht.

»Tut mir leid, mein Freund«, sagte sie leise zu dem Pferd. »Ich musste mich um ein paar wichtige Dinge kümmern.«

»Danke, dass ich Zeit mit deinen Hunden verbringen durfte«, erklärte Wanda. »Ich mag sie sehr und denke, sie mögen mich auch.«

»Du hattest längere Zeit keinen Hund mehr?«, fragte Norma, wobei sie immer noch das Gesicht des Pferdes streichelte.

»Als ich klein war, hatten wir welche. Später war ich auf mich allein gestellt und war mir nicht sicher, ob ich mich um ein Haustier kümmern könnte. Und dann war ich verheiratet und Jake mag keine Hunde.«

»Das klingt nach ihm«, bemerkte Norma.

Für einen gesegneten Moment sagte dann niemand mehr irgendetwas. Sogar die Hunde waren still. Es war eine

Erleichterung für Norma, die nicht ihre gewohnte Zeit für sich allein gehabt hatte, nur sie und die Tiere.

»Betty ist kein Fan«, stellte sie fest. »Ich meine, sie stören sie nicht und sie mag sie sogar irgendwie, solange sie jemand anderem gehören, aber sie möchte nicht wirklich einen oder gar mehrere in ihrem Haus haben.«

»Ich weiß. Wir haben darüber gesprochen.«

»Okay, gut.«

»Wir haben über alles gesprochen. Ich werde nicht für immer bei ihr wohnen bleiben.«

»Das stimmt natürlich.«

Eine weitere wunderbare Stille.

Dann meinte Norma: »Versteh mich bitte nicht falsch, doch … wann bringst du dein ganzes Zeug zu Betty?«

»Es ist schon dort. Das meiste zumindest. Ich bin nur wegen der Hunde hiergeblieben, bis du zurück bist und dich wieder selbst um sie kümmern kannst.«

»Danke, das war sehr lieb von dir«, antwortete Norma.

Und diese schöne, willkommene Stille legte sich wieder über alles.

Es war Wanda, die sie schließlich brach.

»Alles in Ordnung mit deiner Familie?«

»Das hoffe ich«, erwiderte Norma. »Es wird sich demnächst erweisen. Aber ich glaube, dass die Situation sich zumindest in die richtige Richtung bewegt hat.«

* * *

Norma betrat um acht den Pub, als Betty gerade aus der Küche kam.

»Na, das nenne ich Timing«, erklärte Betty. »Wir haben mehrere Dreißigliterfässer am Liefereingang stehen und mir tut der Rücken weh.«

»Wir haben eine Sackkarre, weißt du?«

»Ja, aber da muss ich sie ja trotzdem erst mal draufkriegen.«

»Warum hast du nicht den Lieferanten darum gebeten, sie dir hochzutragen?«

»Der hatte auch Rückenschmerzen.«

»Na toll«, sagte Norma und hängte ihre Jacke an einen leeren Haken. »Die ganze Welt hat Rückenschmerzen.«

»Wie geht es deinem?«

»Nicht gut, trotzdem schaffe ich das schon.«

»Willkommen zurück, übrigens.«

»Danke. Seltsamerweise freue ich mich tatsächlich, hier zu sein.«

»Ich bin mir nicht sicher, warum das seltsam sein sollte.«

»Es ist eine Kneipe.«

»Es ist zu Hause.«

»Was seltsam ist.«

Norma durchquerte die Küche, brachte die Sackkarre in Position und bugsierte die vier Fässer darauf. Dann fuhr sie sie hinter den Tresen, wo sie und Betty sich daranmachten, sie gemeinsam unter der Zapfanlage zu verstauen.

»Danke«, sagte Norma.

Sie bedankte sich eindeutig nicht für die Hilfe bei den Fässern, weil sie ja gerade erst begonnen hatten, sie wegzuräumen.

»Dafür, dass ich eingesprungen bin, während du weg warst? Es war nicht wirklich viel los. Man denkt, eigentlich müsste es zu dieser Jahreszeit so sein, aber das war nicht der Fall.«

»Teilweise dafür, doch hauptsächlich meinte ich, wegen Wanda. Ihr das Zimmer anzubieten, sie einfach so bei dir aufzunehmen.«

»Sie ist ein nettes Mädchen.«

»Ja, irgendwie schon. Ich schätze, das ist sie wohl.«

»Dich würde sie in den Wahnsinn treiben. Sie ist lebhaft und redet sehr viel. Mich stört das nicht. Mir ist es in dem großen Haus so ganz allein ohnehin viel zu still.«

»Nun, damit ist dann jetzt ja Schluss.«

»Und es wird ein Baby geben!«

Bettys Stimme hob sich bei dem Wort »Baby« zu einem aufgeregten Quietschen.

»Ich dachte mir schon, dass das etwas für dich wäre.«

Für einen Moment redeten sie nicht, weil die Arbeit mit den Fässern zu anstrengend war. Norma stöhnte ein- oder zweimal, aber nicht viel mehr.

Als sie fertig waren, ließen sie sich auf die dicke Gummimatte hinter dem Tresen fallen und streckten die Beine von sich. Sie schauten einander an und seufzten.

»Das Leben wird immer schwieriger«, stellte Betty fest.

»Darauf trinke ich einen.«

»Warum stehen Frauen bloß auf Kerle wie diesen Jake?«

»Wenn ich das wüsste, Betty.«

»In einer gerechten Welt würden Typen wie der niemals eine Frau abkriegen.«

»Du kannst mir nicht ernsthaft weismachen wollen, dass du gedacht hast, diese Welt sei gerecht.«

»Nein«, entgegnete Betty. »Ich bin ja nicht blöd.«

Sie seufzten beide ein letztes Mal und erhoben sich dann umständlich. Betty wischte sich die Hände an einem Handtuch ab, das sie dort eingesteckt hatte, wo ihre Schürze an ihrer Hüfte zugebunden war.

»Hoffentlich buchten sie diesen Mistkerl für viele Jahre ein«, meinte sie. »Ich hoffe, dass er niemals wieder rauskommt.«

»Es ist schwer einzuschätzen, wie die Geschworenen das sehen«, erwiderte Norma.

Und sofort begann ihr Magen Flickflacks zu schlagen. Weil sie bereits einen Anruf getätigt hatte und übermorgen einen

Termin mit dem Staatsanwalt in seinem Büro hatte, um ihm Informationen an die Hand zu geben, die höchstwahrscheinlich dazu führen würden, dass Jake eine geringere Haftstrafe erhielt.

Sie fühlte sich wie eine Verräterin. Nicht an Betty, oder zumindest nicht nur an Betty. An fast allen auf der Welt.

Das ist das Problem mit dem Erwachsensein, dachte Norma. *Du musst immer eine Entscheidung treffen, die irgendwer mag und irgendwer anders hasst. Du wirst immer irgendwen verraten müssen. Entscheidest du dich für die eine Sache, verrätst du eine Gruppe. Und wenn du dich für das Gegenteil entscheidest, kannst du dich darauf gefasst machen, dass man dir vorhält, die Leute auf der anderen Seite verraten zu haben. Denn die Leute brauchen immer einen Konflikt. So etwas wie ein glückliches Dasein für alle gibt es nicht.*

Aus diesen Überlegungen wurde sie von Betty gerissen.

»Was ist eigentlich mit dir los, Norma? Wanda hat erwähnt, du hättest ihr erzählt, dass du wegmüsstest, um dich um Familienangelegenheiten zu kümmern. Dabei hast du mir gegenüber immer behauptet, du hättest keine Familie.«

»Ich versuche, die Dinge mit den Jungs wieder geradezubiegen«, erklärte Norma und war froh, dass das der Wahrheit entsprach oder zumindest nah genug dran war. Es war nicht der Grund, warum sie fort gewesen war, aber es traf dennoch zu.

»Oh, das ist schön«, antwortete Betty. »Und wie läuft das so?«

»Schwer zu sagen. Es ist jetzt jedenfalls besser, als es war, bevor ich es versucht habe.«

»Sie sind doch sicher nicht mehr sauer auf dich?«

»Danach sieht es nicht aus.«

»Und du bist auch nicht mehr sauer auf sie?«

»Warum sollte ich sauer auf sie sein?«

»Weil sie ihren Vater und nicht dich gewählt haben.«

»Sie waren Kinder.«

»Ja. Nun. Sicher. Dein Verstand weiß das. Aber deine Wut interessiert das nicht.«

»Hmm«, erwiderte Norma.

Sie erinnerte sich vage daran, Jill gesagt zu haben: »Gefühle scheren sich nicht um Tatsachen.«

Sie ließ es auf sich beruhen. Dabei verdiente diese Äußerung es eigentlich, dass sie länger darüber nachdachte. Vielleicht später, wenn sie etwas ausgeruhter war.

Kapitel Zwanzig

Über die Gerechtigkeit

Norma stand in der Lobby des Gebäudes und wartete auf den Aufzug. Ihr Magen zog sich vor Angst zusammen und ihre Gedanken schwirrten in unerwartete und nicht sehr zielführende Richtungen.

Hauptsächlich war sie mit der Vorstellung beschäftigt, dass es Gebäude mit mehr als einem Stockwerk gab, und fragte sich, wie lange es her war, dass sie eins gesehen hatte.

Beim Aufzug tat sich nichts, also blickte sie zur Treppe und entschied, dass es nicht undenkbar war, zwei Stockwerke zu Fuß hochzulaufen.

Auf halbem Weg schoss ihr in den Sinn, Jill anzurufen. Um ihr zu gestehen, dass sie Angst vor dem Termin beim Staatsanwalt hatte. Vielleicht wäre es hilfreich, es jemandem zu erzählen – jemandem, der wusste, was dabei auf dem Spiel stand, und der in die Details eingeweiht war. Das traf ziemlich genau auf eine Person auf diesem Planeten zu.

Sie zog ihr Handy aus der Tasche, auch wenn sie daran zweifelte, dass sie hier überhaupt Empfang haben würde. Schließlich befand sie sich in einem Treppenhaus.

Leicht geschockt stellte sie fest, dass da fünf Balken waren.

Also so muss es sein, in einer Stadt zu leben, dachte sie. *Selbst in einer kleinen.*

Laut sagte sie: »Ich muss häufiger mal rauskommen.«

Sie wählte »Cassie« aus ihrer Kontaktliste aus und es klingelte einmal.

Norma legte wieder auf.

Das tat sie deshalb, weil ihr klar geworden war, wie unfair es wäre, Jill zu erzählen, dass sie Angst hatte, und sie um moralische Unterstützung zu bitten. Niemand hatte in diesem Moment mehr zu befürchten als Jill. Norma sollte sie unterstützen, statt sich Hilfe von ihr zu holen.

Plötzlich klingelte Normas Handy und sie zuckte erschreckt zusammen.

Wenig überraschend war es Jill.

Norma nahm ab.

»Hallo«, meldete sie sich.

»Du hast gerade versucht, mich anzurufen«, erklärte Jill. Ihre Stimme klang angespannt, irgendwie gepresst und überdehnt. »Hast du mit dem Staatsanwalt gesprochen?«

»Noch nicht. Ich bin gerade auf der Treppe zu seinem Büro.«

»Warum hast du angerufen?«

»Das war ein Versehen«, sagte Norma.

Dann stand sie schweigend da, stellte wieder einmal fest, wie furchtbar es sich anfühlte, zu lügen.

»Okay, das stimmt nicht«, gab sie zu. »Siehst du, genau das ist das Problem, wenn man mit dem Lügen anfängt, selbst wenn es in bester Absicht geschieht. Wenn man nie lügt, lügt man nie. Doch wenn man erst mal damit beginnt und eine einzige Lüge erzählt, kommt einem die nächste viel leichter über die Lippen. Tut mir leid. Die Wahrheit ist: Ich bin etwas nervös. Ich wollte dich anrufen und mit dir darüber reden, weil es mir dann vielleicht besser geht. Aber dann habe ich schnell wieder aufgelegt, weil ich erkannt hab, dass ich unmöglich auch nur halb so nervös sein kann, wie du es mit gutem Grund bist, und dass es nicht fair ist, sich zu einer Zeit wie dieser auf dich zu stützen.«

»Norma …«

»Was?«

»Wir können uns aufeinander stützen.«

»Oh. Daran hab ich gar nicht gedacht. Ich gehöre eigentlich nicht zu den Menschen, die sich auf andere stützen.«

»Tu mir einen Gefallen, okay?«

»Was denn?«

»Leg nicht auf. Lass das Handy einfach mit eingeschaltetem Lautsprecher an und steck es in deine Tasche. Ich schwöre, ich werde keinen Mucks von mir geben. Ich sperre den Hund weg, damit es niemand mitkriegt, falls er bellt. Ich will wenigstens auf diese Weise dabei sein.«

»Was, wenn ich warten muss?«

»Na und? Dann ist das eben so. Ich hab eine Flatrate.«

»Oh. Ja, ich auch. Okay. Ich mach's.«

»Norma, warte. Bevor du das Handy in die Tasche steckst …«

»Ja.«

»Ich liebe dich.«

Norma öffnete den Mund, um einzuwenden, dass sie einander ja kaum kannten. Dass sie insgesamt nur eine Handvoll Tage miteinander verbracht hatten. Das war hauptsächlich Macht der Gewohnheit. Gefühle abzuwehren war die meiste Zeit ihres Lebens über normal für sie gewesen.

Diesmal schloss sie den Mund und entschied, dass Liebe vielleicht gar nicht so viel mit gemeinsam verbrachter Zeit zu tun hatte. Vielleicht gab es andere, wichtigere Faktoren.

Sie stand ein paar Augenblicke länger da und sagte nichts.

»Ich liebe dich auch«, erwiderte sie schließlich und fügte nach einer kleinen Pause hinzu: »Ich geh jetzt rein.«

* * *

Der Staatsanwalt ließ sie fünfzig Minuten lang warten. *Fünfzig* Minuten. In ihrem gesamten Leben hatte Norma niemanden je fünfzig Minuten warten lassen, wenn sie sich zu einer festen Uhrzeit verabredet hatten.

Sie war doppelt ungeduldig, weil sie wusste, dass Jill gewissermaßen in ihrer Tasche mitwartete.

»Mein Termin war um neun«, wandte sie sich schließlich an die junge Sekretärin.

»Er musste ein paar unerwartete Telefonate führen, doch jetzt wird es nicht mehr lange dauern.«

»Wenn sie unerwartet waren«, erklärte Norma, »dann hatten die Anrufer keinen Termin. Ich aber schon.«

»Es waren wichtige Angelegenheiten«, erwiderte die Frau.

»Oh, wunderbar«, entgegnete Norma. »Genau das, was man hören möchte. ›Wir priorisieren hier nach Wichtigkeit und Sie stehen ganz unten auf der Liste.‹«

Sie konnte verfolgen, wie sich die Miene der Frau veränderte. Sie machte zu, so wie ein Geschäft am Ende des Tages zumacht, und Norma stand draußen.

Ihr wurde klar, dass es klüger gewesen wäre, höflicher zu sein.

»Hören Sie zu«, sagte sie. »Ich habe sehr wichtige Informationen in einem seiner Fälle. Es ist von enormer Tragweite. Wenn er wüsste, wie sehr, würde er mich ganz oben auf die Liste setzen.«

Die junge Frau hinter dem Schreibtisch seufzte.

Dann erhob sie sich zu Normas Überraschung und steckte den Kopf durch die Tür ins Büro des Staatsanwalts.

Für eine Minute oder so hing die junge Frau einfach dort, mit dem Rücken zu Norma. Falls etwas gesprochen wurde, hatte Norma keine Ahnung, was. Die Stimmen waren zu leise, um sie zu verstehen.

Die Sekretärin zog ihren Kopf zurück und ließ die Tür offen.

»Sie können reingehen«, verkündete sie.

Norma stand auf. Das Herz schlug ihr bis zum Hals.

Sie betrat das Büro des Staatsanwalts, der ziemlich jung war, wie Norma fand. Höchstens Ende dreißig. Sein dunkles Haar lichtete sich schon und er trug einen grauen Anzug, der wirkte, als hätte er ein Vermögen gekostet. Er saß über sein Handy gebeugt da und starrte auf das Display, während er irre schnell mit seinen Daumen etwas tippte.

Norma setzte sich in den Besucherstuhl vor seinem Schreibtisch.

»Ich muss in acht Minuten zum Gericht«, sagte der Mann, ohne aufzuschauen.

»Was ein wirklich guter Grund gewesen wäre, mich um neun zu empfangen. Was die vereinbarte Uhrzeit war. Neun.«

Sie dachte, er würde vielleicht verstimmt reagieren, doch es schien ihm nicht aufzufallen oder es war ihm egal. Er sah immer noch nicht von seinem Handy auf.

»Was kann ich für Sie tun?«, fragte er.

»Sie könnten mir für einen kurzen Moment Ihre ungeteilte Aufmerksamkeit schenken.«

Das schien zu ihm durchzudringen.

Er blickte Norma mit Augen an, die von einem ungewöhnlichen dunklen Blau waren, das nicht so recht zu dem schwarzen Haar und seinem dunklen Teint passen wollte. Er legte sein Handy auf den Schreibtisch.

»Ich habe eine sehr wichtige Information zu einem Ihrer Fälle. Und ich werde hier leider nicht behandelt, als wenn ich etwas Wichtiges zu sagen hätte.«

»Wenn Sie Informationen zu einem Fall haben, warum gehen Sie damit dann nicht zur Polizei?«

»Ich bin zu Ihnen gekommen, weil Sie den Fall aufseiten der Staatsanwaltschaft betreuen. Daher müssen Sie es wissen.«

Norma glaubte ihn seufzen zu sehen. Wenn dem so war, tat er es allerdings zumindest still.

»Die Sache ist die, Ms …«

»Gallagher.«

»Ms Gallagher. Es tut mir leid, wenn Sie das Gefühl haben, nicht angemessen ernst genommen zu werden, doch es kommen ständig Leute mit ›sehr wichtigen‹ Informationen zu mir und es ist fast nie etwas, was gerichtlich verwertbar ist. Meist ist es eher eine Meinung zu etwas. Aber bitte, erzählen Sie mir, was Sie mir mitteilen wollen, wenn es denn in die nächsten sieben Minuten passt, und dann sehen wir, in welche Kategorie es fällt.«

»Okay. Sie begehen einen Fehler, wenn Sie Jake Willis des Mordes an Jill Moss anklagen.«

»Schauen Sie, das ist genau das, was …«

Norma ließ ihn nicht ausreden.

»Denn Jill Moss ist nicht tot.«

Für einen merkwürdig langen, gestreckt erscheinenden Moment blieb der Staatsanwalt still. Als würde er ihr endlich wirklich seine volle Aufmerksamkeit schenken. Sein Gesicht war wie versteinert, nur seine Augenbrauen hoben sich leicht.

Sie wartete darauf, dass er etwas sagen würde, doch das hatte er offenbar nicht vor.

»Sie ist in jener Nacht vom Zeltplatz weggelaufen, weil sie Jake verlassen wollte und glaubte, er würde sie deswegen umbringen. Darum hat sie sich nicht bei der Polizei gemeldet oder sonst irgendjemandem erzählt, dass sie noch lebt. Zu ihrer eigenen Sicherheit. Aber ich war in den letzten Tagen erst bei ihr und es geht ihr gut.«

Eine weitere lange Stille.

»Ich denke, Sie werden einen Mann nicht für einen Mord hinter Gitter bringen wollen, der gar nicht stattgefunden hat.«

»Sie haben gerade selbst gesagt, dass sie sich verstecken muss, damit er sie nicht umbringt.«

»Ja. Und darum hat er es nicht getan.«

»Jake Willis hat versucht, seine Ehefrau zu erwürgen.«

»Das weiß ich. Doch wir sprechen hier von Gerechtigkeit.«

»Gerechtigkeit«, wiederholte er, als spräche er über ein Gericht auf einer Speisekarte, das nicht sehr appetitlich klang. »Die Leute reden viel von Gerechtigkeit. Es scheint ihnen wirklich wichtig zu sein. Aber wir haben in diesem Land kein Gerechtigkeitssystem, sondern ein Rechtssystem. Das ist nicht ganz dasselbe.«

Norma hätte am liebsten darauf hingewiesen, dass es doch sicherlich illegal war, einen Mann wegen des Mordes an jemandem anzuklagen, der, wie er eben erfahren hatte, noch lebte. Aber sie sprach den Gedanken nicht aus, damit der Staatsanwalt nicht auf die gleiche Weise zumachte, wie die Sekretärin es getan hatte.

»Mir ist nicht ganz klar, was ich darauf antworten soll«, erklärte sie.

»Sie wollen doch sicher auch, dass Jake Willis für eine lange Zeit hinter Gitter wandert.«

»Nun, es würde mir nicht das Herz brechen.«

»Was ist also das Problem?«

Norma wusste nicht, was sie erwidern sollte, also schwieg sie. Sie dachte kurz an Jill, die über das Handy in ihrer Tasche zuhörte. Sie fragte sich, was Jill sagen würde, wenn sie könnte.

»Ich leide unter einer Form von Schwerhörigkeit«, teilte ihr der Staatsanwalt mit.

»Wirklich? Das tut mir leid. Sie sind ja noch so jung.«

»Das hat nichts mit dem Alter zu tun.«

»Als ich erzählt habe, dass Jill sich zu ihrer eigenen Sicherheit verstecken musste, haben Sie das gehört.«

»Ja«, räumte der Staatsanwalt ein. »Es kommt und geht.«

Norma starrte auf seinen Schreibtisch und versuchte, dem allen einen Sinn abzuringen. Beim letzten Satz schaute sie auf und in seine auffällig dunkelblauen Augen. Und dann begriff sie.

»Oh«, seufzte sie. »Diese Art von Schwerhörigkeit.«

Die, die praktisch jeder hat, überlegte Norma. *Man wählt aus, was man hören will und was nicht.* Selbst wenn dies hier ein besonders krasses und ungeheuerliches Beispiel zu sein schien.

Norma war überrascht und dann auch wieder nicht, beides zur selben Zeit. Sie wusste ein wenig über die Funktionsweise des Rechtssystems, da sie über viele Verbindungen zum Sheriffbüro verfügte. Doch es war anders, wenn es vor den eigenen Augen passierte.

»Begleiten Sie mich ein Stück«, forderte der Staatsanwalt sie auf. »Ich muss zum Gericht.«

Sie liefen durch sein Vorzimmer und zum Aufzug.

Der Staatsanwalt drückte den Knopf, und die Türen öffneten sich. Der Aufzug war hier gewesen, im zweiten Stock. Obwohl Norma wusste, dass das nicht stimmen konnte, hatte sie das Gefühl, als würde selbst der Aufzug hier die Leute nach ihrer vermeintlichen Wichtigkeit bedienen.

Sie stiegen ein.

Norma öffnete den Mund, um etwas zu sagen, aber der Staatsanwalt schüttelte leicht den Kopf. Mit den Augen deutete er in die obere Ecke des Lifts. Als Norma ebenfalls dorthin schaute, entdeckte sie eine Überwachungskamera.

Sie fuhren schweigend bis in die Lobby.

Unten angekommen, folgte sie ihm durch die Eingangshalle und auf den Parkplatz, musste fast laufen, um mit ihm Schritt zu halten. Es schien fast so, als würde er versuchen, sie abzuschütteln, oder vielleicht hatte er auch einfach vergessen, dass sie da war.

Dann blieb er plötzlich stehen und wandte sich zu ihr um.

»Ich parke dort drüben«, erklärte er.

»Oh. Ich hab meinen Wagen auf der anderen Seite.«

»Auf dem Besucherparkplatz. Ich weiß.«

Norma wandte sich zum Gehen, doch er war noch nicht fertig.

»Ms Gallagher.«

Norma hielt inne und wartete. Sie wusste: Was er gleich aussprechen würde, würde gewichtig sein. Sie konnte das Gewicht förmlich spüren.

»Wenn Sie irgendjemandem von unserer heutigen Unterhaltung erzählen, werde ich alles abstreiten. Ihr Wort wird gegen meines stehen.«

»Nun«, sagte Norma. »Ich glaube nicht, dass es so weit kommen wird.«

»Das würde mich freuen«, erwiderte er.

Dann drehte er sich abrupt um und eilte zu seinem Auto.

Norma sah ihm hinterher. Ihr Innerstes fühlte sich leer an und da war ein Kribbeln. Vermutlich eine milde Form von Schock.

Er war schon eine Weile fort, als ihr wieder Jill einfiel.

Sie zog ihr Handy heraus, schaltete das Freisprechen aus und hielt sich das Telefon ans Ohr.

»Hast du alles mitgehört?«, fragte sie.

»Hab ich. Jedes einzelne Wort.«

Jills Stimme klang nicht mehr überdehnt, sondern leichter, entspannter.

»Ist das nicht unerhört?«

»Ich weiß nicht, wie du dich dabei fühlst«, meinte Jill.

»Das weiß ich auch nicht.«

»Ich kann dir beschreiben, was *ich* fühle.«

»Ja, bitte.«

»Erleichterung«, antwortete Jill. »Ich kann Cassie bleiben und mein neues Leben behalten. Und es ist nicht meine Schuld und nicht deine, denn wir haben es ihm mitgeteilt. Es ist seine Schuld, weil er es nicht hören will. Wenn je rauskommt, dass ich noch lebe, kann man uns nicht die Schuld geben.«

»Aber man wird sie uns trotzdem zuschieben«, wandte Norma ein. »Denn er wird abstreiten, darüber informiert worden zu sein.«

»Ich hab das ganze Gespräch aufgezeichnet«, erklärte Jill.

»Oh. Okay. Na ja, ich glaube, dann verspüre ich jetzt auch eine gewisse Erleichterung.«

* * *

Es war Viertel nach zwei in der Nacht, als ihr Handy klingelte. Norma war gerade auf dem Weg von ihrer Schicht im Pub nach Hause. Das Telefon stand im Becherhalter in der Konsole des Pick-ups.

Sie wusste, schon bevor sie den Anruf annahm, dass es Jill sein würde.

Sie griff nach dem Handy und stellte es auf Lautsprecher.

»Hallo«, sagte sie.

»Ich weiß, es ist spät. Ich hab mir gedacht, dass du arbeitest.«

»Stimmt.«

»Du hast nicht geschlafen?«

»Nein, ich fahre gerade nach Hause.«

»Ich war mir nicht sicher … Können wir einander jetzt anrufen? Ich meine … können wir etwas weniger vorsichtig sein?«

»Ich denke schon«, erwiderte Norma. »Ich hab ein bisschen Probleme, das alles zu verstehen. Und merkwürdigerweise ist es von Anfang an so gewesen. Seit ich eingewilligt habe,

Stillschweigen darüber zu bewahren, dass du am Leben bist, hab ich versucht, mir auszumalen, wie das alles wohl ausgehen wird. Oder zumindest ausgehen könnte. Ich hab versucht, im Kopf alle Möglichkeiten durchzuspielen, um zu sehen, wo wir landen könnten. Aber es scheint mir, dass dies eine Situation ist, die nie passiert. Das ist einfach nicht normal und mein Gehirn kann das nicht verarbeiten.«

»Und wo wir gerade von Überforderung sprechen«, ergänzte Jill. »Ich weiß immer noch nicht, ob das heißt, dass wir miteinander telefonieren können oder nicht.«

»Ich denke, jetzt ist es sicherer als vorher.«

Norma fuhr durch ihr offenes Tor und stellte den Pick-up neben der Pferdekoppel ab. Sie nahm ihr Handy mit ins Haus, wo ihr die Hunde um die Beine strichen.

»Mich beschäftigt irgendwie immer noch, was beim Staatsanwalt passiert ist«, sagte Jill. »Ich kann es einfach nicht fassen.«

»Damit habe ich auch Probleme.«

»Ich meine ... Man sollte doch meinen, dass ihnen Tatsachen wichtig sind. Dass sie nicht einfach im Voraus entscheiden, wer ihrer Ansicht nach ins Gefängnis wandern sollte. Wie häufig, glaubst du, läuft das so?«

»Keine Ahnung.« Norma stellte ihre Schultertasche ab und hängte ihre Jacke in den Schrank. »Ich habe von Ian einige Geschichten gehört. Darüber, dass Staatsanwälte Beweise zurückhalten. Das kennen wir ja alle aus den Nachrichten. Plötzlich beweist ein DNA-Test, dass jemand unschuldig im Gefängnis saß, und dann stellt sich raus, dass die Strafverfolgungsbehörden hinter den Kulissen jede Menge Mist gebaut haben. Und das sind bloß die Fälle, wo es rauskommt. Trotzdem glaube ich, dass die meisten Staatsanwälte nicht so sind. Oder das möchte ich zumindest glauben. Ich bezweifle, dass es normalerweise so läuft. Nur muss man leider offenbar befürchten, dass so was häufiger geschieht, als wir denken. Die Welt ist voll von Typen wie diesem Staatsanwalt, der sich so sicher ist, genau zu wissen, wer was verdient, dass er sogar die Welt auf den Kopf stellen würde, um es so hinzudrehen, wie er will.«

»Das untergräbt meinen Glauben an das System«, gestand Jill. »Aber um ehrlich zu sein … ein anderer Teil von mir ist glücklich darüber. Jake war so gemein zu mir, dass es mir irgendwie gefällt, wenn jemand beschließt, dass er dafür zur Rechenschaft gezogen wird, egal wie.«

Stille breitete sich aus. Norma wusste nicht, wie sie sie füllen sollte.

»Ist das Leben immer so kompliziert?«, erkundigte sich Jill.

Ihre Stimme hörte sich verletzlich und ein wenig verloren an, als ob sie, seit sie das letzte Mal gesprochen hatten, zehn Jahre jünger geworden wäre.

»Ja, zum Teufel«, sagte Norma. »Hast du das nicht gewusst?« Dann, nach einer kleinen Pause, fügte sie hinzu: »Nun, das Leben ist ja immer kompliziert. Ich bin mir allerdings nicht sicher, ob irgendwas je *so* kompliziert gewesen ist.«

Kapitel Einundzwanzig

Warum?

Fünf oder sechs Monate später erhielt Betty dann die Nachricht.

Es war Abend, beinahe schon zehn Uhr, und sie arbeiteten gemeinsam im Pub. Bettys Handy vermeldete den Eingang einer Textnachricht und sie schienen beide gleichzeitig zu wissen, was los war. Betty erhielt nur ganz selten einen Anruf oder eine Nachricht bei der Arbeit, aber dass ihnen sofort klar war, was das bedeutete, hatte noch einen anderen Grund: Wanda war fast zwei Wochen über ihrem Termin. Deshalb war es keine große Überraschung.

Betty zog das Handy aus der Tasche ihrer weißen Schürze und starrte eine Sekunde oder zwei auf das Display.

»Ihre Fruchtblase ist geplatzt.«

»Oh«, meinte Norma. »Dann solltest du besser zu ihr fahren und sie ins Krankenhaus bringen.«

»Du kommst hier allein klar?«

»Und selbst wenn nicht, was würde das ändern? Sie braucht dich jetzt an ihrer Seite.«

»Ja«, erwiderte Betty. »Ich denke, wenn irgendein dreiviertelbetrunkener Kletterer ein paar Minuten länger auf seinen nächsten Drink warten muss, wird die Welt nicht untergehen. Gleichgültig, was er behauptet.«

Sie band ihre Schürze auf, während sie sprach, nahm sie ab und hängte sie an einen Haken in der Nähe der Küche.

»Ich schaue nach zwei vorbei«, erklärte Norma, »und warte mit euch beiden. Es sei denn, sie hat das Baby dann schon. In dem Fall werde ich natürlich auch hinkommen, um den neuen Erdenbürger zu begrüßen. Allerdings hoffe ich, ich verpasse nicht alles, weil ich das echt schade fände.«

Betty tippte in ihr Handy, während Norma sprach. Vermutlich antwortete sie Wanda, dass sie auf dem Weg sei.

»Deswegen würde ich mir keine Sorgen machen«, entgegnete sie und blickte vom Display auf. »Beim ersten Baby? Das dürfte eine Weile dauern.«

»Nun, das wünsche ich ihr nicht. Und natürlich wünschte ich, ich könnte bei ihr sein. Denkst du, er wäre sauer, wenn wir einfach zusperren?«

»Wegen eines Babys? Auf jeden Fall. Wegen eines Todesfalls in der engeren Familie? Selbst dann noch. Vor allem, weil wir zu zweit sind. Er würde annehmen, dass immer einer von uns beiden dableibt.«

Betty hatte die Autoschlüssel in der Hand, bereit, durch die Küche zu verschwinden.

»Und das ist das Problem, wenn man mit der besten Freundin zusammenarbeitet«, meinte Norma, obwohl sie wusste, sie sollte Betty gehen lassen. »Man kann nie irgendwas gemeinsam unternehmen.«

Sie schaute nach unten, während sie das sagte. Als sie keine Antwort hörte und aus dem Augenwinkel keine Bewegung von Betty wahrnahm, blickte sie auf.

Betty hatte einen merkwürdigen Ausdruck im Gesicht, von dem Norma nicht so recht wusste, wie sie ihn einordnen sollte.

»Du hast mir nie gesagt, dass ich deine beste Freundin bin«, erklärte Betty.

»Na ja, wen habe ich denn sonst noch? Sieh dich um.« Dann besann sie sich rasch. »Tut mir leid. Das war nicht sehr nett. Es ist einfach die Macht der Gewohnheit für mich, bei so was abzuwiegeln. Ja, du bist meine beste Freundin. Und jetzt ab mit dir zu Wanda. Hilf ihr, das Baby auf die Welt zu bringen.«

* * *

Es war deutlich nach ein Uhr nachts und Norma war gerade dabei, mehrere Bierkrüge zu einem Tisch mit lauten Wanderern zu tragen, die über die Stadt reden wollten und sich nach Wanderrouten erkundigten.

Als sie an den Tresen zurückkam, saß da ein großer Mann Mitte vierzig. Kurz hatte sie die Sorge, dass sie ihn zu lange hatte warten lassen.

Ich will mich ja nicht in den Staatsanwalt verwandeln, dachte sie.

»Tut mir leid«, entschuldigte sie sich. »Ich bin heute ganz allein hier. Was kann ich Ihnen bringen?«

»Nur ein Bier. Was auch immer Sie im Zapfhahn haben. Was ist mit der anderen Frau passiert?«

»Sie musste weg. Bei ihrer … Tochter … haben die Wehen eingesetzt.«

Beinahe hätte Norma gesagt, dass die Frau, die das Kind bekam, eine Freundin war, die Betty bei sich aufgenommen hatte, aber mitten im Satz hatte sie entschieden: Je weniger Einzelheiten sie verriet, desto besser.

Sie schenkte ihm das Bier ein und stellte es vor ihn und er legte einen Zehner auf die Theke.

Er war groß und kräftig, mit einem Schopf wirrer brauner Haare und einem sympathischen Gesicht.

»Das ist aber nicht die Frau, die früher mal mit Jake Willis verheiratet war, oder?«

Es durchzuckte Norma, doch sie ließ sich nichts anmerken.

»Wer, die Dame, die hier arbeitet, oder ihre Tochter?«

»Okay, egal. Vermutlich keine von beiden. Es scheint mir nur ein seltsamer Zufall zu sein, denn ich weiß, dass sie hier in Sloot ist. Willis' Ex-Frau. Oder zumindest hab ich das gehört. Und sie müsste jetzt demnächst ihr Baby kriegen. Ich verfolge den Fall ganz genau.«

»Das merke ich.«

Norma kehrte ihm den Rücken zu und begann die Gläser abzuwaschen.

»Früher oder später wird sie nach Südkalifornien zurückfahren müssen«, meinte der Mann. »Denn der Prozess beginnt in etwas mehr als zwei Wochen. Der erste. Der wegen des versuchten Totschlags an seiner Frau. Aber das wissen Sie vermutlich.«

Norma wusch ungerührt die Gläser weiter ab, verriet durch nichts, ob sie das gewusst hatte oder nicht.

Was sie hatte.

»Und sie steht auf der Zeugenliste.«

»Das kann ich mir gut vorstellen«, erwiderte Norma.

Kurz herrschte Stille.

Dann erklärte der Mann: »Vor fünf Jahren war ich schon mal hier, doch Sie werden sich vermutlich nicht an mich erinnern.«

Sie blickte ihn über die Schulter an, aber nichts machte klick.

»Nichts für ungut«, entgegnete sie. »Vor fünf Jahren waren hier Unmengen Leute.«

»Ich war an dem Abend hier, als Willis in den Pub gekommen ist. Sie haben ihm unmissverständlich den Kopf zurechtgerückt. Darum habe ich Sie auch nicht vergessen. Sie haben ihm klipp und klar gesagt, was Sie von ihm halten. Und dann war ich derjenige, der ihn am Schlafittchen gepackt und auf den Tisch geworfen hat.«

»Oh«, antwortete Norma. »Daran erinnere ich mich.«

»Ich hab gehört, er hat immer noch Bandscheibenprobleme, weil er sich an dem Abend mit mir angelegt hat.«

»Nun, fairerweise sollte man erwähnen, dass er angefangen hat.«

»Stimmt. Ich bin kein gewalttätiger Mensch, Ma'am. Ich bin nicht auf der Suche nach Schwierigkeiten. Trotzdem müssen Typen wie er lernen, dass manche Leute zurückschlagen.«

Für eine Minute oder zwei ließ er es dabei bewenden und Norma unterbrach die Stille nicht. Wenn man überhaupt von Stille reden konnte, solange an dem Tisch die lärmende Gruppe Wanderer saß und trank, grölte und lachte.

Dann sagte sie: »Lassen Sie mich Ihnen eine Frage stellen. Wenn das okay ist.«

»Klar. Warum nicht?«

»Warum interessieren Sie sich so für diesen Fall?«

»Das tun viele Leute.«

»Nur sind die nicht hier und stellen Fragen. Sie hingegen schon.«

»Oh. Stimmt. Nun … Ich weiß nicht. Ich meine, sie war ein Mensch.«

»Wer? Jill?«

»Ja, Jill Moss. Sie war eine Frau und sie hatte ein Leben und sie hatte es nicht verdient, dass jemand es ihr nimmt.«

»Es gibt so viele Frauen, die es nicht verdienen, umgebracht zu werden. Sie sind überall um uns herum, jeden Tag.

Warum konzentrieren Sie sich auf die eine und können nicht loslassen?«

Er kratzte sich einen Moment lang die Stirn. Zog die Brauen zusammen und trank einen Schluck Bier.

»Also, das ist schwer zu sagen. Es hat mich einfach irgendwie gepackt. Ich hatte Mitleid mit ihr.«

Norma stellte das Glas, das sie abgespült hatte, hin und drehte sich zu ihm um. Die lauten Wanderer verließen gerade den Pub. Bis auf den Typen vor ihr am Tresen waren das ihre letzten Gäste gewesen. Vielleicht konnte sie wirklich früher zumachen und zum Krankenhaus fahren.

»Fragen Sie sich denn nie, warum?«, wandte sie sich an den Mann. »Schauen Sie nie tiefer in sich hinein, um zu ergründen, warum Dinge Sie auf eine bestimmte Art berühren? Möchten Sie nicht verstehen, warum das so ist?«

»Verdammt, ich weiß nicht. Tut das irgendwer?«

»Keine Ahnung«, erwiderte Norma. »Aber ich hoffe es zumindest.«

Er legte den Kopf in den Nacken und trank sein Bier aus und Norma beschloss, zu versuchen, möglichst schnell in Richtung Krankenhaus aufzubrechen.

»Hören Sie«, sagte sie. »Ich weiß nicht, ob Sie noch ein weiteres Bier möchten, doch ich würde wirklich gerne zu meinen Freundinnen ins Krankenhaus, wo jede Minute das Baby auf die Welt kommt.«

»Kein Problem«, meinte er. »Ich muss sowieso weiter.«

Damit stieß er sich vom Tresen ab und Norma folgte ihm zur Tür, damit sie hinter ihm absperren konnte.

Er ging über den Parkplatz, dann drehte er sich um.

»Hey«, begann er. »Tun Sie mir bitte einen Gefallen, okay? Wenn Sie zufällig Wanda Willis treffen, können Sie ihr etwas von mir ausrichten? Sagen Sie ihr, wir stehen alle hinter ihr. Auf ihrer Seite. Wenn es irgendetwas gibt, was ich tun kann, um ihr zu helfen, werde ich nichts unversucht lassen.«

»Sicher«, entgegnete Norma. »Sollte ich sie zufällig treffen, sage ich ihr das.«

»Es ist eine so kleine Stadt, wissen Sie?«

»Das stimmt allerdings.«

Er wandte sich ab und lief zu seinem Auto. Dann blieb er stehen, drehte sich erneut um und fügte noch etwas hinzu.

»Es ist nur, da sie das Baby haben wird und alles … Ich hab das Gefühl, als ob irgendjemand sich um sie kümmern muss. Und das Baby. Ich meine, er wird ins Gefängnis müssen, aber niemand weiß, für wie lange. Und dieses Kind verdient etwas Besseres, als dass Jake Willis in seinem Leben aufkreuzt und versucht, ihm ein Vater zu sein. Diese Frau und das Kind verdienen beide ein Leben, in dem sie sich keine Sorgen wegen Jake Willis machen müssen.«

»Ich bin sicher, wenn er erst mal verurteilt ist«, antwortete Norma, »wird sie das alleinige Sorgerecht beantragen.«

Genau genommen hatte sie fest vor, das Wanda dringend zu raten.

»Ich wünschte, das würde mich beruhigen«, sagte er.

Und damit wandte er sich endgültig ab und ging zu seinem Auto.

Norma schloss hinter ihm die Tür und sperrte ab.

Dann räumte sie den letzten Tisch ab und fegte einmal durch. Das schmutzige Geschirr stellte sie in die Spüle, das würde die Frühschicht verstehen müssen.

Gerade als sie ihre Jacke vom Haken nahm, klingelte ihr Telefon.

Sie holte es aus ihrer Tasche und sah, dass es Betty war.

»Hey«, meldete sich Norma. »Alles in Ordnung?«

»So in Ordnung, wie ein strammes kleines Mädchen mit dreitausendzweihundertdreißig Gramm nur sein kann.«

»Verdammt«, entfuhr es Norma. »Ich kann nicht glauben, dass ich das verpasst habe.«

»Du kannst ja jetzt herkommen und sie kennenlernen.«

»Ja, das tue ich. Ich mach gerade zu. Hey, ich dachte, du hättest gesagt, es würde eine Weile dauern. Schließlich ist es ihre erste Geburt und so.«

Betty lachte. Norma fand immer, ihr Lachen hörte sich an wie das Wiehern eines Pferdes.

»Ich sag eine Menge Dinge, Norma, doch ich hab hier nichts zu melden. Wanda übrigens auch nicht, und selbst die Ärzte nicht wirklich. Die Kleine tut, was sie will, und wir springen. Aber ich möchte nur erwähnen, von wegen falsche Erwartungen und so … Ich glaube, als sie mir geschrieben hat, hatte sie schon viel länger Wehen, als sie zugeben wollte.«

»Verstehe«, erwiderte Norma. »Lass mir ein paar Minuten, um alles fertig zu machen, dann fahre ich los.«

* * *

Als Norma ins Krankenzimmer trat, saß Betty auf Wandas Bettkante. Sie beugte sich über die jüngere Frau und hielt ihre Hand. Wanda lag mit geschlossenen Augen da, den Mund geöffnet. Einen schrecklichen Moment lang fürchtete Norma, dass sie tot sein könnte.

»Hey«, sagte Betty leise, als sie Norma bemerkte.

Bei diesem Wort flatterten Wandas Lider und hoben sich und Norma durchströmte Erleichterung.

Das Zimmer war für vier Patienten ausgelegt, doch die trennenden Vorhänge waren zurückgezogen, weil außer ihnen niemand da war.

Nun, das stimmte natürlich nicht ganz.

Wandas kleine Tochter befand sich in einem Säuglingsbett, gleich neben dem Bett ihrer Mutter.

Norma trat näher, um sie besser betrachten zu können.

Sie schlief und ihre winzigen Augenlider zuckten. Norma überlegte, ob auch Neugeborene träumten, und wenn ja, wovon. Es war ja nicht so, als ob sie irgendwelche Erfahrungen verarbeiten müssten. Vielleicht erlebten sie noch mal ihre eigene Geburt? Die Augenlider des Säuglings wirkten ganz zart und beinahe durchsichtig, man konnte die Adern unter der hellen Haut sehen. Die kleinen Nasenflügel weiteten sich beim Atmen, wie die Nüstern eines winzigen Pferdes.

Norma musste daran denken, dass der menschliche Körper erstaunlich zerbrechlich war. Er war gut geplant und ganz wunderbar, aber nicht dafür geschaffen, Gewalt oder Misshandlungen auszuhalten. Er erforderte Fürsorge und Pflege.

»Ist sie nicht niedlich?«, fragte Wanda, während ihr die Augen schon wieder zufielen.

Das Haar hing ihr in krausen Strähnen vom Kopf und es war klar zu erkennen, dass sie in den letzten Stunden viel geschwitzt hatte.

»›Niedlich‹ trifft es nicht mal annähernd. Sie ist die Schönheit selbst. Sie ist ein Wunder.«

»Genau das habe ich auch gedacht.«

»Es gefällt mir, dass sie hier bei dir sein darf. Ich dachte eigentlich, sie wird mit den anderen Babys im Säuglingszimmer untergebracht.«

»Heute gibt es keine anderen Babys«, erklärte Betty. »Und die Krankenschwester kommt jede Stunde oder so vorbei, um zu versuchen, das mit dem Stillen in Gang zu bringen. Natürlich nur, wenn die Kleine wach ist.«

»Betty«, unterbrach Wanda sie schwach. »Könntest du mir bitte Orangenlimo aus dem Getränkeautomaten holen?«

»Die Krankenschwester bringt dir was zu trinken, wenn wir läuten.«

»Klar, Wasser. Oder Apfelsaft. Doch ich möchte so gerne Orangenlimonade.«

Betty erhob sich.

»Bin gleich zurück«, verkündete sie.

Norma setzte sich auf Bettys Platz, froh, ihre Füße entlasten zu können.

Sie sah Wanda an, die ihren Blick erwiderte. Die Augen der jungen Frau waren gerötet und wirkten unfassbar müde. Trotzdem gelang es Wanda, Norma durchdringend zu fixieren.

»Und was tue ich jetzt?«, fragte sie. »Jetzt, da es ein Mädchen ist?«

»Was tust du weswegen? Ich dachte, du wärst erleichtert, wenn es ein Mädchen wird, schließlich hast du dir solche Sorgen gemacht, dass es ein Junge sein könnte. Darüber, dass sich die Geschichte wiederholen könnte.«

»Aber dann habe ich sie betrachtet und sie ist so zart und zerbrechlich, jemand, den ich beschützen muss … Ich hab sie angeschaut und dachte, die Geschichte wiederholt sich mit Mädchen genauso wie mit Jungs. Ein Junge kann erwachsen werden und den Menschen misshandeln, den er liebt, und ein Mädchen wird erwachsen und kann dann von jemandem misshandelt werden. Mein Dad hat meine Mutter geschlagen, und sieh dir mich an. Ich bin genau in ihre Fußstapfen getreten. Es scheint fast so, als ginge es von einer Generation auf die nächste über, doch ich möchte, dass es aufhört, Norma. Ich möchte, dass du mir erklärst, wie ich das hinkriegen kann.«

»Okay«, antwortete Norma. »Ich gebe mein Bestes. Also, du machst Folgendes. Du liebst dieses kleine Mädchen wie verrückt. Aber nicht nur das, du sagst ihr und zeigst ihr, wie sehr du sie liebst. Du sorgst dafür, dass sie das spürt. Und du bringst ihr bei, sich selbst zu lieben und gut zu sich selbst zu sein. Menschen, die zu sich selber gut sind, erwarten auch von anderen, dass sie sie gut behandeln. Wenn man sich selbst herabsetzt, bietet man potenziellen Tätern ein weites Betätigungsfeld. Hilf ihr, sich selbst wertzuschätzen. Nichts ist unausweichlich, Leute befreien sich andauernd aus diesen Mustern.«

Sie blickte auf und sah Betty zurück ins Zimmer kommen.

»Hey«, sagte Betty. »Norma, kann ich kurz vor der Tür mit dir reden?«

Sie gab Wanda die gekühlte Dose Orangenlimo, und Norma folgte ihr hinaus in den Korridor und ihr Magen fühlte sich leicht verdreht an.

»Gibt es ein Problem?«

»Nein, nicht wirklich. Es ist nur … Wanda und ich dachten eigentlich, dass du übernächste Woche mit ihr zum Prozess nach Südkalifornien fahren wolltest. Wir waren uns da allerdings nicht ganz sicher. Doch heute haben wir entschieden, dass es wahrscheinlich besser wäre, wenn ich sie begleite, schließlich wird sich das Baby in den zwei Wochen schon ein bisschen an mich gewöhnt haben. Und jemand muss sie ja auf dem Arm haben und dafür sorgen, dass sie nicht weint, während Wanda ihre Aussage macht. Wir hoffen wirklich sehr, dass du uns das nicht übel nimmst.«

Norma öffnete den Mund, um zu fragen, warum sie nicht beide gehen konnten.

Dann schloss sie ihn wieder und erinnerte sich.

Und das ist das Problem, wenn man mit der besten Freundin zusammenarbeitet. Man kann nie irgendwas gemeinsam unternehmen.

»Alles in Ordnung, Norma?«

»Ja, sicher. Und ich nehme es euch ganz bestimmt nicht übel, denn es ist nur vernünftig.«

»Danke.«

Gemeinsam traten sie wieder ins Krankenzimmer.

Es war wirklich vernünftig. Aber trotzdem fühlte sich Norma ein bisschen ausgeschlossen. Als ob jeder mit jedem Verbindungen knüpfte, sie selbst jedoch stets außen vor blieb. Andererseits wollte sie auf keinen Fall, dass irgendjemand bei ihr wohnte, wohingegen Betty die schwangere Wanda mit offenen Armen bei sich aufgenommen hatte.

Dennoch änderte das nicht viel an dem Gefühl.

Siehst du?, dachte sie. *Das ist exakt die Folge davon, wenn man sein Leben lang alle von sich stößt. Ihnen sagt, sie sollten weiterziehen, weil man niemanden braucht oder um sich haben möchte. Früher oder später nehmen die Leute einen beim Wort und geben einem, was man seiner eigenen Aussage nach möchte.*

Bevor sie ging, steckte sie noch einmal den Kopf in Wandas Krankenzimmer und Wanda erwiderte ihren Blick mit einem leichten Lächeln.

»Ich hab vergessen, dir was zu sagen, Süße. Heute habe ich einem Typen im Pub versprochen, ich würde dir was ausrichten. Falls ich dich sehe. Ich habe ihm nicht verraten, dass ich dich kenne oder dass ich zu dir fahre oder so. Aber er meinte, es sei eine kleine Stadt, und ich denke, es ist hier allgemein bekannt, dass du in Sloot bist. Jedenfalls hat er mich gebeten, dir auszurichten: ›Wir stehen alle hinter ihr.‹ Dass alle auf deiner Seite seien.«

»Nicht alle«, entgegnete Wanda leise. »Es gibt auch ein Team Jake.«

»Das tut mir leid, wobei es vermutlich nicht weiter verwunderlich ist. Die Welt ist nun mal, was sie ist. Doch die große Mehrheit ist auf deiner Seite.«

»Das ist immerhin etwas«, antwortete Wanda.

»Ja, ist es.«

»Ich werde sie Elizabeth Norma Brooks nennen«, erklärte Wanda. »Ich geb ihr nicht Jakes Namen. Er kann sich dagegen wehren, so sehr er möchte, aber das mach ich nicht. Sie gehört zu mir und nicht zu ihm.«

Norma notierte sich im Geiste, mit Wanda über das alleinige Sorgerecht zu reden. Allerdings erst später, wenn sie nicht mehr so müde war.

»Das ist wirklich schön«, sagte sie. »Und jetzt, glaube ich, brauchst du erst mal Schlaf.«

Kapitel Zweiundzwanzig

Aggressionsbewältigung

Am ersten Tag des ersten Prozesses hatte Norma ihr Smartphone immer und überall bei sich. Der Handyempfang bei ihr zu Hause war dank eines neuen Sendemastes am Highway-Kreuz deutlich verbessert. Sie holte das Telefon alle paar Minuten aus ihrer Tasche, um sich zu vergewissern, dass sie keinen Anruf verpasst hatte. Zweimal rief sie es sogar von ihrem Festnetz aus selbst an, um ganz sicher sein zu können, dass es auch wirklich funktionierte.

Sie schrieb Betty eine Textnachricht: Hey, ich dachte, du wolltest mich auf dem Laufenden halten.

Nach ungefähr einer Stunde ohne Antwort schrieb sie: Schick mir ein Update, sobald du kannst, okay?

Schließlich brach sie, einfach um sich zu beschäftigen, auf St. Fred zu einem Ausritt auf, was sie seit drei Monaten nicht mehr getan hatte. Während sie unterwegs waren, zog sie ihr Handy immer wieder hervor, um daraufzuschauen.

Nach ungefähr drei Viertel der Strecke scheute Fred wegen einer Schlange und hätte sie beinahe abgeworfen. Sie rutschte tatsächlich aus dem Sattel, hatte jedoch noch einen Fuß im

Steigbügel und hielt den Sattelknauf fest umklammert, sodass sie sich aus eigener Kraft wieder auf den Rücken des Pferdes ziehen konnte. Leider zerrte sie sich dabei mehrere Muskeln und ihr Herz raste wie verrückt.

»Siehst du, vielleicht ist das der Grund, weshalb man in meinem Alter nicht mehr reiten sollte«, teilte sie dem Pferd mit, während sie langsam weiter dem Pfad folgten und sich beide wieder beruhigten. »Andererseits kann es auch sein, dass so was passiert, wenn man nicht häufig genug mit dem Pferd unterwegs ist. Selbst bei einem guten Pferd. Vielleicht sollte ich mehr ausreiten und nicht weniger.«

Wieder zog sie ihr Handy heraus und tippte: Ruf mich an, okay?

Sie folgten dem Pfad noch ungefähr eine Stunde länger, aber Norma konnte es nicht so recht genießen oder die Aussicht bewundern.

»Vermutlich muss ich mich, was das Reiten angeht, für eins von beidem entscheiden«, teilte sie dem Pferd auf dem Heimweg mit. »Entweder reite ich dich genug, damit du ein gutes, verlässliches Pferd bleibst, oder ich verkünde einfach, dass wir uns beide zur Ruhe setzen.«

Ihr Handy klingelte, doch es war nur ein Werbeanruf. Trotzdem erschrak sie, was dazu führte, dass das Pferd ebenfalls erschrak, allerdings nicht besonders heftig.

Sie lehnte den Anruf ab und kehrte nach Hause zurück.

* * *

Es war nach fünf, als Betty sich schließlich meldete.

Norma hatte gerade das Pferd und die Hunde versorgt und war dabei, sich zum Abendessen Toast und Eier zuzubereiten.

Sie nahm beim ersten Klingeln ab. »Da bist du ja endlich«, rief sie.

»Tut mir leid. Ich wusste nicht, dass du Neuigkeiten von mir hören wolltest. Ich dachte, du würdest dich über einen Liveblog oder so auf dem Laufenden halten.«

»Ich weiß nicht mal, was das ist«, erklärte Norma.

Sie glaubte, Betty am anderen Ende der Leitung lachen zu hören, aber es konnte auch lediglich ein lauter Atemzug gewesen sein. Oder ein Seufzen.

Sie klemmte sich das Handy mit der Schulter ans Ohr, steckte zwei Scheiben Brot in den Toaster und drückte den Schieber nach unten. Dann begann sie Eier aufzuschlagen. Durch das Küchenfenster konnte sie Fred zufrieden Heu knabbern sehen. Das war so beruhigend wie immer.

»Heute war es überhaupt nicht aufregend«, berichtete Betty. »Es ging um die Auswahl der Geschworenen.«

»Den ganzen Tag?«

»Jap. Die Geschworenenauswahl dauert ewig und sie sind immer noch nicht fertig. Es müssen nämlich Personen gefunden werden, die nichts über Jake oder den Fall an sich wissen und die sich bisher kein Urteil zu der Sache gebildet haben. Aber unter welchem Stein müsste so jemand vorgekrochen kommen? Es gibt im ganzen Bundesstaat praktisch niemanden, auf den das zutrifft. In so einem Fall müssen sie sich dann mit Leuten begnügen, die noch nicht endgültig entschieden haben, was sie von alldem halten. Doch man kann natürlich behaupten, man habe keine feste Meinung, obwohl das gar nicht stimmt. Es ist schließlich nicht so, dass sie jeden vorgeschlagenen Geschworenen an einen Lügendetektor anschließen oder so. Und der Verteidiger ist da total hinterher. Er weiß, dass das sein größtes Problem ist. Daher ist er übervorsichtig.«

»Wo wir von dem Verteidiger sprechen«, begann Norma, während sie die Eier aufschlug. »Hast du irgendeine Ahnung, was er zur Verteidigung vorbringen wird?«

Sie goss die verquirlten Eier in eine heiße Pfanne, wo sie sogleich zu brutzeln begannen und Blasen warfen.

»Witzig, dass du das ansprichst. Wir hatten heute Gelegenheit, mit dem Staatsanwalt zu reden, und er hat da so seine Theorien. Natürlich ist er kein Hellseher und es sind immer Überraschungen möglich. Wobei die Beweise dafür, dass er sie gewürgt hat, so massiv sind, dass jegliches Leugnen zwecklos ist. Daher wird der Verteidiger sich wohl darauf verlegen, zu zeigen, dass es im Affekt geschehen ist und kein Mordversuch war. Der Staatsanwalt meint, sie werden sich darauf berufen, dass es nicht geplant gewesen sei und Jake fest vorhatte, rechtzeitig aufzuhören, bevor sie tot war. Aber selbst das ist riskant, denn die Anklage hat das Klinikpersonal als Zeugen. Der Notarzt, der Wanda behandelt hat, wird aussagen, dass sie verdammt dicht davorstand, zu sterben. Und die Polizei hat in der ersten Nacht Beweisfotos von ihren Verletzungen gemacht. Damit wollen sie dagegenhalten und belegen, dass er sich, selbst wenn er nicht vorhatte, sie umzubringen, nicht sicher sein konnte, das nicht doch zu tun. Er war nur ganz knapp davon entfernt, einen tödlichen Fehler zu begehen. Wie auch immer. Nach den Eröffnungsplädoyers wissen wir mehr. Ich werde dir einen Link zu einem der Liveblogs schicken, die über den Prozessverlauf berichten. Im Gerichtssaal müssen wir die Handys ausschalten, darum habe ich deine Nachrichten erst heut Abend gelesen.«

»Oh«, erwiderte Norma. »Okay.« Sie rührte die Eier in der Pfanne um und fühlte sich leicht gekränkt, weil Betty sie nicht persönlich regelmäßig mit Neuigkeiten versorgen würde. »Wie läuft es mit der kleinen Betty?«

»Sie könnte gar nicht artiger sein. Ich musste mit ihr erst zweimal den Gerichtssaal verlassen. Sie ist wirklich ein total braves Baby.«

»Weißt du …«, setzte Norma an. Sie konnte spüren, dass das Telefonat sich seinem Ende näherte, und wollte es in die

Länge ziehen. »Wenn sie ihn verurteilen … wobei das streng genommen ein ›falls‹ und kein ›wenn‹ ist, aber ich muss glauben, dass sie ihn nicht so einfach davonkommen lassen … Meinst du nicht, sie sollte sich um das alleinige Sorgerecht bemühen? Der Umstand, dass der Vater ihres Babys im Gefängnis sitzt, weil er versucht hat, sie umzubringen, muss doch den Ausschlag zu ihren Gunsten geben, oder?«

»Darüber haben wir schon mit einem Anwalt gesprochen«, antwortete Betty.

»Ach, habt ihr? Davon habt ihr mir ja gar nichts erzählt.«

»Ich dachte, wir warten erst mal und schauen, wie sich die Sache entwickelt, bevor wir dich einweihen und du die dritte Person in unserer Gruppe wirst, die nachts nicht mehr schlafen kann. Der Anwalt hat uns nicht viel Hoffnung gemacht.«

Norma spürte ein merkwürdiges Ziehen in ihrem Bauch.

»Moment. Er glaubt, ein Richter würde ihr nicht das alleinige Sorgerecht zugestehen?«

»Nicht ganz. Laut ihm könnte sie natürlich vor Gericht ziehen und würde wahrscheinlich sogar gewinnen.«

»Was ist dann das Problem?«

»Es steht zu befürchten, dass Jake nach seiner Entlassung das gemeinsame Sorgerecht einklagen könnte und vermutlich gar keine so schlechten Chancen hätte, es zu erhalten. Besonders, wenn er nicht wegen versuchten Totschlags verurteilt wird, sondern wegen schwerer Körperverletzung oder so. Ich glaube, wenn ein Verurteilter seine Strafe abgesessen hat, müssen die Gerichte ihn als rehabilitiert betrachten. Es sei denn, er tut irgendwas, das dem widerspricht. Ich glaube, so funktioniert das bei uns, ob das nun gerecht ist oder nicht.«

»Wir haben kein Gerechtigkeitssystem in diesem Land«, erklärte Norma. Sie machte die Platte unter ihren Eiern aus, damit sie nicht zu trocken wurden oder anbrannten. »Wir haben ein Rechtssystem.«

»Ich bin mir nicht sicher, was das heißen soll«, erwiderte Betty.

»Das hat mir unser Bezirksstaatsanwalt gesagt. Ich kann nicht genau wiedergeben, was er gemeint hat, aber ich habe ihn so verstanden, dass es bei uns mehr um die Befolgung von Regeln geht, die die Gesetze festlegen, und weniger darum, für Gerechtigkeit zu sorgen, wie sie der normale Bürger empfindet.«

»Ja«, antwortete Betty. »Genau das kostet mich jede Menge Schlaf.«

»Du hast erzählt, ihr hättet mit einem Anwalt gesprochen. Was hat er denn gesagt?«

»Oh, viele Sachen. Ich konnte mir kaum alles merken. Irgendwo sind die Notizen, die ich mir gemacht habe. Die eine Sache, die mir echt Angst einjagt, ist, dass man nie hundertprozentig sicher sein kann, wie ein Richter entscheiden wird. Eine Sache, die helfen würde, da du gerade den Bezirksstaatsanwalt erwähnt hast, wäre die Verhandlung wegen Totschlags gegen Jake, wenn er sie erfolgreich durchboxt. Wenn der sowohl wegen versuchten Totschlags als auch wegen Totschlags selbst verurteilt wird, kann ich mir nicht vorstellen, dass ihm jemand ein Kind anvertrauen würde. Nur über meine Leiche, übrigens. Ich hab immer noch die Schrotflinte meines verstorbenen Mannes und ich weiß, wie man sie benutzt. Ich bin sogar ziemlich gut. Falls er bei mir auftaucht, knall ich den Mistkerl vor meiner Türschwelle ab.«

»Betty …«

»Was?«

»Du kannst mit deiner Schrotflinte auf ihn schießen, wenn er bei dir einbricht und versucht, jemandem wehzutun, doch nicht, wenn er pünktlich zur vereinbarten Zeit erscheint, um von seinem gerichtlich angeordneten Besuchsrecht Gebrauch zu machen.«

Ein längeres Schweigen entstand.

»Nun, wie auch immer«, sagte Betty. »Wir hoffen auf ein gutes Ergebnis. Besonders bei dem Mordprozess.«

Das blieb Norma ein bisschen in der Kehle stecken, so wie ungenügend gekautes Essen. Weil sie mehr und mehr in Versuchung geführt gewesen war, diesen Prozess zu stoppen, bevor er überhaupt beginnen konnte. Natürlich nur mit Jills Segen. Aber sie konnten die Wahrheit jederzeit öffentlich aussprechen, statt sie im Stillen dem Bezirksstaatsanwalt mitzuteilen.

Doch nun war da die kleine Betty, an die sie denken mussten. Es fühlte sich an, als trügen sie Handschellen. Als ob die Unschuldigen in diesem ganzen Dilemma diejenigen wären, die die Handschellen anhatten, und nicht der Täter.

* * *

Jill rief Norma kurz nach zwei Uhr nachts auf dem Handy an.

Sie war gerade dabei, in ihren Schlafanzug zu schlüpfen, erschöpft von einem geschäftigen Abend im Pub ohne Betty als Unterstützung.

»Hey«, sagte Norma und platzierte das Handy auf ihrem Kopfkissen.

Sie stellte auf Lautsprecher um, legte sich mit dem Kopf daneben und schloss die Augen.

»Morgen sind die Eröffnungsplädoyers«, bemerkte Jill.

»Habe ich auch gehört.«

»Ich verfolge alles auf einem Liveblog.«

»Damit ist es offiziell: Alle Welt weiß, was das ist, nur ich nicht. Ich hatte gehofft, sie würden im Fernsehen darüber berichten. Das Interesse der Leute würde das rechtfertigen.«

»Vielleicht fand der Richter, dass es genug Medienzirkus drumherum gab, auch ohne Fernsehkameras.«

»Ja, so was habe ich auch vermutet«, erwiderte Norma.

Einen Moment lang sprach keine von ihnen. Norma wäre fast eingedöst, so müde war sie.

»Ich hab mit dem Gedanken gespielt, mich an die Öffentlichkeit zu wenden«, verkündete Jill.

»Darüber habe ich auch nachgedacht. Allerdings würde ich das nie ohne deine Erlaubnis tun.«

»Es wäre schlimm für meine Eltern. Das ist es, was mich davon abhält. Am Ende kriegen sie Schwierigkeiten. Oder du.«

»Mach dir um mich keine Sorgen«, entgegnete Norma.

»Aber ein anderer Teil von mir … Ich weiß nicht. Ich möchte ihn wirklich hinter Gittern sehen, Norma. Ist das schlimm? Bin ich ein schlechter Mensch?«

»Nein, du bist kein schlechter Mensch. Jeder würde so empfinden. Anstatt dich wegen dieses Wunsches schuldig zu fühlen, solltest du es dir vor allem für das Baby wünschen. Denn Wanda hat deutlich bessere Chancen, das alleinige Sorgerecht zu bekommen und zu behalten, wenn er wegen Mordes verurteilt wird.«

»Du denkst doch nicht, er würde dem Baby etwas antun, oder?«

»Nein, das bezweifle ich. Das ist eine andere emotionale Dynamik. Ich glaube, er würde Wanda verletzen wollen, einfach indem er einen Platz in ihrem Leben einnimmt. Kontrolle über sie ausübt, indem er das Sorgerecht für ihre gemeinsame Tochter beansprucht.«

»O ja«, antwortete Jill. »Das würde er ganz bestimmt tun.«

Eine weitere längere Stille entstand. Wie lang sie dauerte, vermochte Norma nicht zu sagen, denn sie schlief kurz ein.

»Norma?«, hörte sie.

Das riss sie zurück ins Wachsein.

»Was? Ich bin da. Tut mir leid. Ich muss für eine Sekunde weggedöst sein.«

»Ich weiß, es ist spät. Ich lass dich auch gleich in Ruhe. Ich möchte nur noch eine Frage stellen und dann lass ich dich schlafen. Wie kommt es, dass Typen wie Jake niemals eine Therapie zur Aggressionsbewältigung machen?«

»Oh, die machen sie bestimmt. Gewöhnlich wenn ein Richter sie dazu verdonnert. Es sind die Richter, die dafür sorgen, dass diese Kurse ausgebucht sind.«

»Richtig. Genau. Sie werden vom Gericht dazu gezwungen, aber sie sind da nicht freiwillig. Sie entscheiden sich nie aus eigenem Antrieb dafür, Hilfsangebote anzunehmen. Und ich weiß, es ist so leicht, zu behaupten, dass es sie nicht kümmert. Dass sie sich nur für sich selbst interessieren. Aber Jake hat mich geliebt. Es klingt merkwürdig, wenn ich das jetzt sage, nach all dieser Zeit, doch das hat er getan. Ich weiß es.«

»Das kann ich mir gut vorstellen«, bestätigte Norma.

»Warum gehen sie dann nicht hin?«

»Weil sie ihre Aggressionen, ihre Wut behalten wollen. Sie wollen sie nicht loslassen. Es verleiht ihnen ein Gefühl von Macht und Sicherheit.«

Einen Moment lang gab es keine Antwort.

Dann sagte Jill etwas und man konnte eindeutig hören, dass sie weinte.

»Ich wusste, dass du es wissen würdest«, erwiderte sie.

»Ich weiß nicht alles«, wandte Norma ein.

»Aber eine Menge.«

* * *

Beim Morgenkaffee versuchte Norma so ein Ding namens Liveblog zu finden.

Betty hatte offenbar ihr Versprechen vergessen, Norma den Link zu einem zu schicken, was Norma sowohl ärgerlich als auch verständlich vorkam.

Sie verwandte mehr als eine halbe Stunde darauf, ohne irgendetwas zu erreichen.

Sie war imstande, den Prozess zu googeln, doch alles, was das brachte, waren Artikel über den Hintergrund des Falles, aber nichts, was direkt aus dem Gerichtssaal berichtete.

Mit der Zeit wuchs ihr Frust und sie beschloss, stattdessen die Koppel und den Unterstand von St. Fred auszumisten und gründlich zu säubern.

Er hatte sein Frühstücksheu noch nicht aufgegessen, daher warf sie es über den Zaun und ließ ihn auf die größere Weide. Dann holte sie die Schubkarre, eine Schaufel, eine Mistgabel und einen Besen und schob alles auf die Koppel. Sie stellte es vor den Unterstand und begann das Stroh und die Sägespäne von den Stallmatten aus Gummi zu entfernen, aus denen der Untergrund seines Schlafbereichs bestand.

Das Pferd ging nicht weit, da es sein Heu weiterfressen wollte.

Norma redete mit ihm, während sie arbeitete, und Fred hob zwischendrin immer wieder den Kopf, um sie anzusehen, als sei er daran interessiert, sie zu verstehen.

»Es bringt mich schier um, nicht zu wissen, was passiert«, verkündete sie.

Das Maul des Pferdes arbeitete sichtbar, während es kaute. Dann senkte der Wallach erneut den Kopf.

»Das, was ich an dir so liebe, ist, dass du immer im Moment bist. Du regst dich nie über was auf, das irgendwo anders passiert, und du scheinst dir nie Sorgen zu machen über irgendein Problem, das die Zukunft vielleicht bringen mag. Die Hunde sind da genauso. Ihr lebt einfach. Genau jetzt. Die Leute erzählen einem dauernd, dass die Menschen Tieren überlegen sind, und früher, als ich jung war, habe ich das geglaubt. Ich denke, die meisten Leute schlucken das automatisch und denken nicht weiter darüber nach. Dabei kostet es uns so viel Mühe, auch nur dreißig Sekunden zu meditieren, und dann entfliehen unsere Gedanken schon. Du meditierst bereits dein ganzes Leben. Und wenn dich das nicht zu einem besseren Lebewesen macht, wieso strengen die Leute sich dann die ganze Zeit so an mit dem Meditieren?«

Er schaute sie kauend an, seufzte tief und beugte den Kopf wieder zu seinem Heu hinab.

Sie zog ihr Handy aus der Tasche, aber es waren keine Nachrichten oder Anrufe da. Was Sinn ergab, denn Betty hatte ihr ja bereits erklärt, dass die Handys im Gerichtssaal ausgeschaltet werden mussten.

Daran würde sich den ganzen Tag lang auch nichts ändern.

Also schaltete sie ihr Smartphone ebenfalls aus und steckte es zurück in die Tasche.

»Erinnerst du dich noch, wie ich dir gesagt habe, ich sei dankbar dafür, dass du ein Pferd bist und kein Mensch?«, fragte sie St. Fred und er schenkte ihr im Gegenzug seine Aufmerksamkeit. »Nun, du solltest ebenfalls dankbar sein. Du solltest dankbar sein, dass du ein Pferd bist. Denn ein Mensch zu sein ist überhaupt nicht so toll, wie man meinen möchte.«

Sie würde eine weitere Stunde oder so brauchen, um die Stallmatten sauber zu schrubben, dann mussten sie noch trocknen, bevor sie frische Streu und Holzspäne darauf verteilen konnte. Eine Stunde fühlte sich nicht so lang an.

Andererseits konnte sie sich, wenn sie damit fertig war, immer noch das Haus vornehmen.

* * *

Betty rief gegen sechs an.

Da hatte Norma ihr Handy natürlich längst wieder eingeschaltet. Sie hatte gerade die Schüsseln hochnehmen wollen, um die Hunde zu füttern, und als sie sich hinsetzte, um zu telefonieren, waren die enttäuscht, um es vorsichtig auszudrücken.

Sie ging beim ersten Klingeln dran.

»Wie ist es gelaufen?«

»Ich dachte, du wolltest heute dem Liveblog folgen«, erwiderte Betty.

»Und ich dachte, du wolltest mir den Link zu einem schicken.«

»Oh. Ups. Tut mir leid. Das Baby war heute unruhig und Wanda war ganz aufgelöst, sodass ich das völlig vergessen habe.«

»War sie im Zeugenstand?«

»Ja.«

»Und wie war es?«

»Oh, das weiß ich nicht so genau. Vermutlich könnte man sagen, so wie erwartet. Sie hat in allen Einzelheiten beschrieben, was geschehen ist. Als der Verteidiger sie ins Kreuzverhör genommen hat, konnte man erkennen, dass der Staatsanwalt mit dem, was er mir erzählt hat, richtiglag. Der Typ wollte die ganze Zeit von ihr wissen, wie sie sich so sicher sein kann, dass er sie umgebracht hätte, und wie irgendjemand so etwas wissen könne. Doch sie hat sich tapfer geschlagen. Zwar hat sie viel geweint, aber das ist ja nicht verboten.«

Beide Hunde hatten Norma auffordernd den Kopf in den Schoß gelegt und wedelten.

»Moment«, sagte Norma zu ihnen.

»Okay«, antwortete Betty.

»Nein, nicht du. Ich hab mit den Hunden gesprochen. Er muss dann morgen in den Zeugenstand?«

»Nein. Das ist das Komische an der ganzen Sache, Norma. Der Verteidiger hat auf weitere Vernehmungen verzichtet. Daher ist er nicht in den Zeugenstand gerufen worden.«

»Warte.«

»Wer, ich oder die Hunde?«

»Diesmal du. Sowohl die Anklage als auch die Verteidigung haben auf weitere Vernehmungen verzichtet?«

»Genau. Die Beweisaufnahme ist abgeschlossen.«

»So schnell.«

»Nun, es scheint vielleicht so«, äußerte Betty, »als ob im Großen und Ganzen … du weißt schon, was Prozesse angeht … ein Tag mit Aussagen kurz ist. Aber wenn man sieben Stunden im Gericht sitzt und sich die Geschichte in allen Einzelheiten anhören muss und wie alles auseinandergenommen wird, kommt einem das lang genug vor. Besonders bei einem so klaren Fall wie diesem.«

»Und er hat nie selbst ausgesagt und wurde auch nicht von seinem Verteidiger befragt. Das kommt mir merkwürdig vor. Hat er vielleicht einen schlechten Anwalt oder so? Ist das einer von denen, die das Gericht dem Angeklagten zur Verfügung stellt, die betrunken zum Prozess auftauchen oder mitten im Plädoyer einschlafen oder so?«

»Wohl kaum. Seine Mom und sein Dad haben ihm die Anwälte besorgt und nach dem, was ich so gehört habe, sind sie offenbar nicht billig.«

»Hm«, meinte Norma. »Das kann nur eins heißen, oder?«

»Ich glaube, es heißt, seine Anwälte wissen, dass er sich durch seine Aussage mehr schaden als nützen würde.«

»Genau. Wann ziehen sich denn die Geschworenen zur Beratung zurück?«

»Erst kommen noch die Schlussplädoyers.«

»Oh. Richtig. Das hatte ich vergessen. Bitte denk diesmal daran, mir den Link zum Blog zu schicken, ja?«

»Auf jeden Fall. Versprochen. Ich muss jetzt los. Die Kleine weint und Wanda steht kurz davor, völlig durchzudrehen.«

»Okay, danke für den Anruf. Bis dann.«

Norma legte auf und saß einen Moment lang da, spürte die Luftbewegung von den wedelnden Hundeschwänzen. Nachdem sie den ganzen Tag gewartet hatte, war das alles, was sie heute erfahren würde. Sie fühlte sich innerlich leer.

Sie seufzte, legte das Handy hin, stand auf und gab den Hunden ihr Futter.

Kapitel Dreiundzwanzig

Viele Grüsse von Farley

Am Morgen erhielt sie von Betty eine Textnachricht mit dem Link zu einem Liveblog.

Es war zu früh am Tag, um etwas über die Abschlussplädoyers zu erfahren, denn die Sitzung hatte noch nicht einmal begonnen. Norma las stattdessen die Berichterstattung über den Vortag.

Sie war lang, detailliert und nicht wirklich faszinierend, genau wie Betty vorhergesagt hatte. Und dabei war das nur die Zusammenfassung.

Was Norma auffiel, war die Beschreibung davon, wie Wanda im Zeugenstand zusammengebrochen war. Betty hatte ihr zwar erzählt, dass Wanda viel geweint habe, aber das hier war viel ausführlicher.

Dem Autor des Liveblogs zufolge, der über irgendeine Form von juristischer Vorbildung verfügte, hatte Wanda vor Schluchzen beinahe keine Luft mehr gekriegt. Ihre Worte waren kaum zu verstehen gewesen. Doch was die Jury hatte verstehen können, war, dass Wanda ihre kleine Tochter mehr liebte, als sie es je für möglich gehalten hätte, und dass das

Schlimmste an der Vorstellung, dass Jake zurückkommen und die Sache zu Ende bringen könnte, war, dass er auch ihrer Tochter etwas antun könnte oder sie dann zumindest ohne Mutter aufwachsen müsste. Sie hatte keinen Zweifel daran gelassen, dass ihre Sorge viel mehr dem Baby als ihr selbst galt.

Laut der Zusammenfassung war der Anwalt der Verteidigung ziemlich über die Grenze hinausgegangen, als er sie befragt hatte. Es war oft Einspruch erhoben worden, vor allem wegen Bedrängens der Zeugin.

Der Richter hatte allen Einsprüchen stattgegeben.

Das ist das Problem, wenn man seinem Sohn einen Hai von Anwalt besorgt, dachte Norma. *Manchmal kommt man mit Einschüchterung weiter, auch wenn das nicht so sein sollte. Aber wenn man es zu weit treibt, kann es auf einen selbst zurückfallen und sich am Ende als Nachteil erweisen.*

Wenigstens hoffte sie, dass das so sein würde.

* * *

Etwa nach der Hälfte des zweiten Abschlussplädoyers – das der Verteidigung – klingelte Normas Handy.

Ihr erster Gedanke war, dass es Betty wäre. Was natürlich Unsinn war, denn Betty war ja im Gerichtssaal und hatte ihr Telefon ausschalten müssen. Dennoch war das Normas erster Impuls.

Auf dem Display stand eine unbekannte Nummer, aber eine aus der Gegend hier.

Sie nahm ab, auch wenn eine fünfzigprozentige Chance bestand, dass es ein Spam-Anruf war, der die lokale Nummer nur vorgaukelte.

»Was?«, fragte sie kurz, da sie möglichst schnell zurück zum Blog wollte.

»Hallo, Norma«, meldete sich eine verschüchtert klingende Stimme. »Hier spricht Veronica.«

Norma glaubte nicht, dass sie jemanden namens Veronica kannte, also schwieg sie erst mal.

»Die neue Tageskraft im Pub«, erklärte die schüchterne Stimme.

»Ach ja, Veronica. Was gibt's?«

»Meine zweijährige Tochter hat hohes Fieber. Fast vierzig Grad. Normalerweise lasse ich sie bei meiner Oma, wenn ich arbeite, doch die fährt nicht mehr Auto.«

»Und jetzt hoffst du, dass ich deine Schicht übernehmen kann?«

»Wäre das vielleicht möglich? Es sind bloß vier Stunden. Von vier bis acht. Allerdings würdest du heute insgesamt zwölf Stunden arbeiten müssen.«

Norma seufzte.

»Kümmere du dich um deine Tochter«, sagte sie. »Ich schaff das schon. Außerdem kann ich das Geld gebrauchen.«

Während Veronica sich noch überschwänglich bedankte, wurde Norma klar – was sie aber nicht aussprach –, dass ihr das Geld egal war. Oder beinahe egal. Sie musste etwas mit ihrer Zeit anfangen. Mit ihrem Gehirn. Ständig die Seite mit dem Blog neu zu laden, auch wenn sie sich automatisch aktualisierte, sobald es ein Update gab, zerrte an ihren Nerven. Es fühlte sich an, als würde sie versuchen, allein durch Gedankenkraft Neuigkeiten zu erzwingen, ein Urteil.

Es war zermürbend. Es zog sie runter.

* * *

Als sie um vier Uhr am Pub eintraf, erwartete sie schon eine größere Gruppe Gäste. Sie lungerten auf dem Parkplatz herum, dreckig und müde, und schienen sich einfach nur zu wünschen, dass jemand kam und die Tür aufschloss.

Eigentlich war das keine große Überraschung.

Für viele Wanderer und Kletterer endete der Tag deutlich vor Sonnenuntergang und niemand schaute genau auf die Uhr, bevor er sich ein kaltes Bier oder auch drei genehmigen wollte.

Norma parkte an der Hintertür und sah noch einmal auf ihrem Handy nach, ob es Neuigkeiten gab.

Die Jury hatte sich vor wenigen Minuten zur Beratung zurückgezogen.

Plötzlich war sie sehr froh, dass sie sich bereit erklärt hatte, für Veronica einzuspringen. Die Beratung der Geschworenen konnte eine Stunde oder eine ganze Woche dauern – vermutlich würden es einige Tage werden – und die Arbeit im Pub würde sie ablenken und dafür sorgen, dass sie nicht durchdrehte.

Norma betrat den Pub durch die Küche und schloss die Vordertür von innen auf.

Die Gruppe strömte herein, insgesamt waren es vielleicht zwanzig Leute.

Norma ging hinter die Bar, um alles vorzubereiten, und eine junge Frau kam zum Tresen, setzte sich vor ihr auf einen Barhocker und wartete.

»Gehören Sie alle zusammen?«, fragte Norma.

»Ja, wir sind ein Team. Wir sind auf einer Route im Escalante geklettert.«

Sie war vermutlich Ende zwanzig, hatte einen dicken, dunklen Zopf, der ihr über eine Schulter hing. Sie trug ein Trägertop, das ihre langen, sehnigen, mit Erde beschmierten Arme entblößte, und sie roch nach Schweiß. Das taten die meisten Gäste hier.

»Was kann ich Ihnen bringen?«

»Ich denke, wir starten mal mit vier großen Kannen. Aber die sind vermutlich schnell leer.«

»Ich kann sie gern an den Tisch bringen.«

»Nein, das ist schon okay. Sie sind ja ganz allein hier und wir sind manchmal nicht ganz einfach.« Sie schwieg kurz, während Norma anfing, den ersten Krug zu füllen. »Verfolgen Sie den Prozess?«

»Genauer, als vermutlich gut für mich ist.«

»Hab ich mir gedacht. Weil ja alles hier in Sloot begonnen hat.«

»Im Moment berät sich die Jury.«

»Das wollte ich auch gerade sagen.«

»Es ist später Nachmittag. Vielleicht eine Stunde früher in Südkalifornien. Ich vergess das immer. Haben die da im Moment Sommerzeit?«

»Weiß ich nicht«, antwortete die junge Frau. »Wir sind aus Colorado.«

»Sie sind aus Colorado und kommen hierher zum Klettern?«

»Manchmal braucht man ein bisschen Abwechslung und bei uns gibt es keine roten Felsen.«

»Nun, wie auch immer«, erwiderte Norma. »Was ich meine, ist … Heute können wir wohl nicht mit einem Urteil rechnen.« Sie füllte schweigend die restlichen Kannen und stellte sie auf ein Tablett. »Sind Sie sich sicher, dass Sie das allein schaffen?«

»Wenn ich die Route geschafft habe, auf der wir heute geklettert sind, schaff ich alles.«

Sie hielt Norma eine Kreditkarte hin, doch Norma winkte ab.

»Sie können nachher bezahlen, wenn Sie gehen.«

Die junge Frau schnappte sich das Tablett. Sie benötigte einen Moment, um alles auszubalancieren, aber nachdem ihr das gelungen war, glaubte ihr Norma.

»Von wegen ›heute kein Urteil‹«, meinte die Frau. »Was mich wirklich umbringt, ist, dass das Finden des Strafmaßes so viel länger dauert. Also mehrere *Wochen*. Wenn die Jury den Typen für schuldig befindet – und ich wüsste nicht, wie sie das nicht tun könnten –, dann ist das doch das, was man eigentlich wissen will, oder? Es geht allein darum, wie lange er einsitzen muss. Das ist es, woran alle interessiert sind.«

»Ja«, pflichtete ihr Norma bei. »Das bringt mich auch um.«

* * *

Es war etwa eine Stunde später, als die Frau aufschrie. Norma wusste nicht, wie viel Zeit genau verstrichen war, weil sie sich weigerte, einen Blick auf ihr Handy zu werfen.

Es war dieselbe junge Frau, die fünf Runden mit jeweils vier Kannen Bier von der Bar geholt hatte. Sie schaute auf ihr Telefon und rief plötzlich etwas in einer Lautstärke, die das Stimmengewirr in der Bar nicht nur übertönte, sondern es effektiv zum Verstummen brachte.

»Schuldig in beiden Punkten!«, brüllte sie.

»Wirklich?«, fragte Norma laut. »So schnell?«

»Sie haben eine Stunde und fünf Minuten beraten«, antwortete die Frau in der gleichen Lautstärke. »Ich denke, wenn man es weiß, weiß man es einfach.«

»Ist schon klar, wann das Strafmaß verkündet wird?«

»Bisher nicht. Aber ich lade neu.«

Norma wollte ihr sagen, dass Liveblogs sich automatisch aktualisierten. Doch sie tat es nicht, denn sie verstand das Bedürfnis nur zu gut.

* * *

Sechs Minuten später meldete sich Betty auf Normas Handy.

»Schuldig in beiden Punkten«, rief sie statt einer Begrüßung.

»Hab ich schon gehört.«

»Wo bist du? Wer sind all die Leute im Hintergrund? Arbeitest du?«

»Ja, ich hab Veronicas Schicht übernommen.«

»Wessen Schicht?«

»Die der neuen Frau für den Nachmittag. Ihr Kind ist krank.«

»Ach so, die. Stimmt. Du wirst heute Nacht um zwei todmüde sein.«

»Ich überleb das schon. Weiß man, wann das Strafmaß verkündet wird?«

»Morgen in zwei Wochen.«

»Aber ihr fahrt deswegen nicht noch einmal nach Südkalifornien, oder?«

»Nein, das ist nicht nötig. Wir haben hier jemanden kennengelernt. Sie heißt Teresa. Die Mutter der Ermordeten. Sie fährt zur Strafmaßverkündung. Sie lebt hier in der Nähe und hat versprochen, sich bei uns zu melden, sobald sie was weiß.«

Norma hatte schon den Mund geöffnet, um zu rufen: »Ja, natürlich. Teresa Moss. Die kenn ich.« Doch dann fiel ihr ein, dass Teresa Moss in den Augen der Welt ja eine völlig Fremde für sie war. Also schloss sie den Mund wieder und sagte nichts.

»Er könnte bis zu neun Jahre kriegen«, erklärte Betty.

»Womit die kleine Betty immer noch ein Schulkind wäre, wenn er entlassen wird.«

»Ich weiß. Glaub mir, das weiß ich. Wanda und ich haben praktisch über nichts anderes gesprochen. Wenigstens erfahren wir es vor dem nächsten Prozess. Dem Mordprozess. Man würde vermuten, wenn der Richter hier ein geringes Strafmaß verkündet, besteht eine Chance, dass sich das mit dem Urteil im Mordprozess ausgleicht. Das ist zumindest das, was ich mir zusammengereimt habe, nachdem ich ein paar Tage im Gerichtsgebäude verbracht habe.«

»Allerdings nur, wenn er denn verurteilt wird. Ohne Leiche ist es nicht so leicht, einen Schuldspruch zu erreichen.«

»Norma, bitte«, sagte Betty. »Wir müssen einfach darauf hoffen.«

»Sorry.«

Wieder einmal überrollte Norma das Wissen, dass ihrem Bedürfnis nachzugeben, die Wahrheit über Jill zu verraten, vermutlich keine Option war. Ihr waren die Hände gebunden. Oder zumindest wäre es eine Option mit einem hohen Preis. Was unter Umständen okay wäre, wenn *sie* diejenige wäre, die diesen Preis zahlen müsste.

»Oh, das hab ich fast vergessen«, fuhr Betty fort. »Ich habe hier jemanden kennengelernt, der dich kennt. Ich soll dich von ihm grüßen. Farley Irgendwas ist sein Name.«

»Ich kenne niemanden, der Farley heißt.«

»Nun, er kennt dich. Er hat erzählt, dass er vor nicht mal zwei Wochen in Sloot war und in der Bar mit dir geredet hat.«

»Ach, stimmt. Ich glaube, ich weiß, wer das ist. So ein großer Kerl?«

»Ganz genau.«

»Das war der Kerl, der Jake Willis im Pub gepackt und auf einen Tisch geworfen hat.«

»Daran erinnere ich mich«, erwiderte Betty. »Aber ich erinnere mich nicht an den Mann. Er scheint gar nicht der Typ für so was zu sein. Auf mich wirkt er viel eher wie ein sanfter Riese.«

»Er hat mir versichert, dass er an sich nicht zu Gewalttätigkeit neigt, doch ich vermute, jeder ist dazu fähig, wenn die Umstände stimmen. Ist er nur für die Verhandlung den ganzen Weg da runtergefahren? Er muss von dem Fall ja besessen sein.«

»Alle sind das«, sagte Betty. »Ich weiß nicht, warum.«

»Nun, hoffentlich erwartest du nicht, dass ich dir das erkläre. Denn ich habe nicht die geringste Ahnung.«

Kapitel Vierundzwanzig

All das Vortäuschen

In der Nacht, bevor das Strafmaß verkündet wurde, schlief Norma nicht. Gar nicht. Nicht eine Minute, soweit sie es beurteilen konnte.

Sie lag mit geschlossenen Augen im Bett und versuchte sich dazu zu zwingen, einzuschlafen. Das Wissen, dass sie am nächsten Tag arbeiten musste, erhöhte den Stress nur, was es noch unmöglicher machte, zur Ruhe zu kommen.

Gegen acht Uhr morgens gab sie auf, stand auf und fütterte die Hunde und das Pferd. Ihr Magen fühlte sich wie ein Stein an und ihre Augen, als ob sie Sand hineingerieben hätte.

Sie bereitete sich Rührei und Toast zu, aber keinen Kaffee. Als sie aufgegessen hatte, zog sie die Vorhänge im Schlafzimmer zu, legte sich wieder ins Bett und bemühte sich erneut, einzudösen.

Zuerst klappte es nicht viel besser als in der Nacht. Dann jedoch klingelte ihr Handy und weckte sie – dabei hatte sie gar nicht bemerkt, dass sie eingenickt war.

Während sie nach ihrem Telefon griff, schaute sie auf die Uhr. Es war fast halb zwölf.

Der Anruf kam von Teresa Moss. Weil sie Teresa noch in ihrer Kontaktliste hatte, konnte Norma die Initialen O und T erkennen.

Sie berührte den Button auf dem Bildschirm, um den Anruf anzunehmen.

»Hey«, sagte sie.

»Habe ich Sie geweckt?«, fragte Teresa.

»Ich konnte letzte Nacht nicht schlafen, also hatte ich mich noch mal hingelegt. Aber es ist okay. Was ist los?«

»Er hat vierundsechzig Monate gekriegt.«

Normas Verstand war noch benommen, daher brauchte sie eine Weile, um es im Kopf auszurechnen.

»Fünf Jahre und vier Monate?«

»Genau.«

Einen Moment lang sagte keine von ihnen etwas.

Norma lag auf dem Rücken in dem dunklen Raum und sah zum Fenster, wo die Welt nur an den Rändern der Vorhänge hell zu sein schien. Sie blickte zu den Hunden, die nebeneinander auf dem Boden schliefen, den Kopf auf den Rücken des jeweils anderen gelegt, wie eines dieser Yin-und-Yang-Symbole. Sie versuchte zu verstehen, was fünf Jahre und vier Monate in der echten Welt bedeuteten. Wie sich das für sie anfühlte.

»Ist es in Ordnung, dass ich Sie angerufen habe?«, fragte Teresa nach einer Weile. »Cassie sagte, dass es jetzt okay sei.«

»Ja, ich bin mir sicher, es ist kein Problem. Was halten Sie davon? Von den fünf Jahren und vier Monaten, meine ich.«

»Ich weiß nicht so recht. Es könnte vermutlich besser sein. Andererseits könnte es auch schlimmer sein. Ich muss nur die ganze Zeit an das süße kleine Mädchen denken. Sie wird fünf sein, wenn er rauskommt und wahrscheinlich bei ihrer Mutter auftaucht. Außer es gelingt der Anklage, den Mordprozess zu gewinnen, was schwierig ist, wenn man keine Leiche vorweisen kann.«

»Sie machen sich mehr Sorgen um ein Baby als um Ihre eigene Tochter?«

»Das Baby ist leichter zu finden.«

Eine weitere Stille.

Wieder war es Teresa, die sie brach.

»Ich habe Betty versprochen, ihr zu schreiben, sobald ich es weiß. Sie ist eine Freundin von Ihnen, richtig? Ich kümmere mich jetzt gleich darum. Doch ich musste Sie einfach zuerst anrufen. Weil ich Sie kenne. Natürlich habe ich das Betty nicht verraten.«

»Danke.«

»Wahrscheinlich werden Sie es bald auch von ihr hören und dann müssen Sie so tun, als ob Sie noch nichts wüssten.«

»Das musste ich in den letzten paar Jahren häufiger«, bemerkte Norma. Dann konnte sie es sich nicht verkneifen, hinzuzufügen: »Das ist ein Zeichen dafür, dass man irgendwo falsch abgebogen ist.«

Sie glaubte auf der anderen Seite einen Seufzer zu hören.

»Ich weiß, dass Sie das so empfinden«, erwiderte Teresa. »Aber ich möchte Ihnen immer noch dafür danken, dass Sie nicht zum Staatsanwalt gegangen sind und ihm mitgeteilt haben, dass sie lebt.«

»Genau das habe ich getan. Ich habe ihm erklärt, dass sie lebt. Hat Ihre Tochter Ihnen das nicht erzählt?«

»Nein.«

Eine Pause, die Norma nicht füllte. Sie dachte sich, dass die andere Frau das erst mal verdauen musste.

»Warum gibt es dann demnächst einen Mordprozess?«, fragte Teresa.

»Weil er nichts davon wissen wollte.«

»Er hasst Jake so sehr wie ich?«

»Das weiß ich nicht. Ich kann ja nicht in seinen Kopf gucken. Doch es kommt einem fast so vor, ja.«

»Dann sollte ich Ihnen wohl danken, weil Sie sich nicht an eine Zeitung oder einen Nachrichtensender oder so etwas gewandt haben.«

»Ich habe mit dem Gedanken gespielt. Ihre Tochter ebenfalls. Zu diesem Zeitpunkt ist es wohl hauptsächlich das Baby, das uns zurückhält.«

Für eine Weile, die sogar nach den Standards dieser Unterhaltung unangenehm war, schwiegen sie wieder.

»Ich werde jetzt Ihrer Freundin schreiben. Danke für alles.«

»Sie reden, als ob wir uns nie wiedersehen würden.«

»Werden wir das denn?«

»Werden Sie nicht bei der Gerichtsverhandlung aussagen müssen?«

»Oh, werden Sie da sein?«

»Das will ich keinesfalls verpassen. Das Gerichtsgebäude befindet sich lediglich eine gute halbe Stunde mit dem Auto von meinem Haus entfernt. Natürlich werden wir so tun müssen, als ob wir uns zum ersten Mal begegnen.«

»Aber von dem Punkt an kennen wir uns dann offiziell. Weil wir uns beim Gerichtsprozess getroffen haben.«

»Das stimmt«, pflichtete Norma ihr bei.

»Dann haben Sie recht. Dies ist kein Lebewohl. Mehr ein … fast ein neuer Anfang. Ich habe gerade die Nachricht abgeschickt. Wir sollten jetzt auflegen, denn Ihre Freundin wird Sie gleich anrufen.«

Norma beendete das Telefonat.

Sie stieg aus dem Bett und reckte sich. Zog sich ihre Hausschuhe an. Ungeschickt, wie es jemand tut, der nicht ansatzweise genug geschlafen hat. Sie schlüpfte in ihren

Bademantel und steckte das Telefon in eine der großen Taschen.

Sie stolperte in die Küche, um sich Kaffee zu kochen.

Im Kopf zählte sie die Sekunden, bis das Telefon wieder klingelte. Sie war überrascht, als sie fünfzig erreichte. Andererseits musste Betty die Neuigkeit zuerst Wanda beibringen. Niemanden ging es mehr an als Wanda. Niemand war vor ihr an der Reihe.

Oder zumindest sollte das niemand sein.

Bei zweiundsiebzig klingelte das Telefon.

»Hey, Betty«, sagte sie, als sie den Anruf annahm.

»Vierundsechzig Monate«, verkündete Betty.

»Okay. Das sind …«

»Nicht genug. Okay, na gut … Es sind fünf Jahre und vier Monate, doch das ist einfach nicht lang genug.«

»Es gibt ja noch den nächsten Prozess.«

»Und der sollte besser genau so laufen, wie wir es wollen. Denn mal ehrlich … fünf Jahre, Norma. Die Kleine wird gerade erst im Kindergarten sein. Und das auch nur, falls sie ihn nicht früher rauslassen, wegen guter Führung oder was auch immer sie für einen Mist hervorkramen.«

Während sie gezählt hatte, hatte Norma die Kaffeemaschine bereits mit Wasser und Pulver befüllt. Jetzt steckte sie den Stecker rein und drückte auf »Brühen«.

»Wir können nicht viel machen, außer zu warten«, antwortete sie.

Warten … und den Mund halten über das kleine Detail, dass Jill Moss nicht tot war. Was für eine Verräterin wäre sie, wenn sie jetzt mit der Wahrheit rausrückte? Wie würde sie sich fühlen, wenn Wanda oder dem Kind etwas passieren würde? Und überhaupt, wenn Wanda irgendetwas zustieß, würde es natürlich auch dem Kind zustoßen.

Handschellen. Für die Unschuldigen.

»Ich habe Angst«, gestand Betty.

»Das verstehe ich.«

»Wanda ist völlig außer sich.«

»Das kann ich mir gut vorstellen.«

»Du kommst zur Gerichtsverhandlung, oder?«

»Du kannst gern versuchen, mich davon abzuhalten«, sagte Norma.

Kapitel Fünfundzwanzig

Aber Jake Willis ist …

»Das ist das erste Mal, dass ich dich nervös erlebe«, erklärte Betty.

Zwei Wochen waren vergangen – zwei Wochen, die für sie alle nicht schnell genug hatten verstreichen können – und sie saßen nebeneinander auf einer harten Holzbank im Gerichtssaal und warteten. Und warteten. Und warteten. Wanda hatte den Platz auf Normas anderer Seite und wiegte das Baby, damit es nicht weinte.

»Es ist nicht das erste Mal«, widersprach Norma. »Ich bin oft nervös, so wie alle anderen auch.«

»Nun, es ist das erste Mal, dass es mir bei dir auffällt.«

»Okay, das mag sein.«

»Ich weiß, warum die Verhandlung nicht beginnt«, bemerkte Betty. »Weil der Angeklagte noch nicht da ist. Nur warum ist er das nicht? Sie bringen ihn aus dem Gefängnis her. Es ist nicht so, als wäre er zu Hause und könnte verschlafen haben oder so. Denkst du, eine solche Verspätung ist normal?«

»Ich hab keine Ahnung«, antwortete Norma. Sie wandte den Kopf nach rechts und erkundigte sich bei Wanda: »Weißt du, ob das normal ist?«

»Ich hab keine Erfahrung mit Gerichtsverhandlungen«, erwiderte die. »Glücklicherweise.«

»Ich frag mal den Bezirksstaatsanwalt«, verkündete Betty.

Der Staatsanwalt war pünktlich eingetroffen, vor ungefähr fünfundzwanzig Minuten. Er war durch den Gang geschritten, hatte Norma in die Augen gesehen und dann weggeschaut. Norma war es so vorgekommen, als würden sie sich beide große Mühe geben, ihre Miene ausdruckslos zu halten.

Jetzt stand er an seinem Tisch vor der Richterbank, mit dem Rücken zu ihnen, hatte das Jackett abgelegt und über die Stuhllehne gehängt. Im Moment blätterte er in seinen Unterlagen.

Betty ging nach vorne – so weit sie gelangen konnte, ohne den für Zuschauer gesperrten Bereich zu betreten – und tippte ihm auf die Schulter.

Sie beugten die Köpfe zueinander und wechselten ein paar Worte.

Dann kehrte Betty zurück.

Plötzlich musste Norma daran denken – und es durchzuckte sie dabei –, dass Jake Willis geflohen sein könnte. Am Ende hatte sich bei der Überführung vom Gefängnis zum Gerichtsgebäude eine Gelegenheit zur Flucht geboten, die er genutzt hatte. Sie schob den Gedanken sofort beiseite. Nicht weil es völlig unmöglich war, dass das geschehen war, sondern weil sie es nicht wollte.

Betty ließ sich wieder auf ihrem Platz neben ihr nieder.

»Er sagt, bei diesem Richter kann man sich eigentlich darauf verlassen, dass alles pünktlich beginnt. Man kann die Uhr nach ihm stellen.«

»Dann wird heute bei allen hier die Uhr nachgehen.«

Mehrere Minuten lang saßen sie schweigend da. Norma versuchte, nicht mit dem Knie zu wippen, wie es manche Leute bei Anspannung taten. Normalerweise machte sie das nicht, aber heute war nun mal kein normaler Tag.

Owen und Teresa Moss waren ebenfalls im Gerichtssaal, hatten Plätze auf der anderen Seite des Ganges, ein paar Reihen vor ihnen. Sie hatten kurz Blickkontakt gehabt und es hatte sich ganz ähnlich angefühlt wie bei dem Staatsanwalt.

Lächle unverbindlich, wie man es bei Fremden tut. Lass dir nicht das Geringste anmerken.

Betty fiel offenbar auf, wohin Norma geschaut hatte.

»Das ist Teresa Moss«, teilte sie ihr mit.

»Stimmt.«

»Ach, das hast du gewusst?«

»Sie war im Fernsehen«, antwortete sie.

»Oh, ja. Natürlich. Ich glaube, mittlerweile wissen alle, wie sie aussieht. Sie ist die Frau, der ich meine Nummer gegeben hatte und die mir nach der Strafmaßverkündung die Nachricht geschickt hat. Und der Mann neben ihr muss ihr Ehemann sein. Ich vergesse immer seinen Namen.«

»Owen«, warf Norma ein. Dann, bevor ihre Freundin nachfragen konnte, fügte sie hinzu: »Das wurde im Fernsehen erwähnt.«

»Ach ja, richtig.«

»Ich gehe mal zu ihnen und stelle mich vor.«

Norma erhob sich und wartete ein paar Sekunden darauf, dass Betty sie in den Gang ließ, dann lief sie zu dem Paar.

Als sie Norma vor sich sahen, standen beide auf.

»Ich hoffe, es stört Sie nicht«, begann Norma. »Ich wollte mich nur vorstellen. Norma Gallagher.«

Sie reichte ihnen die Hand und beide schüttelten sie.

»Ich lebe ganz hier in der Nähe, in Sloot. Ich war damals Mitglied der Suchmannschaft. Da hab ich regelmäßig mit meinem Pferd und meinen Hunden mitgearbeitet, doch inzwischen sind wir dafür zu alt geworden. Ich denke, wir sind quasi im Ruhestand. Falls mal wirklich Not am Mann ist, könnte ich einspringen, aber größtenteils ist es nicht nötig. Jedenfalls habe ich am Anfang geholfen, nach Ihrer Tochter zu suchen. Es tut mir schrecklich leid, dass ich sie nicht gefunden habe.«

Überall um sie herum waren Leute. Hinter ihnen. Vor ihnen. Nicht viele unterhielten sich, daher war es ziemlich sicher, dass jedes Wort, das sie wechselten, von vielen gehört wurde.

»Ich hoffe, Sie machen sich keine Vorwürfe«, erwiderte Teresa.

»Tu ich nicht. Ich wünschte nur, ich hätte Ihnen gute Nachrichten überbringen können.«

»Ja«, sagte Owen. »Wir auch. Aber es war sehr freundlich von Ihnen, zu uns zu kommen und sich vorzustellen.«

»Sie scheinen nett zu sein«, bemerkte Teresa. »Mir ist klar, dass wir uns gerade erst kennengelernt haben, doch würden Sie mir Ihre Telefonnummer geben? Wäre das in Ordnung? Vielleicht können wir mal telefonieren. Uns einfach in Ruhe unterhalten. Vielleicht sogar Freunde werden.«

»Das würde mich freuen«, meinte Norma.

Sie nahm Teresas Handy, als es ihr hingehalten wurde. Es war noch eingeschaltet und Normas Kontakt war geöffnet. Vielleicht hatte Teresa gewartet, bis die Verhandlung endlich begann, bevor sie es ausschaltete. Oder vielleicht kümmerte sie sich einfach nicht um die Regeln.

Norma gab ihre Festnetznummer ein, denn ihre Handynummer stand da ja bereits, und sie änderte den Namen ihres Kontakts von dem kryptischen »Lady« zu »Norma Gallagher«.

»Freut mich, Ihre Bekanntschaft gemacht zu haben«, sagte sie.

»Uns auch«, antworteten Teresa und Owen beinah gleichzeitig.

»Jetzt kennen wir uns«, bemerkte Norma.

»Ja«, bestätigte Teresa. »Allerdings.«

Norma begab sich zurück zu ihren Freundinnen. Betty rutschte einen Sitz weiter, überließ Norma den Platz am Gang.

»Sehr liebenswürdige Leute«, erklärte Norma.

»Du hast ihr deine Telefonnummer gegeben«, bemerkte Betty.

»Genau.«

»Das ist nett. Hast du vor, in Kontakt zu bleiben?«

»Vielleicht. Ja.«

Norma hatte eigentlich mehr sagen wollen. Aber dann sah sie, dass ein Gerichtsdiener sich zum Staatsanwalt vorbeugte und mit ihm redete. Als die beiden sich wieder aufrichteten, nahm der Staatsanwalt sein Jackett von der Stuhllehne und streifte es sich über. Dann begann er hastig seine Papiere einzusammeln.

Der Gerichtsdiener stellte sich vor der Richterbank auf und wandte sich an die Zuschauer.

»Entschuldigung, könnten Sie alle mal herhören?«

Sofort wurde es totenstill.

»Sie müssen jetzt den Saal räumen«, verkündete er. »Heute wird es keine Verhandlung geben.«

Owen Moss sprang auf.

»Was? Warum?«

»Es tut mir leid«, antwortete der Gerichtsdiener. »Ich habe gegenwärtig keine weiteren Informationen, die ich an Sie weitergeben kann.«

Norma sah den Staatsanwalt durch den Gang zur Tür eilen und lief ihm nach.

»Hey«, rief sie. »Hey!«

»Reden Sie beim Gehen«, erwiderte er über die Schulter.

Norma musste rennen, um ihn einzuholen, was ihr gerade so gelang, ehe er eine Tür nach draußen aufstieß. Sie traten in den warmen Sonnenschein auf dem Parkplatz.

Da verlor Norma die Geduld.

»Warten Sie!«, schrie sie. Sie schrie es wirklich.

Er blieb stehen.

»Hören Sie bitte auf, vor mir wegzulaufen, während ich mit Ihnen rede, okay?«

»Ich habe viel zu tun.«

»Heute Vormittag können Sie schwerlich andere Termine haben, weil Sie ja eigentlich den ganzen Tag im Gericht gewesen wären. Doch das scheint jetzt nicht mehr so zu sein. Sie haben unvermittelt jede Menge freie Zeit und ich denke, Sie können eine Minute erübrigen, um mir zu verraten, was los ist.«

»Ich bin nicht sicher, ob es mir freisteht, Ihnen das zu sagen.«

»Ich hab den Eindruck, wir haben einander bereits jede Menge andere Sachen gesagt, die zu sagen uns vielleicht nicht freigestanden hätte. Da gibt es also einen Präzedenzfall.«

Der Mann seufzte, schwieg aber. Er schien nicht geneigt, ihr irgendwas mitzuteilen.

Norma bekam ein flaues Gefühl im Magen und sie fürchtete zu hören, dass Jake Willis tatsächlich geflohen war.

Doch der Staatsanwalt hatte es allem Anschein nach nicht eilig, irgendwas zu erklären.

»Warum gibt es heute keine Verhandlung?«

»Weil auf den Angeklagten geschossen worden ist.«

»Geschossen?«

»Ja, Ma'am. Geschossen.«

»Wer hat auf ihn geschossen?«, hörte sie sich fragen, was ihr total unwirklich erschien.

»Das weiß ich nicht. Jemand aus der Menge, als sie ihn vom Polizeifahrzeug ins Gerichtsgebäude bringen wollten. Ich glaube, die Polizei hat den mutmaßlichen Schützen festgenommen, aber mehr weiß ich nicht.«

»Und wie geht es Jake?«

»Das kann ich Ihnen nicht sagen. Er ist auf dem Weg ins Krankenhaus. Das ist das meiste von dem, was ich weiß.«

Norma fand, dass das eine interessante Weise war, es auszudrücken. »Das meiste von dem, was ich weiß.« Als ob er zugäbe, Informationen zurückzuhalten. Doch sie konnte nicht länger darüber nachdenken. Fast war es so, als ob ihr Verstand überfordert sei von den vielen Fragen, die ihr durch den Kopf schossen. Sie wusste wirklich nicht, welche ihr als Erstes über die Lippen kommen würde.

»Bringt man den Angeklagten bei einem so aufsehenerregenden Fall nicht gewöhnlich durch einen Hintereingang rein? Aus genau diesem Grund?«

»Meistens schon, nur heute offenbar nicht.«

»Und er musste auch keine schusssichere Weste tragen?«

»Keine Ahnung, Ma'am.«

»Nun, das ist gar nicht so schwer rauszukriegen, oder? Wenn er in einem kritischen Zustand ist, hat man ganz offensichtlich versäumt, darauf zu achten. Wenn die Kugel aber mehr oder weniger abgeprallt ist, dann hatte er wohl eine an.«

Ein paar Sekunden lang standen sie beide sich wortlos gegenüber. Der Staatsanwalt schien ihr ins Gesicht zu starren, doch sie wusste nicht, was er dort zu entdecken hoffte.

»Jake Willis wurde zwischen den Augen getroffen«, verkündete er schließlich.

Norma benötigte einen Moment, um das zu verarbeiten, bevor sie etwas erwidern konnte.

»Nun, das beantwortet dann auch die Frage nach seinem Zustand, oder? Es ist wohl damit zu rechnen, dass sein Zustand nicht so toll ist.«

»Ich würde sagen, die Chancen, dass es ihm einigermaßen gut geht, sind verschwindend gering.«

»Wir haben keinen Schuss gehört.«

»Der Eingang befindet sich ein gutes Stück entfernt vom Verhandlungssaal.«

»Aber eins ist noch wichtiger«, bemerkte Norma und begriff es, während sie es aussprach. »Wir hätten eine Sirene gehört. Doch das haben wir nicht.«

»Ich versichere Ihnen, es ist tatsächlich geschehen«, erklärte der Staatsanwalt. »Ich hab keinen Grund, mir so etwas auszudenken.«

»Ich wollte nicht andeuten, dass es nicht wahr ist. Ich sage nur, wenn jemand verletzt ist und blutet, aber die Chance besteht, dass er überlebt, dann ruft man einen Rettungswagen und der kommt mit Blaulicht und Sirene angerast. Und nachdem man den Verletzten eingeladen hat, bringt man ihn auch mit Sirene ins Krankenhaus, weil er es vielleicht noch schaffen könnte.«

»Ja«, entgegnete der Staatsanwalt. »Ich verstehe, was Sie meinen. Schauen Sie, ich muss jetzt wirklich zurück in mein Büro. Und Sie sollten nach Hause fahren und die Nachrichten einschalten. Ich bin mir sicher, dort werden Sie die Einzelheiten bald genug erfahren.«

Er wandte sich ab und entfernte sich.

Norma drehte sich um und ging zurück ins Gerichtsgebäude. Sie tat das wie eine Schlafwandlerin, die Gedanken verworren, einzelne Bereiche ihres Körpers prickelten und andere waren wie betäubt.

Als sie die Tür zum Flur aufstieß, waren sie alle da. Alle hier, die sie kannte. Betty. Wanda mit dem Baby. Das Ehepaar Moss.

»Hast du ihn erwischt?«, fragte Betty. »Was hat er dir erzählt? Überhaupt irgendwas?«

»Jemand hat auf ihn geschossen.«

»Was? Auf den Staatsanwalt?«

»Nein, nicht auf ihn. Auf Jake. Sie wollten ihn gerade ins Gerichtsgebäude schaffen und irgendwo auf dem Weg zwischen dem Polizei-Van und dem Eingang hat ihm jemand aus der Menge zwischen die Augen geschossen.«

Einen Moment standen sie alle sprachlos da.

»Lebt er noch?«, erkundigte sich Wanda.

»Das ist noch nicht bestätigt«, antwortete Norma. »Aber ihr habt vielleicht bemerkt, dass der Krankenwagen nicht mit Blaulicht und Sirene von hier weggefahren ist. Ich weiß nicht, ob das zweifelsfrei beweist, dass er tot ist. Ich bin mir hingegen sicher, dass niemand ihm im Moment besonders große Überlebenschancen einräumt.«

»Gott sei Dank«, entfuhr es Teresa.

Die Worte wurden von einem plötzlichen Ausatmen begleitet. Als hätte Teresa es mühsam zurückgehalten, dann jedoch die Kontrolle verloren.

Normas Augen gewöhnten sich allmählich an die Lichtverhältnisse im Gebäude und sie konnte Scham in Teresas Miene erkennen.

»Entschuldigung«, flüsterte die andere. »Das hätte ich vermutlich nicht sagen sollen. Man sollte sich nicht freuen, wenn jemand stirbt. Nur … Die Sache ist die … Ich kann nicht behaupten, ich sei es nicht. Froh, meine ich. So empfinde ich nun mal. Auch wenn ich weiß, das sollte ich nicht.«

»Nach allem, was passiert ist«, erklärte Norma, »denke ich, Sie dürfen alles empfinden, wonach Ihnen verdammt noch mal zumute ist.«

Kapitel Sechsundzwanzig

Was man fühlen soll, wenn man kein Baby mehr ist

Norma saß in ihrem Pick-up auf dem Parkplatz des Gerichtsgebäudes, ohne den Motor zu starten. Sie bewegte sich nicht. Die Sonne schien auf die Windschutzscheibe und das Dach der Fahrerkabine und nach ein oder zwei Minuten schaltete Norma die Zündung ein und ließ die Scheiben runter.

Dann nahm sie ihr Handy vom Sitz und rief Jill an.

»Norma«, meldete die sich. Sie klang aufgewühlt, fast verzweifelt. »Er ist tot. Hast du das gewusst?«

»Ich rufe an, um herauszufinden, ob *du* es schon weißt«, erwiderte Norma.

»Ich verfolge es online.«

»Ich war im Gerichtssaal, aber wir haben keine Schüsse gehört. Und keine Sirenen, was wohl darauf hingedeutet hat, dass er tot ist, doch wir haben es nicht sicher gewusst. Uns wurde nicht wirklich was erzählt. Also hab ich den Staatsanwalt gestellt und der hat mir verraten, dass jemand auf Jake geschossen hat. Die Kugel hat ihn zwischen den Augen getroffen. Das sagt ja vermutlich alles.«

»Ich habe gelesen, er wäre sofort tot gewesen. Und das ist kein Internetgerücht, das kommt von der Associated Press.«

»Dann stimmt es vermutlich.«

»Ich weiß nicht, was ich fühlen soll, Norma.«

»Das kann ich dir auch nicht sagen.«

»Aber du kannst mir sagen, was *du* fühlst.«

»Kann ich das? Ich bin mir nicht einmal sicher, ob ich das selbst weiß.«

Eine Gruppe aus neun oder zehn Personen lief hinter Normas Pick-up vorbei und unterhielt sich angeregt, und weil sie die Fenster geöffnet hatte, wartete sie einen Moment, bevor sie weitersprach.

Als die anderen weit genug entfernt waren, meinte sie: »Es wäre eine Lüge, zu behaupten, ich wäre nicht erleichtert. Trotzdem ist es nicht richtig. Niemand darf so was einfach auf diese Art selbst in die Hand nehmen. So hätte es nicht enden sollen. Was er getan hat, war schlimm, allerdings hat er dafür nicht die Todesstrafe verdient.«

»So hätte es aber leicht sein können«, gab Jill zu bedenken. »Wenn niemand angehalten und das Autofenster eingeschlagen und ihn von ihr weggezogen hätte, hätte Wanda es vermutlich nicht überlebt. Und dafür hätte er zum Tod verurteilt werden können. Doch ich weiß, was du sagen willst. Du willst sagen: ›Aber jemand *hat* angehalten und die Scheibe eingeschlagen und er hat sie nicht umgebracht.‹ So gut kenne ich dich unterdessen.«

Norma atmete tief und lang gezogen ein. Der vermutlich tiefste und längste Atemzug, seit das Ganze hier vor fünf Jahren begonnen hatte. Sie stieß die Luft als lauten Seufzer wieder aus.

»Vielleicht muss ich es einfach anders betrachten«, erklärte sie. »Vielleicht hat er die Todesstrafe in einem viel höheren Rechtssystem erhalten und vielleicht sollte ich mir nicht weiter ein Urteil darüber erlauben.«

»Wow. Norma ändert sich?«

»Ich bin kein so alter Hund, dass ich keine neuen Tricks mehr lernen kann. Hör mal, ich muss los. Wir treffen uns alle bei mir zu Hause. Betty und Wanda und das Baby und sogar deine Eltern. Ich weiß nicht mehr genau, wie es dazu gekommen ist, doch das ist es, worauf wir uns geeinigt haben.«

»Warte. Meine Eltern?«

»Ja, wir kennen uns jetzt alle ganz offiziell, denn wir haben im Gerichtssaal Bekanntschaft geschlossen. Jetzt müssen wir das nicht mehr verbergen.«

»Oh. Richtig. Natürlich.«

»Ich ruf dich noch mal an, wenn alle wieder weg sind. Entweder nachher oder, wenn es schon zu spät ist, morgen. Dann werden wir auch beide besser sagen können, wie wir uns fühlen. Aber bis dahin geh nicht zu hart mit dir ins Gericht. Wenn es dich froh macht, dann freu dich. Es gibt kein Gesetz gegen Gefühle.«

Zuerst hörte Norma am anderen Ende der Leitung nichts.

Dann bemerkte Jill: »Ich hab ihn mal geliebt.«

»Nun, auch das verstößt nicht gegen das Gesetz.«

»Ich freu mich für Wanda. Und das Baby.«

»Ja, ich auch.«

»Das klingt vielleicht merkwürdig …«

»Heute? Nach allem, was passiert ist? Ich wage zu bezweifeln, dass das geht. Sprich es einfach aus.«

»Ich würde sie gerne treffen.«

»Wanda und die kleine Betty?«

»Ja, genau.«

»Dann müssten wir sie in das große Geheimnis einweihen.«

»Es ist kein so großes Geheimnis mehr, wie es mal war.«

»Ich hab kein Problem, sie zu fragen, was sie davon hält.«

»Vielleicht war es nicht verkehrt, die ganze Sache nicht an die große Glocke zu hängen, bloß um zu verhindern, dass er wegen Mordes vor Gericht muss. Da es jetzt ja gar keinen Prozess geben wird.«

»Außer das ist der Grund, warum ihn jemand erschossen hat. Weil die Person sich gedacht hat, dass er einen Mord begangen hat, für den er sonst niemals bezahlen wird.«

Das hing für eine unangenehm lange Zeit einfach dort zwischen ihnen.

»Vergiss es, tut mir leid«, lenkte Norma ein. »Das hätte ich nicht sagen sollen. Ich hab nur laut gedacht. Zerbrich dir nicht weiter den Kopf darüber. Wir können nicht wissen, warum Leute auf eine bestimmte Art handeln. Vermutlich hat der Schütze viele schlimme Dinge auf dem Gewissen, die nichts mit dir zu tun haben, daher hielte ich es für einen Fehler, wenn du dich in Schuldgefühlen suhlst. Außerdem, selbst wenn das der Fall wäre, hätte der Betreffende abwarten sollen, ob Jake für den vermeintlichen Mord vor Gericht zur Rechenschaft gezogen worden wäre.«

Dennoch, nachdem sie sich voneinander verabschiedet und aufgelegt hatten, konnte Norma nicht anders, als zu denken: *Siehst du? Ich hab dir gesagt, es würde unvorhersehbare Konsequenzen haben, die wir uns in einer Million Jahre nicht hätten ausmalen können.*

* * *

Als Norma zu Hause eintraf, waren alle schon reingegangen.

Owen und Teresa Moss saßen auf dem Zweiersofa und Betty und Wanda auf der Couch, das Baby zwischen sich. Die Hunde schnüffelten am Gesicht des Babys, worüber es fröhlich lachte.

Für einen kurzen Moment beneidete Norma die kleine Betty und wünschte sich, ebenfalls ein Baby zu sein. Der kleinen Betty musste niemand sagen, was sie fühlen sollte.

Hundenasen sind lustig. Ganz einfach.

»Ich hoffe, das war in Ordnung«, meinte Wanda. »Ich wusste noch, wo der Ersatzschlüssel ist.«

»Kein Problem.« Das stimmte und stimmte auch nicht, doch es war nicht wichtig genug, um jetzt darüber zu diskutieren. »Hilf mir, alle mit Getränken zu versorgen.«

Betty zog das Baby dichter zu sich und Wanda folgte Norma in die Küche.

»Wie fühlst du dich?«, fragte Norma über ihre Schulter.

»Frei.«

»Das ist verständlich.«

»Es ist, als hätte ich vergessen, wie es sich anfühlt, keine Angst zu haben. Fünf Jahre lang hatte ich ständig Angst und wusste es noch nicht mal. Nun, ich wusste, ich hatte Angst, wenn irgendetwas ihn getriggert hat. Aber ich wusste nicht, dass ich die ganze Zeit Angst hatte. Es ist, als ob … Wenn man etwas lange genug jede Minute eines jeden Tages empfindet, merkt man es nach einiger Zeit nicht mal mehr. Es ist einfach so. Jedenfalls habe ich jetzt keine Angst mehr und hatte völlig vergessen, wie sich das überhaupt anfühlt.«

»Jap«, sagte Norma. »Genau so ist das.«

»Aber auch …«

Norma wartete, doch Wanda sprach nicht weiter.

Norma öffnete die Kühlschranktür und holte zwei verschiedene Sorten Saft heraus und ein paar Flaschen Wasser. Dann nahm sie einen Glaskrug aus dem Schrank und füllte ihn mit Eiswürfeln.

Wanda hatte ihren Gedanken bisher noch nicht zu Ende gebracht, daher versuchte sich Norma daran.

»Aber du hast ihn auch geliebt, ob er es nun verdient hat oder nicht, und er war schließlich der Vater deines Babys.«

»Genau. Ich glaube, ich sollte nicht so empfinden, trotzdem tue ich es. Und gleichzeitig fühle ich auch, dass es so schön ist, keine Angst mehr zu haben.«

»Ja, so was ist typisch für das Leben.«

Mit dem Wasser, dem Saft und dem Eis kehrten sie ins Wohnzimmer zurück. Betty und Owen unterhielten sich angeregt, doch Norma hörte nicht wirklich zu, weil sie sofort noch mal in die Küche ging, um Gläser zu holen.

Als sie wiederkam, sagte Owen gerade: »Ich verstehe einfach nicht, was daran problematisch sein soll. Ich meine, es ist gut, dass er tot ist, oder?«

Und Betty antwortete: »Du kannst nicht wirklich dafür sein, Leute einfach zu erschießen.«

»Ich würde es selbst nicht tun«, räumte Owen ein. »Ich hab es in Erwägung gezogen, da will ich nicht lügen. Aber ich war nicht bereit, dafür jahrelang von meiner Frau getrennt zu sein, während ich meine Gefängnisstrafe absitze. In gewisser Weise war es eine weitere Sache, die er meiner Familie antun könnte. Doch wenn irgendjemand anders es übernimmt, sehe ich da kein Problem. Wenn es jemand verdient hat, dann Jake.«

»Ich sehe das Problem«, widersprach Norma und setzte sich in den großen Fernsehsessel. »Es besteht darin, dass irgendein dahergelaufener Typ mit einer Waffe entscheidet, wer es verdient, zu leben, und wer nicht. Sagen wir einfach, dass der Kerl recht hatte. Wenn es denn ein Kerl war. Wie lange dauert es, bis irgendein anderer mit einer Waffe entscheidet, dass jemand sterben muss, nur hat er nicht recht? Wie kann man Leuten diese Macht an die Hand geben? Verdammt, ich finde es noch nicht mal gut, dass der Staat diese Art von Macht hat.«

»Du bist gegen die Todesstrafe?«, fragte Teresa.

»Ich bin kein großer Fan davon, nein. Mit ›lebenslänglich ohne Aussicht auf Bewährung‹ würde ich mich wohler fühlen.«

»Selbst für jemanden wie Jake«, sagte Owen. Es klang nicht wie eine Frage. Er hatte sich entschieden. »Ein Mann, der diese junge Frau und das Baby, das sie in sich trug, getötet hätte, wenn es nicht irgendein zufällig vorbeikommender Autofahrer in letzter Sekunde verhindert hätte. Selbst für jemanden, der so bösartig war wie er.«

»Jake war wirklich bösartig«, gab Norma zu. »Da sind wir uns einig. Aber genau das ist es ja. Das ist mein Problem bei der ganzen Sache. Sollten wir nicht eigentlich besser sein? Ich bin der Ansicht, *er* war bösartig und *wir* sollten besser sein.«

Owen wirkte nur aufgewühlter. Er rutschte auf seinem Platz herum, bis er vorne auf der Sofakante saß, und lehnte sich vor.

»Wir *sind* besser«, beharrte er mit harter, lauter Stimme. »Das sind wir. Denn er wollte einen Unschuldigen töten. Jemand, der das nicht verdient hat. Wir sprechen davon, einen potenziellen Mörder umzubringen.«

»Okay«, erwiderte Norma. »Nur … Ich glaube, wir sollten *viel* besser sein. Es tut mir leid, wenn ich dir damit auf den Schlips trete, doch so sehe ich das nun mal. Nachdem ich das gesagt habe, möchte ich natürlich niemals feiern, dass jemand tot ist, aber ich kann ehrlich zugeben, dass ich nicht glaube, dass die Welt ohne ihn ärmer ist.«

»Darauf trinke ich«, meinte Owen.

Und damit wandte sich die allgemeine Aufmerksamkeit den Erfrischungen zu. Eis landete klappernd in Gläsern, und Saft und Wasser wurden eingegossen.

Betty schaute auf ihr Handy und scrollte. Sie war es dann auch, die das Schweigen brach.

»Es war tatsächlich ein Mann«, berichtete sie.

»Der Schütze?«, fragte Norma.

»Genau. Hier steht, dass sie einen zweiundvierzigjährigen Mann verhaftet haben. Und … Oh, verdammt.«

Für eine gefühlt sehr lange Zeit sagte niemand etwas.

»Was?«, wollte Norma schließlich wissen. »Was steht da noch?«

»Der Name des mutmaßlichen Täters ist Farley McMaster.«

Wieder herrschte lange Schweigen. Niemandem außer Norma war klar, warum dieser Name von Bedeutung sein sollte. Norma wusste es, doch sie brauchte einen Moment, um zu überlegen, was sie erwidern sollte.

»Nun«, meinte sie schließlich, »da Farley ja ein ziemlich ungewöhnlicher Name ist, vermute ich, dass ›McMaster‹ das ›Irgendwas‹ ist. Du weißt schon. Als du mir erzählt hast, sein Name sei ›Farley Irgendwas‹.«

»Ja«, bestätigte Betty. »Jetzt, da ich es gehört habe … Das war definitiv das ›Irgendwas‹.«

* * *

Norma ging hinaus, um sich die Beine zu vertreten und etwas frische Luft zu schnappen. Es war vielleicht eine halbe Stunde später und sie wünschte sich bereits, ihr Haus wäre nicht so voller Leute. Sie brauchte Ruhe.

Sie nahm ihr Handy mit, weil sie vorhatte, Jill anzurufen.

Stattdessen stieß sie am Gatter zur Pferdekoppel auf Wanda.

Sie hatte gewusst, dass Wanda irgendwo auf dem Gelände war, denn die hatte wenige Minuten zuvor angekündigt, dass sie einen Spaziergang machen wollte. Norma hatte allerdings nicht gewusst, dass dieser Spaziergang sie lediglich zu St. Fred führen würde und nicht weiter.

Sie steckte ihr Handy zurück in die Tasche und stellte sich zu der jüngeren Frau ans Gatter, legte ihre Arme auf den obersten Balken.

Wanda streichelte dem Pferd das lange Gesicht und hörte auch nicht damit auf, als sie Norma bemerkte.

»Kennst du den Mann?«, fragte sie. »Es klang so, als würdest du ihn kennen.«

»›Kennen‹ ist zu viel gesagt. Er war ein paarmal im Pub. Er ist der Typ, der Jake dort eines Abends auf einen Tisch geworfen hat. Und so zwei Wochen vor der ersten Verhandlung ist er aufgekreuzt, hat sich an den Tresen gesetzt und sich mit mir über den Fall unterhalten. Er ist derjenige, der dir hat ausrichten lassen, dass alle auf deiner Seite sind.«

»Warum interessieren sich die Leute so sehr für diesen Fall?«

»Kleines, das weiß ich auch nicht.«

Sie standen schweigend da. St. Fred drehte seinen Kopf zu ihnen und stieß Norma mit seinen weichen Nüstern gegen den Ellbogen, bis sie ihn streichelte. Dann wandte er seine Aufmerksamkeit wieder Wanda zu.

»Er weiß, dass wir beunruhigt und aufgewühlt sind«, bemerkte Wanda.

»Ja, Pferde können das ganz genau erspüren.«

»Er vermisst die Suchaktionen. Ich weiß, das hört sich merkwürdig an. Es ist schließlich nicht so, als könnte er mir das mitteilen oder so. Trotzdem kann ich es fühlen.«

»Wir werden beide älter«, stellte Norma fest. »Aber vielleicht reiten wir, wenn nächstes Mal jemand vermisst wird, wieder für einen Tag mit raus. Um der alten Zeiten willen.«

»Warum hat er es getan?«

»Oh. Das war ein ganz schön abrupter Themenwechsel.«

»Ja. Tut mir leid.«

»Warum hat wer was getan? Dieser Farley?«

»Ja, genau. Er hat eine Waffe mit zum Gericht genommen und hat … Jake einfach erschossen. Das muss er geplant haben. Jetzt wird er jahrelang im Gefängnis sitzen, was ihm klar gewesen sein muss. Er hat gerade einen großen Teil seines Lebens aufgegeben, um den Ausgang der Sache zu ändern. Warum, Norma? Warum tut jemand so etwas?«

»Alles, was ich dir sagen kann, ist, was er mir erzählt hat. Er meinte, dass dein Kind Besseres verdient, als dass Jake Willis nach Verbüßung seiner Haftstrafe bei euch aufkreuzt und versucht, deinem Kind ein Vater zu sein. Er fand, sowohl du als auch das Baby verdientet ein Leben, in dem ihr euch wegen Jake Willis keine Sorgen mehr zu machen braucht. Aber ich kann dir nicht verraten, ob das tatsächlich der Grund dafür ist, dass er es getan hat, oder ob mehr dahintersteckt. Wenn du willst, können wir ihn fragen.«

»Wie sollen wir das anstellen?«

»Er wird in irgendeinem Gefängnis sein. Vermutlich ist es nicht so schwierig, herauszufinden, wo genau. Erst mal sollte ich allerdings vermutlich wieder ins Haus und mich um meine Gäste kümmern.«

In dem Moment, in dem sie das sagte, glaubte Norma, sie würde sich wegstehlen und Jill anrufen. Doch dann erfasste sie eine überwältigende Welle der Erschöpfung. Sie konnte sich später noch bei Jill melden, bevor sie sich schlafen legte. Oder vielleicht morgen früh, wenn sie sich ein wenig ausgeruht hatte.

Als sie ins Haus zurückkehrte, erhoben sich Teresa und Owen gerade.

»Oh, gut. Norma«, empfing Teresa sie. »Wir wollten eigentlich nicht aufbrechen, ohne uns zu verabschieden. Es ist eine so lange Fahrt, dass wir erst mitten in der Nacht zu Hause sein werden.«

»Begleite uns nach draußen«, fügte Owen hinzu. »Bitte.«

Sie traten hinaus in den hellen Sonnenschein und Norma ging mit zu ihrem riesigen SUV.

»Ich habe das, was ich im Gericht gesagt habe, ernst gemeint«, erklärte Teresa. »Das war nicht nur eine Vorstellung für die Leute im Saal. Wir hatten einen etwas holperigen Start, dabei glaube ich wirklich, wir könnten Freunde sein.«

»Meinetwegen gerne«, erwiderte Norma.

Teresa beugte sich vor und umarmte sie kurz, bevor sie auf der Beifahrerseite einstieg und die Tür hinter sich zuschlug.

Owen stand einfach da. Er blickte Norma an und Norma blickte zurück, blinzelte in der Sonne.

»Es tut mir leid, wenn ich dir mit dem, was ich gesagt habe, zu nahe getreten bin«, begann er.

»Das hat mich nicht gestört. Ich respektiere deine Meinung, auch wenn ich sie nicht teile. Du bist ein Vater und er hat deinem kleinen Mädchen wehgetan. Sicher, zu dem Zeitpunkt war sie kein kleines Mädchen mehr, aber ich habe selbst Kinder und weiß, dass man immer so von ihnen denkt. Also hasst du den Kerl abgrundtief. Das ist eine ganz normale menschliche Reaktion, denke ich. Doch wenn du bereit bist, dir einen Rat von mir anzuhören: Dein Hass hat ihn vermutlich nicht weiter interessiert, als er noch am Leben war, und ich garantiere dir, dass er auch im Tod seine Gefühle nicht verletzt. Dir hingegen wird er schaden.«

Norma konnte seinen Gesichtsausdruck nicht erkennen, weil die Sonne hinter ihm am Himmel stand und sie blinzeln musste, aber sie hörte ihn kurz humorlos auflachen.

»Möchtest du mir zeigen, wo ich den Schalter finde, mit dem ich ihn ausknipsen kann?«

»Ich wünschte, ich könnte es. Wobei das nicht heißen soll, dass man Hass überhaupt ausschalten kann. Auf jeden Fall solltest du dich nicht daran klammern, sondern ihn loslassen, wenn dir das irgendwann in der Zukunft möglich ist … Häng nicht zu sehr daran. Mach es ihm nicht zu behaglich bei dir. Je weniger wir solche Gefühle füttern, desto wahrscheinlicher ist es, dass sie irgendwann verschwinden.«

Er antwortete nicht.

Dann trat er zu Normas großer Überraschung auf sie zu und zog sie an sich. Es war keine schnelle, leicht verlegene Umarmung wie die von Teresa. Er hielt sie fest, als würde er ertrinken und als wäre sie das Einzige, was ihn über Wasser hielt.

Eine Minute später schien er sich wieder gefasst zu haben.

Er machte einen Schritt zurück, lächelte traurig, setzte sich hinters Steuer und fuhr los.

* * *

Norma legte sich in der Minute hin, in der ihre Gäste gegangen waren. Als sie wieder aufwachte, brauchte sie eine Minute, um sich daran zu erinnern, dass sich alles geändert hatte. Dass die Welt nach den Ereignissen gestern eine andere war und dass ihr eine große Last von den Schultern genommen worden war. Sie wachte auf, als wäre es ein Tag wie jeder andere in den letzten gut fünf Jahren, und dann fiel es ihr wieder ein.

Fast schien es ihr, als hörte sie eine Stimme in ihrem Kopf.

Es ist vorbei.

Sie nahm ihr Handy vom Nachttisch und rief Jill an, die beim ersten Klingeln abnahm.

»Hallo, Norma.«

»Hallo. Alles klar bei dir?«

»Ja, schon. Ich versuche immer noch, die ganze Sache zu verarbeiten. Und bei dir?«

»Ich hab kurz geschlafen und bin gerade aufgewacht und es hat mich wie eine Kugel zwischen die Augen getroffen. Oh. Streich das. Schlechte Wortwahl. Vielleicht werde ich diesen Ausdruck nie wieder benutzen. Wie auch immer, plötzlich wurde mir klar: Es ist vorbei. Auf gute Weise, meine ich. Der ganze Stress und die Anspannung. Vorbei. Einfach weg.«

»Ich hatte genau das gleiche Gefühl. Nur dass es zu mir als ›Wir sind frei‹ gekommen ist.«

»Passt beides«, erwiderte Norma. »Also … Ich hab bisher nicht mit ihr darüber gesprochen. Mit Wanda, meine ich. Ich hab ihr noch nicht erzählt, dass du … du weißt schon … nicht tot bist und so. Und dass du sie und das Baby kennenlernen möchtest. Aber das hole ich nach. Es ist bloß so viel geschehen. Ich möchte erst mal vorfühlen, wie sie dazu steht, es geheim zu halten.«

»Du kannst gerne abwarten, bis etwas Ruhe eingekehrt ist.«

»Schauen wir mal. Ich hab ihr versprochen, dass ich mit ihr ins Gefängnis zu Farley gehe, um mit ihm zu reden. Sie will wissen, warum er es getan hat. Ich denke, es gibt kein Gesetz, das uns verbietet, ihn zu fragen.«

»Nur dass sich herausstellen könnte, dass wir Jake mit unserem Geheimnis umgebracht haben.«

»Oder es stellt sich heraus, dass es ganz anders war. Jetzt, da ich weiß, wer es ist … Ich hab mich vor ein paar Monaten im Pub mit ihm unterhalten. Er schien sich hauptsächlich wegen des Babys Sorgen zu machen. Er hatte Angst, Jake würde das Leben des kleinen Mädchens ruinieren. Daher möchte ich es von ihm hören. Doch ich muss es dir nicht sagen, wenn du das nicht willst.«

»Nein, ich will es wissen«, antwortete Jill. »Wenn du es herausfindest, will ich es definitiv wissen.«

Kapitel Siebenundzwanzig

Und bezahlt dafür

»Ich nehme das Baby«, erklärte Betty. »Geht ihr beide mal ohne uns rein.«

Sie standen in der brütenden Sonne auf dem Parkplatz vor dem Bezirksgefängnis und Norma versuchte zu entscheiden, ob Bettys Vorschlag gut war. Es war das erste Mal, dass Betty andeutete, sie habe nicht vor, mitzukommen.

»Bist du dir sicher?«, erkundigte sich Wanda. »Möchtest du nicht mit dem Typen reden? Dir seine Seite der Geschichte anhören?«

»Ich glaube, das Baby sollte alldem nicht ausgesetzt werden«, erwiderte Betty.

»Sie ist ja noch so klein«, entgegnete Wanda. »Sie kriegt davon gar nichts mit.«

»Oh, täusch dich da nicht. Sie kriegt eine Menge mit.«

Wanda und Betty sahen beide zu Norma. Als sei sie die letzte Instanz, die den Ausschlag gab.

»Es ist nicht mein Baby«, antwortete Norma. »Daher ist es auch nicht meine Entscheidung.«

»Ich denke, wir sollten draußen warten«, wiederholte Betty, dieses Mal mit mehr Nachdruck.

Wanda und Norma wechselten einen Blick, stellten einander mit den Augen ein, zwei Fragen. Dann zuckten sie die Achseln und betraten das Gebäude.

Sie hatten bereits online für den Hintergrundcheck bezahlt, aber trotzdem mussten sie noch ein Formular ausfüllen und ihren Personalausweis vorzeigen. Wanda schaute immer wieder über ihre Schulter nach draußen auf den Parkplatz, obwohl Betty mit dem Baby längst woandershin gegangen und aus ihrem Sichtfeld verschwunden war. Sie hatte sich noch nicht daran gewöhnt, die kleine Betty bei irgendjemandem zu lassen.

Eine ältere Vollzugsbeamtin öffnete ihnen die Tür und führte sie über einen langen Korridor in einen Raum.

Der Raum war anders, als Norma es erwartet hatte. Es gab keinen langen Tisch mit einer Plexiglasscheibe darauf, die Besucher und Häftlinge voneinander trennte. Es gab auch keine Ansammlung von Tischen, an denen alle zusammensaßen. Irgendwie erinnerte es eher an einen Befragungsraum. In der Mitte stand ein einzelner leerer Holztisch mit Stühlen auf beiden Seiten, sonst nichts. Andere Möbel gab es nicht, die Wände waren kahl und das Licht schwach. Insgesamt herrschte eine entmutigende Atmosphäre. Das einzige Fenster war winzig und befand sich in der Tür, die Scheibe war aus Milchglas und mit Drahtgitter durchzogen. Die Tür blieb offen.

Unsicher nahmen sie Platz.

Mehrere Minuten lang geschah nichts. Das einzige Geräusch war ihre Atmung, die in der Stille lauter klang als sonst.

Dann wurde Farley McMaster hereingeführt.

Er trug eine Häftlingsjeans und ein kurzärmeliges blaues Arbeitshemd sowie Handschellen. Er wurde von einem jungen Vollzugsbeamten begleitet, der mit ihm auf die andere Seite des Tisches ging, die Handschelle vom linken Handgelenk löste und an etwas am Tisch befestigte. Etwas, das Norma nicht sehen konnte. Dann zog er sich in eine Ecke des Raumes zurück und lehnte sich dort an die Wand.

Norma musterte Farley und er sie.

Er wirkte ungepflegter als beim letzten Mal. Sein Haar war länger, wirr und ungekämmt. Er hatte einen ergrauenden Bart, der schon eine Weile nicht mehr gestutzt worden war. Doch seine Augen waren ganz klar. Sie blickten ruhig und wissend.

»Ich kenne Sie«, verkündete er.

»Ja, das stimmt.«

»Und Sie auch«, fügte er hinzu und richtete seine Aufmerksamkeit auf Wanda. »Ich hab Sie zwar noch nicht persönlich getroffen, aber ich weiß, wer Sie sind.«

Wanda lächelte nur nervös.

Norma erwartete, dass er sie fragen würde, weshalb sie gekommen seien, doch an diesem Detail schien er nicht interessiert zu sein.

»Es ist furchtbar nett von Ihnen beiden, mich zu besuchen. Ich hatte vor, mich bei Ihnen zu melden. Bei *Ihnen*«, betonte er und schaute Wanda in die Augen. »Ich wollte anrufen, aber gleichzeitig wollte ich Sie nicht erschrecken und vor allem hatte ich keine Ahnung, wo ich Ihre Nummer herkriegen sollte. Meine Verhandlung findet bald statt. Sie wissen, dass ich mich schuldig bekannt habe, oder?«

Wanda war wie erstarrt, daher sprang Norma ein.

»Wir haben das verfolgt, ja.«

»Okay, na ja. Es waren ja jede Menge Leute da, die alles beobachtet haben, daher standen die Chancen schlecht, unerkannt zu entkommen, wobei ich gar nicht vorhatte, das zu versuchen. Egal. Was die Anhörung betrifft: Ich hatte gehofft, dass Sie und das Baby daran teilnehmen könnten.«

Wieder ließ er keinen Zweifel daran, dass er mit Wanda sprach.

Für eine beunruhigend lange Zeit schwiegen sie alle. Norma hatte das Gefühl, dass Wanda an der Reihe sei, etwas zu erwidern. Doch die schien völlig unfähig, auch nur ein Wort über die Lippen zu bringen.

»Hoffen Sie, dass ich bei der Anhörung irgendetwas sage?«, fragte sie schließlich, wobei sie auf ihrem Stuhl herumrutschte.

»Nur wenn Sie das möchten«, antwortete er. Er klang fast schüchtern, wie ein Junge, der glaubte, er hätte eigentlich nicht das Recht, das Wort zu ergreifen.

»Ich hoffe, Sie erwarten nicht, dass ich irgendetwas sage, was das gutheißt, was Sie getan haben. Weil ich das niemals könnte.«

»Ich habe keinerlei besondere Erwartungen«, entgegnete Farley. »Ich meine … In einer perfekten Welt würden Sie vielleicht sagen, es sei eine Erleichterung, sich zur Abwechslung einmal wirklich sicher zu fühlen. Aber natürlich müssen Sie gar nichts sagen, wenn Sie das nicht möchten. Ich fände es nur schön, wenn das Baby dabei wäre. Weil ich dem Richter erklären möchte, dass ich es für sie getan habe. Und wenn sie da ist, so winzig und mit ihrem niedlichen kleinen Gesichtchen, dann, denke ich, könnte er es besser verstehen.«

»Sie haben es für das Baby getan«, stellte Norma fest.

Es lag auf der Hand und er hatte es gerade auch noch unmissverständlich ausgesprochen. Doch es war so genau die Antwort, auf die sie bei ihrem Besuch hier gehofft hatten, dass Norma sich genötigt fühlte, nachzufragen.

»Und für Wanda selbst. Ich konnte nicht anders, ich musste die Welt ändern. Es war komplett falsch, daher musste ich etwas unternehmen. Und bevor Sie es aussprechen … Sicher, ich weiß, ich hab nur wenig geändert. Ich weiß, es gibt noch alles mögliche Schlimme auf der Welt, jede Menge Leute, die misshandelt werden, aber immerhin hab ich getan, was in meiner Macht stand. So wie in dieser alten Geschichte über den Mann, der angespülte Seesterne zurück ins Meer wirft, obwohl die tonnenweise am Strand liegen. Als jemand zu ihm kommt und sagt, es sei witzlos, denn im Großen und Ganzen bewirke er nichts, wirft er ungerührt einen weiteren Seestern hinaus. Dann dreht er sich zu dem anderen um und erklärt, dass es für diesen einen Seestern sehr wohl etwas bewirkt habe. Ich habe die Welt für diese Frau und ihr kleines Mädchen verändert. So macht man das doch, oder? Man ändert, was man ändern kann.«

»Dann war das hier nicht wegen dem, was Jill Moss passiert ist.«

»Das mit Jill Moss ist schrecklich«, erklärte er. »Aber es gibt nichts, was ich jetzt noch tun könnte, das ihr helfen würde. Für sie ist es zu spät. Für diese beiden hingegen ist es das nicht. Ich wusste, ich könnte dafür sorgen, dass er nicht später aufkreuzt und ihnen wieder wehtut. Dass er nicht die Mutter des kleinen Mädchens vor ihren Augen umbringen kann. Oder, wenn er sie nicht umgebracht hätte, sie verletzen. Selbst wenn ihre Wunden wieder verheilen. Die Leute denken, blaue Augen und gebrochene Knochen seien das Schlimmste, was ein Mensch an Schaden anrichten kann, doch das verheilt. Aber wenn ein Kind mit ansehen muss, wie seine Mom verprügelt wird, das verheilt nie. Niemals.«

Norma dämmerte allmählich, dass er nicht allein von Wanda und der kleinen Betty sprach. Doch das sagte sie nicht laut. Sie sagte gar nichts. Sie wartete einfach ab, ob da noch mehr kam.

»Und auf diese Weise kann sie auch keinesfalls zu ihm zurückgehen«, fügte Farley hinzu.

Dabei klang er nachdrücklicher als zuvor und härter.

»Ich hatte nicht vor, zu ihm zurückzukehren«, entgegnete Wanda.

»Nun, das sagen Sie jetzt. Trotzdem hätten Sie vielleicht Ihre Meinung geändert. Meine Mutter hat das auch gesagt, jedes Mal. Und dann hat sie jedes Mal ihre Meinung geändert und ist zu ihm zurück und er hat sie wieder geschlagen. Dabei wusste sie, dass er das tun würde.«

»Ihr Vater?«, fragte Norma leise.

»Mein Stiefvater. Er hat sie nie gewürgt. O nein. Er wollte nie, dass es vorbei war. Denn dann hätte er keine Macht mehr gehabt. Er wollte dem Elend kein Ende machen, von niemandem. Er wollte sie lebendig und hilflos, sodass er sie schlagen konnte. Misshandeln. Sie wissen schon. So lange anderen Schmerzen zufügen und so viel Schaden anrichten, wie er konnte, bis er sich besser fühlte. Allerdings glaube ich, er hat sich nie besser gefühlt, denn er hat einfach nicht aufgehört. Als ich fünfzehn war, hatte er einen Herzinfarkt und ist gestorben. Das war der glücklichste Tag meines Lebens.«

Im Raum herrschte Stille.

Norma brach sie schließlich.

»Es tut mir leid, dass Sie das erleben mussten.«

»Für mich ist es zu spät«, erklärte er. »So wie es auch für Jill Moss zu spät ist. Doch die beiden hier werden weiterhin eine Chance haben. Als ich klein war, hat meine Mom immer gesagt … in meiner Kindheit und Jugend muss ich es hundertmal gehört haben … Sie hat immer gesagt: ›Farley, in diesem Leben kannst du dich für alles entscheiden, was immer du willst. Aber schau dir zuerst das Preisschild an, denn du wirst dafür bezahlen müssen.‹ Daran hab ich gedacht, als ich auf dem Weg zum Gerichtsgebäude war. Ich hatte meine Waffe im Handschuhfach, hatte noch nicht entschieden, ob ich sie benutzen wollte oder nicht. Doch ich musste an das denken, was sie immer gesagt hat. Dass ich entscheiden könne, was ich wollte, solange ich bereit sei, dafür zu zahlen. Ich hab mir gedacht, der Preis würden ungefähr fünfzehn Jahre sein, und ich hab beschlossen, dass ich das zu zahlen bereit bin. Also habe ich es getan.«

Norma konnte nicht anders, als das Wort zu ergreifen.

»Aber was, wenn Sie sich für etwas entscheiden und dabei jemand anders verletzen, nicht nur sich selbst? Was, wenn auch jemand anders einen Preis zahlen muss? Mir fallen da spontan Jakes Eltern ein, die ebenfalls bezahlen, obwohl sie sich ganz bestimmt nicht dafür entschieden haben.«

Er antwortete nicht gleich, sondern schien sich seine Worte sorgfältig im Geiste zurechtzulegen, bevor er sie aussprach.

»Das, was meine Mom immer gesagt hat? Das hat sie gesagt, wenn sie wieder zu ihm zurückgegangen ist. In dem Zusammenhang hat sie das benutzt. Das hat es für sie bedeutet. Dass sie sich für ihn entscheiden konnte, solange sie bereit war, den Preis zu zahlen. Ich habe immer gefunden, dass es auf der Welt jede Menge Männer gab, bei denen sie unterm Strich günstiger weggekommen wäre, doch sie hat auf ihrem Recht beharrt, sich für ihn zu entscheiden, solange sie dafür zu zahlen bereit war. Nur hat sie auch mich mit hineingezogen, denn ich musste immer mit ihr zurück. Und musste mit ansehen, wie er sie als Boxsack benutzt hat, ihr die Zähne herausgeschlagen hat und die Nase gebrochen, ihr blaue Augen verpasst hat. Von dem Zeitpunkt an, als ich fünf war, bis ich fünfzehn war und er tot umgefallen ist. Also ja. Andere Leute werden ebenfalls zur Kasse gebeten, zusammen mit einem selbst. Und natürlich ist das nicht fair. Aber ich war ein unschuldiges Kind. Jakes Eltern sind das nicht. Sie tragen einen großen Teil der Schuld daran, dass er so geworden ist, wie er ist. Daher glaube ich nicht, dass mich das viel Schlaf kosten wird.«

Während er das sagte, veränderte sich seine Stimme, verwandelte ihn in etwas anderes. Anfangs hatte er ganz vernünftig geklungen, doch bei den letzten paar Sätzen keimte in Norma Angst vor ihm auf. Vor ihren Augen hatte er sich in einen Mann verwandelt, der imstande war, zur Waffe zu greifen und einen anderen mit einer gezielten Kugel zwischen die Augen hinzurichten.

Der Moment erstarrte, mehrere Minuten vergingen.

Seltsamerweise war es Wanda, die das Schweigen beendete.

»Zumindest können Sie Ihre Strafe hier absitzen«, bemerkte sie. »Es gibt Schlimmeres als das Bezirksgefängnis. Hier ist es nicht so gefährlich wie in diesen schrecklichen staatlichen Haftanstalten.«

Farley stieß ein bitteres Lachen aus und Norma meinte, ein Grinsen auf dem Gesicht des Beamten in der Ecke zu sehen.

»Oh, das glauben Sie? Ich bin nur hier, weil ich auf die Verkündung des Strafmaßes warte. Sobald ich verurteilt bin, schaffen sie mich in genau so ein schreckliches Gefängnis, wie Sie es eben erwähnt haben.«

»Oh«, erwiderte Wanda. »Tut mir leid.«

»Kommen Sie zur Anhörung?«

»Ich überleg's mir«, antwortete Wanda.

Und dann erhob sie sich ohne ein weiteres Wort, ohne die Andeutung einer Verabschiedung, stand einfach auf und eilte aus dem Raum.

Norma folgte ihr.

Während sie das tat, hörte sie Farley ihnen etwas hinterherrufen. »Danke, dass Sie da waren!«

Die ältere Vollzugsbeamtin befand sich in der Nähe der Tür, als hätte sie auf sie gewartet. Ohne etwas zu sagen oder irgendwelche Fragen zu stellen, geleitete sie sie zurück zum Eingang des Gebäudes.

»Jetzt fühle ich mich schuldig«, erklärte Wanda.

»Warum?«

»Er hat es für mich und das Baby getan.«

»Lass diese Schuldgefühle gleich sein. Sofort, Wanda. Du hast schließlich nicht von ihm verlangt, dass er das tut.«

»Stimmt.«

»Wirklich, Wanda. Das ist mein Ernst. Hör auf. Lade dir niemals Schuld auf, die nicht deine ist. Es reicht, dass wir unser ganzes Leben lang mit unserer eigenen zu tun haben.«

* * *

Direkt vor der Tür wartete Betty auf sie, wiegte das Baby hin und her und lächelte es an.

Als die kleine Betty ihre Mom erkannte, wurde sie unruhig und Wanda nahm sie auf den Arm.

»Und? Hat es irgendetwas geklärt?«, erkundigte sich Betty.

Die Frage schien an Norma gerichtet zu sein, aber das mochte nur so aussehen, weil Wanda mit ihrem Kind beschäftigt war.

»O ja«, erwiderte Norma. »Es hat ein klares Bild gezeichnet. Schmerzlich klar, wenn man es genau nimmt.«

»Ich werde nicht zur Urteilsverkündung im Gericht erscheinen«, teilte Wanda ihnen mit. »Ich will nichts mit seiner Tat zu tun haben. Ich möchte nicht, dass irgendjemand glaubt, ich stünde auf seiner Seite oder wollte versuchen, ihm zu einer geringeren Strafe zu verhelfen.«

»Niemand außer dir hat das zu entscheiden«, erklärte Norma. »Und ich denke, ich an deiner Stelle würde ganz ähnlich empfinden.«

Gemeinsam gingen sie zu Bettys Auto.

»Das hat ihm übel zugesetzt«, bemerkte Wanda. »Das, was er als Kind erlebt hat.«

»Ja, allerdings«, bestätigte Norma.

»Ich bin froh, dass die kleine Betty nicht so aufwachsen muss.«

»Das sehen wir alle so«, stellte Norma fest. »Hör mal, Wanda. Fahr doch bitte mit mir in meinem Pick-up zurück, okay?«

»Aber der Babysitz ist in Bettys Auto.«

»Dann lass das Baby bei Betty mitfahren und wir folgen gleich hinter ihnen. Ich bringe dich direkt zu Bettys Haus. Ich möchte nur kurz mit dir über das reden, was da drinnen passiert ist.«

Betty verdrehte die Augen und nahm Wanda das Baby wieder ab.

»Na gut«, sagte sie. »Schließt mich ruhig aus. Das stört mich nicht. Vermutlich ist es die Retourkutsche, weil ich nicht mit euch reingekommen bin.«

Norma öffnete die Beifahrertür ihres Pick-ups für Wanda und lief um den Wagen herum zur Fahrerseite. Sie stieg ein und startete den Motor und sie fuhren los, während Betty noch damit beschäftigt war, das Baby im Autositz anzuschnallen.

Norma blickte zu Wanda hinüber, die mit versteinerter Miene dasaß.

»Alles in Ordnung?«

»Ich hoffe, du willst mir nicht erklären, dass ich zur Urteilsverkündung des Typen gehen muss.«

»Ich hab dir bereits gesagt, dass es deine Entscheidung ist und dass ich vermutlich ähnlich empfinden würde wie du. Ich bin mir nicht sicher, weshalb du glaubst, ich würde so was von dir verlangen.«

»Ich kann mir einfach nicht vorstellen, was du mir sonst zu sagen haben könntest. Du weißt schon. Über das, was da drin passiert ist.«

»Genau genommen«, stellte Norma richtig, »habe ich nur einen Vorwand gebraucht, um ungestört mit dir reden zu können. Und das, worüber ich mit dir reden will, hat nichts mit Farley McMaster zu tun.«

»Oh«, antwortete Wanda.

Dann schwieg sie eine Weile. Keiner von ihnen sprach. Es war keine lange Pause, vielleicht drei oder vier Sekunden lang. Aber es fühlte sich lang an. Während dieser Stille war sich Norma merkwürdig der roten Felsformationen in der Ferne bewusst, die sie aus dem Augenwinkel sah.

»Kannst du ein Geheimnis hüten?«, erkundigte sie sich.

»Ja, klar. Warum?«

»Was ich dir jetzt gleich anvertrauen werde, ist wirklich wichtig. Ich möchte, dass du es niemandem weitererzählst. Unter keinen Umständen und keiner Menschenseele.«

»Nicht mal Betty? Denn die ist inzwischen irgendwie so was wie eine Mutter oder Großmutter für mich geworden. Oder auch beides gleichzeitig.«

»Also, es ist so«, begann Norma. »Mit Geheimnissen verhält es sich folgendermaßen: Niemand trompetet sie hinaus. Na ja, vielleicht manche Leute, doch die meisten nicht. Die meisten Leute erzählen sie nur *einem* Menschen. Jemandem, der ihnen nahesteht. Und dieser Mensch vertraut es dann dem nächsten an. Auch auf diese Weise kann sich eine Geschichte in Windeseile verbreiten.«

»Du machst mich nervös, Norma.«

»Sorry. Aber ich muss mich darauf verlassen können, dass das hier auf keinen Fall weitergetragen wird.«

»Okay, in Ordnung. Ich werde es nicht mal Betty sagen.«

»Gut. Es gibt jemanden, der dich kennenlernen möchte. Dich und die kleine Betty.«

»Jemand, der etwas mit diesem ganzen Drama um Jake zu tun hat?«

»Ja.«

»Und ich hab diese Person bisher noch nicht getroffen?«

»Nein.«

»Okay. Dann verrat es mir. Wer möchte mich kennenlernen?«

»Jill Moss.«

Die nächsten ungefähr fünf oder sechs Kilometer legten sie schweigend zurück. Norma blickte ab und zu in das Gesicht ihrer Beifahrerin. Es war unmöglich zu deuten, was sie dort sah, und auch unmöglich, auszuschließen, dass Wanda wütend war, weil man ihr diese wichtige Information so lange vorenthalten hatte.

Als hätte sie Normas Gedanken gelesen, erkundigte sich Wanda: »Wie lange weißt du schon, wo sie ist?«

»Von Anfang an. Ich hab sie bei der Suchaktion gefunden, relativ kurz nach ihrem Verschwinden. Sie hat mich angefleht, es niemandem zu sagen, weil sie solche Angst vor Jake hatte. Denn sie hatte ihn verlassen. Ich habe nicht die ganze Zeit mit ihr Kontakt gehabt und ich wusste auch nicht, unter welchem Namen oder wo sie untergetaucht ist. Aber ich wusste, sie war am Leben.«

Ein weiterer Kilometer in Schweigen.

Dann fragte Wanda: »Ihre Eltern wussten auch, dass sie lebt, richtig?«

»Ich würde ihre Eltern da lieber rauslassen.«

»Und ihr beide hättet zugelassen, dass ihm wegen Mordes an jemandem der Prozess gemacht wird, der, wie ihr genau wusstet, gar nicht tot war?«

»Nein, das wollten wir auf keinen Fall. Ich habe das mit ihr besprochen und sie hat entschieden, dass sie bereit ist, ein gewisses Risiko einzugehen, um das zu verhindern. Daher habe ich den Bezirksstaatsanwalt aufgesucht und die Karten auf den Tisch gelegt.«

»Warum wurde denn dann überhaupt ein Prozess angesetzt?«

»Er hat sich geweigert, mir zuzuhören. Hat behauptet, er leide an selektiver Schwerhörigkeit.«

»So ein Mistkerl.«

»Ja«, sagte Norma. »Das ist er wohl.«

»Ihr hättet euch an die Zeitung oder einen Fernsehsender wenden können.«

»Bitte glaub nicht, dass wir das nicht in Erwägung gezogen haben. Der Hauptgrund, weshalb wir davon Abstand genommen haben, war die kleine Betty. Vor allem nachdem er im ersten Prozess nur zu etwas mehr als fünf Jahren verurteilt worden war, obwohl er dich beinah umgebracht hatte. Selbst wenn er nicht wegen guter Führung oder irgendwas anderem vorzeitig entlassen worden wäre, wäre er in euer Leben zurückgekehrt, während die kleine Betty noch im Kindergarten gewesen wäre. Der Gedanke, etwas zu tun, das sie in Gefahr bringen könnte, war schwer zu ertragen. Oder dich. Oder euch beide. Ich meine, wie hätten wir uns wohl gefühlt, wenn irgendwas furchtbar schiefgelaufen wäre?«

Mehrere Kilometer weit zogen Bergketten aus roten Felsen am Fenster vorbei.

Norma hatte keine Ahnung, was Wanda sagen würde, wenn sie schließlich bereit war zu reden, doch sie rechnete damit, dass sie zumindest ärgerlich sein würde.

»Das muss eine wirklich schwierige Entscheidung für euch beide gewesen sein«, meinte Wanda.

»Stimmt.«

»Das tut mir leid.«

»Ich dachte, du würdest sauer sein.«

»Na ja, das hab ich versucht, denn ich fand auch, dass ich das sein sollte. Aber seit ich beinahe gestorben bin, hat sich mein Blick auf alles verändert. Es ist komisch und ich bin nicht ganz sicher, wie ich es erklären soll. Jetzt schaue ich mir die Leute an und sage mir, dass sie vermutlich versuchen, ihr Bestes zu geben. Vielleicht nicht Jake und vielleicht auch nicht Farley, doch beinahe alle anderen. Nun, womöglich sogar Jake und Farley. Vermutlich geben sich alle Menschen wirklich Mühe, in jeder Situation ihr Bestes zu geben, selbst wenn das unterm Strich furchtbar ist. Das weiß ich nicht genau. Es ist zu kompliziert für mich. Nun, sicher, ich würde Jill gern kennenlernen. Ich kann mir vorstellen, wir haben jede Menge zu besprechen. Und auch viel gemeinsam – zu viel, wenn auch nicht auf gute Weise. Trotzdem hilft es vielleicht, mit diesem Mist endgültig abzuschließen.«

»Ich lass mir was einfallen, wie wir das am besten einfädeln«, versprach Norma.

* * *

Sobald sie Wanda abgesetzt hatte, rief Norma Jill an, stellte das Telefon laut und legte es auf den Beifahrersitz, bevor sie losfuhr.

»Norma«, begrüßte sie die wundervoll vertraute Stimme.

Jills Stimme war so was wie ein Balsam für Normas Seele geworden. So wie es für die meisten Leute ist, wenn sie von ihren Kindern oder Enkelkindern hören.

»Bist du bei der Arbeit?«, erkundigte sich Norma.

»Ja, doch es ist nicht viel zu tun. Ich hab eine Minute Zeit. Habt ihr mit dem Typen gesprochen?«

»Ja.«

»Du bist wirklich ins Gefängnis marschiert, hast dich da hingesetzt und dich mit einem eiskalten Mörder unterhalten?«

»Du weißt schon, dass die ganze Zeit Leute dabei sind, die aufpassen, oder? Und außerdem war er mit Handschellen an den Tisch gefesselt.«

»Trotzdem. Auf einem emotionalen Level ist das irgendwie unheimlich. Was hast du herausgefunden? Irgendwas Erhellendes?«

»Es hatte nichts damit zu tun, dass wir unser Geheimnis nicht gelüftet haben. Die Sorge kannst du also getrost ablegen. Er ist selbst traumatisiert davon, dass er zuschauen musste, wie sein Stiefvater seine Mutter misshandelt hat, und er wollte unter allen Umständen verhindern, dass Wandas Baby das Gleiche erleben muss.«

»Mann, es hört einfach nicht auf, oder? Man denkt, es ist vorbei, wenn jemand nicht länger zuschlägt, aber es geht immer weiter. Was hat er sonst noch gesagt?«

»Ein paar interessante Dinge«, antwortete Norma. »Die erzähle ich dir, wenn wir dich besuchen kommen.«

»Wir? Gehören zu dem ›wir‹ Hunde?«

»Nein, um die wird sich wohl jemand kümmern. Vermutlich Betty. Das ›wir‹, das ich meine, bezieht sich auf mich, Wanda und das Baby.«

»Weißt du …«, erwiderte Jill und ihre Stimme klang heller. Befreiter. »Ich hatte befürchtet, dass es zu viel verlangt sei, auch wenn ich trotzdem irgendwie gehofft habe, dass dein ›wir‹ genau das heißt.«

Kapitel Achtundzwanzig

Verletzte Menschen

Norma schaute zu Wanda, während sie fuhr. Die Straße verlief in Nevada über eine weite Strecke durchs Nichts und Wanda schlief, die Wange ans Fenster gelehnt, auf der Beifahrerseite von Normas Pick-up. Sie hatte sich ihr Haar wieder dunkelbraun gefärbt, ihre eigentliche Haarfarbe, damit es nicht komisch aussah, während es herauswuchs.

Das Baby befand sich im Autositz auf der Rückbank und schlief glücklicherweise ebenfalls. Oder vielleicht war das gar kein Glück, vielleicht bedeutete es einfach nur, dass die kleine Betty die ganze Nacht auf sein würde.

Norma sah erneut zu Wanda, die die Augen öffnete und den Blick erwiderte.

»Was ist?«

»Nichts«, antwortete Norma.

»Ich weiß, ich schlafe viel, aber dann kann ich die Nacht durchfahren.«

»Das wäre natürlich gut.«

»Genau das hab ich auch gedacht. Warum hast du mich angeschaut?«

»Die Frage verstehe ich nicht. Sollte ich dich nicht anschauen?«

»Tut mir leid. Vermutlich benehme ich mich komisch.«

Wanda starrte eine ganze Weile aus dem Fenster, als gäbe es dort etwas zu entdecken. Dabei war es nur ein langes Stück Highway ohne viel Landschaft drumherum.

»Ich glaube, ich bin einfach nervös wegen der Begegnung mit Jill«, meinte sie nach ein paar Kilometern.

»Mir ist nicht klar, weshalb du das sein solltest.«

»Weil ich das Gefühl habe, dass ihr Urteil über mich nicht besonders positiv ausfallen wird.«

»Warum?«

»Weil ich eine Idiotin war.«

»Oh. Meinst du, weil du dich für den gleichen Typen entschieden hast wie sie?«

»Okay«, erwiderte Wanda. »Da hast du natürlich auch recht.«

Das Baby begann unruhig zu werden und Wanda schnallte sich kurz ab, lehnte sich über ihren Sitz nach hinten und tastete nach dem Schnuller. Als sie ihn ihrer kleinen Tochter in den Mund schob, wurde es bis auf das leise Saugen wieder still.

»Vielleicht ganz gut«, sagte Wanda. »Wir wollen nicht, dass sie den ganzen Tag lang schläft und dann die Nacht über wach ist.«

»Genau das habe ich eben auch gedacht«, erklärte Norma. »Wenn du wirklich wissen willst, warum ich dich angeschaut habe … Ich finde, dass dir brünette Haare viel besser stehen.«

»Oh, das. Richtig. Mir gefällt es so auch besser. Schon komisch, dass ich es nicht schon längst geändert habe. Beispielsweise in der Minute, als er im Gefängnis gelandet ist. Schließlich war es nie meine Idee, sie überhaupt zu blondieren. Es hat sich immer alles um Jake gedreht. Allerdings habe ich als Blondine jede Menge Aufmerksamkeit bekommen. Ich meine automatische männliche Aufmerksamkeit. Nach einer Weile war ich mir jedoch gar nicht mehr so sicher, dass das was Gutes ist.« Sie machte eine Pause und starrte zum Fenster hinaus. »Weißt du, was an Beziehungen seltsam ist?«

»Alles?«

Wanda lachte kurz auf.

»Okay. Ja, möglicherweise. Für mich war es, wie ich all die Dinge an mir, die ihm nicht gepasst haben, irgendwann unter den Tisch habe fallen lassen. Lauter alberne Kleinigkeiten – welche Musik ich mochte oder was ich von politischen Entwicklungen hielt. Vermutlich habe ich dir das schon mal erzählt. Ich hab nicht gelogen in Bezug auf das, was ich mochte oder was ich dachte. Ich hab es einfach an einem Ort verstaut, wo es nicht im Weg sein würde. Nicht weil ich dachte, dass er gewinnen sollte, selbst wenn es im Rückblick so wirkt, als sei das immer der Fall gewesen. Mehr, weil … Es war der Unterschied dazwischen, ob mein Tag einigermaßen glattlaufen oder die absolute Katastrophe werden würde.«

»Ich verstehe das«, sagte Norma. »Ich denke, wir tun das in allen Beziehungen. Doch wenn wir mit jemandem zusammen sind, der leicht wütend wird, neigen wir dazu, in dem Punkt zu übertreiben.«

»Ich glaube, du hast das selbst schon erlebt«, meinte Wanda. »Du hast ein paar Dinge erwähnt, die nahelegen, dass du das aus persönlicher Erfahrung kennst.«

»Ja, stimmt.«

»Aber das hat auch was Gutes. Und zwar den Zeitpunkt, wenn es aufhört. Dann entdeckst du all diese Teile von dir selbst, die du beinahe vergessen hattest. Es ist wie die innerliche Wiedergeburt von Wanda. Möchtest du, dass ich jetzt fahre?«

»Ja«, sagte Norma. »Auf dieses Angebot werde ich ziemlich bald zurückkommen.«

* * *

Norma wachte auf dem Beifahrersitz auf. Sie war sich nicht sicher, wie viel Zeit verstrichen war. Es war noch dunkel und sie fuhren nicht länger. Sie blickte hinüber zu Wanda, die wach war und aus dem Fenster starrte. Vielleicht in Gedanken versunken. Das Baby schien in seinem Autositz zu schlafen. Zumindest war es still.

Als ihre Augen sich an die Dunkelheit gewöhnt hatten, sah Norma, dass sie vor einem Tor angehalten hatten. Je mehr sie erkennen konnte, desto überzeugter war sie, dass es das Tor zu Jills Grundstück war.

»Wie hast du hergefunden?«, fragte Norma.

Wanda zuckte erschreckt zusammen.

»Oh. Norma«, stieß sie mit atemloser Stimme hervor. »Ich hatte keine Ahnung, dass du wach bist. Du hattest dein Handy an und darauf war die Karten-App geöffnet.«

»Okay. Wie spät ist es?«

»Nicht mal fünf Uhr morgens. Es schien mir keine günstige Zeit dafür zu sein, sie zu wecken und ihr zu sagen, dass wir hier sind.«

»Ich hab gedacht, dass wir erst später am Vormittag hier eintreffen«, erwiderte Norma. »Allerdings wusste ich da nicht, dass du bereit sein würdest, die ganze Nacht durchzufahren.«

Sie hatte gerade zu Ende gesprochen, als sie einen Hund bellen hörten. Es war noch in einiger Entfernung, kam aber näher.

»Ich glaube, ihr Hund hat uns schon bemerkt«, stellte Norma fest.

Eine Minute oder so später konnte Norma im Dunkeln die Umrisse von Jill ausmachen, die ihren Hund am Halsband hielt und sich dem Tor näherte. Sie hatte weder eine Taschenlampe noch irgendetwas anderes in der Art dabei. Wieder ein Punkt, in dem sie Norma glich, die einfach wartete, bis sich ihre Augen an die Lichtverhältnisse gewöhnt hatten, und sich dann ihren Weg suchte.

Die Nacht war ohnehin schon viel zu viel künstlich erhellt, fand Norma. Ganz allgemein. Alle Leute schienen die Dunkelheit vertreiben zu wollen, als handelte es sich um irgendeine Art von Krankheit und nicht einfach um die Hälfte eines ganz normalen Tages.

Jill trat durch das Tor und ging zur Fahrerseite des Pick-ups.

Wanda suchte nach dem Knopf, um das Fenster zu öffnen, erkannte dann jedoch, dass es ohne eingeschaltete Zündung nicht klappen würde, daher tastete sie in ihrer Tasche nach dem Schlüsselbund, gab dann aber auf und öffnete einfach die Tür.

Jill spähte an ihr vorbei zu Norma. »Da seid ihr ja«, verkündete sie und es klang, als sei das etwas Gutes.

»Tut mir leid, dass wir dich so früh stören.«

»Ach, ich stehe immer um vier auf.« Jill richtete ihre Aufmerksamkeit auf Wanda. »Du musst Wanda sein«, erklärte sie.

»Entschuldige bitte«, warf Norma ein. »Wie unhöflich von mir. Das ist Wanda Willis. Wanda, das ist Cassie MacEnerny. Und nicht vergessen, falls irgendjemand fragt, wen wir besucht haben, sagst du ihnen genau das. Wir sind zu Cassie MacEnerny gefahren. Sie ist Jill Moss' Cousine und wir wollten mit ihr reden, um mit der Sache abschließen zu können. Soweit das möglich ist, ohne mit Jill selbst zu sprechen.«

»Verstanden«, antwortete Wanda.

Sie stieg aus dem Pick-up, öffnete die schmale Tür hinter dem Fahrersitz und befreite das Baby aus seinem Autositz.

»Oh, sieh mal. Sie hat gar nicht geschlafen. Sie war nur einfach ganz still und brav.«

Sie drückte ihre kleine Tochter im Schein der Innenbeleuchtung an sich.

Norma schloss die Wagentür, sodass wieder Dunkelheit herrschte. Eine Weile standen die drei Frauen zusammen, ohne ein Wort zu sprechen, und das Baby wurde unruhig. Der Hund hatte sich neben Jills Füßen auf die Erde gesetzt.

Eine schmale Mondsichel stand dicht über den Bergen im Westen, kurz davor, unterzugehen, und leuchtete nur schwach.

»Ich verstehe es, wenn du Nein sagst«, begann Jill. »Doch dürfte ich sie mal halten?«

»Klar«, entgegnete Wanda. »Natürlich.« Sie reichte ihr das Baby, und Jill wiegte den Säugling leicht hin und her, gurrte dazu leise.

»Oh, sie ist wunderschön. Soweit ich das erkennen kann zumindest. Aber wenn wir erst im Haus sind, wird sich das bestätigen, das weiß ich. Ich wünsche mir eins so sehr. Ich möchte dieses Baby, Norma. Nun, nicht *dieses* Baby. Ich weiß, dieses gehört dir, Wanda. Ich wünsche mir ein eigenes. Das habe ich schon immer getan.«

»Nun«, bemerkte Norma. »Du bist noch nicht mal Mitte zwanzig, daher rede nicht so, als sei es kurz vor Toresschluss. Du hast noch Unmengen Zeit. Und obwohl mir klar ist, dass eine Menge Frauen beschließen, es allein zu tun – und ich will das auch nicht schlechtreden oder mich dagegen aussprechen –, halte ich es doch für einen guten nächsten Schritt, wenn du erst einmal ein Date ausmachst. Du weißt schon. Mit einem Mann. Natürlich nur unter der Voraussetzung, dass du wieder eine Beziehung haben willst. Wenn nicht, sag es einfach.«

Sie drehten sich um und traten gemeinsam durch das offene Tor und Norma schloss es auf Jills Bitte hin wieder hinter ihnen.

Die beiden jüngeren Frauen gingen nebeneinander voraus und Norma folgte ihnen, blieb aber ein paar Schritte zurück. Trotzdem war sie nahe genug, um ihr Gespräch mitzubekommen.

»Du hast noch gar nicht wieder gedatet?«, fragte Wanda.

»Nicht wirklich, nein.«

»Nicht, seit du Jake verlassen hast?«

»Genau.«

»Das ist ziemlich lange.«

»Ich weiß, bloß …«

»Ich verstehe das. Ich meine, irgendwie verstehe ich es. Ich hab jedoch vor, auf jeden Fall wieder mit einem Mann auszugehen. Und zwar bald. Andererseits bin ich auch total verrückt.«

»Du bist nicht verrückt«, widersprach Norma und erhob dabei ihre Stimme, damit man sie verstehen konnte. »Lass mich nicht noch mal hören, dass du so über dich selbst sprichst.«

»Ja, Ma'am.«

So wie sie das sagte, klang es beinah wie ein Scherz. Norma hatte allerdings den Eindruck, dass es einem anderen Teil von ihr komplett ernst war.

* * *

Sie befanden sich in Jills Wohnzimmer, das von der Lampe in der Küche spärlich beleuchtet wurde, und tranken Kaffee. Außer Wanda, die Kräutertee in ihrer Tasse hatte, weil sie noch stillte. Die beiden jüngeren Frauen saßen auf dem Boden vor der Couch und das Baby war auf Jills Schoß eingeschlafen.

Norma hatte es sich auf dem kleinen Sofa mit zwei weichen Kissen im Rücken bequem gemacht und musste trotz des Kaffees aufpassen, nicht einzuschlafen.

»Die Sache ist die«, sagte Jill. »Wir sind nicht verrückt. Davon bin ich jetzt wirklich überzeugt. Wir haben vielleicht ein paar unkluge Entscheidungen getroffen. Aber mit Jake zusammen gewesen zu sein wirft kein so schlechtes Licht auf uns, wie man womöglich denkt. Ich meine, vielleicht nachdem wir gesehen hatten, wie er war, wenn er die Beherrschung verlor. Doch am Anfang war er ein ganz normaler Typ und nichts hat dagegengesprochen, etwas mit ihm anzufangen. Oder zumindest schien er das zu sein. Trotzdem höre und lese ich immer wieder, dass Leute darüber reden, als seien wir selbst an allem schuld gewesen, weil wir eben mit jemandem wie ihm eine Beziehung eingegangen sind.«

»So was tun die Leute gern mit Opfern«, warf Norma ein, »weil sie sich dann sicher fühlen. So können sie sich einreden, das sei etwas, das ihnen nicht passieren könne, weil sie es besser wissen würden. Dann brauchen sie sich nicht mit der unangenehmen Realität auseinanderzusetzen, dass die Welt ein gefährlicher Ort ist, an dem jedem schlimme Dinge passieren können.«

»Für euch ist es leichter«, sagte Wanda. »Ihr hattet tatsächlich keine Ahnung, worauf ihr euch da einlasst.«

»Du hast ja nicht geglaubt, dass es stimmte oder dass er dich ebenfalls schlagen würde«, erklärte Norma. »Richtig oder falsch, aus was für einem Grund auch immer. Es war vielleicht ungerechtfertigt optimistisch von dir, aber es war kein Todeswunsch und auch keine Einladung an ihn, dir etwas anzutun.«

»Wenn Jake irgendein Monster gewesen wäre …«, setzte Jill an. »Und ich meine, natürlich weiß ich, dass er das in gewisser Weise war. Trotzdem, wenn er immer nur und durchgehend ein Monster gewesen wäre, wären wir nicht mit ihm zusammen gewesen. Doch wir haben beide etwas in ihm gesehen. Etwas, das es verdiente, geliebt zu werden. Obwohl ich zugeben muss, dass es inzwischen sogar für mich selbst schwer zu begreifen ist.«

»Ich hab mich für verrückt gehalten, weil ich etwas Gutes in ihm erkennen konnte«, erwiderte Wanda. »Man hört die Leute über ihn reden und laut ihnen war er ein absoluter Mistkerl. Nach Einschätzung der ganzen Welt außer uns. Ich war davon überzeugt, dass es falsch von mir gewesen sei, überhaupt je etwas anderes zu denken.«

»Was meinst du, Norma?«, fragte Jill.

Norma war fast eingenickt und zuckte beim Klang ihres Namens zusammen.

»Niemand ist einfach ein Monster«, antwortete sie. »Selbst der böseste Mensch hat etwas Gutes an sich und der beste Mensch irgendetwas Schlechtes. Aber die Leute nehmen das nicht wahr, weil sie es lieber haben, wenn sie alles akkurat in Schwarz oder Weiß einteilen können.«

»Dabei ist es das nie«, erwiderte Jill.

»Nein, nie. Doch die Leute verdrehen und verrenken sich, um es so hinstellen zu können. Und alles, was nicht zu dieser Sicht auf die Welt passt, kriegen sie nicht in ihren Kopf. Es wird abgelehnt oder ignoriert.«

»Oh«, sagte Wanda. »Das erklärt so viel. Möchtet ihr wissen, an was ich mich erinnere, das überhaupt nicht böse oder schlecht bei ihm war? Seine Begeisterung für Cartoons.«

»Ja, daran erinnere ich mich ebenfalls«, pflichtete ihr Jill bei. »Die ganz alten. Bugs Bunny und Daffy Duck. Ich kann mich erinnern, dass er das mit dem Jäger Elmer Fudd und ›Es ist Hasensaison, nein, Entensaison, nein, Hasensaison‹ geschaut hat. Und wenn die Ente sich bücken und ihren Schnabel aufheben und sich wieder aufstecken musste, konnte Jake sich darüber schier totlachen. Es war echt witzig – gar nicht mal der Cartoon selbst, sondern die Wirkung, die er auf ihn hatte. Aber an was ich mich am meisten erinnere, war, dass er vor dem Schlafengehen immer gebetet hat.«

»Auf den Knien neben dem Bett, die Hände vor dem Gesicht gefaltet.«

»Wie die Eltern es einem beibringen, wenn man fünf ist. Das hat ihn immer so jung und verwundbar erscheinen lassen. Du weißt, dass seine Mutter ihn geschlagen hat, oder?«

»O ja«, erwiderte Wanda. »Sie hat ihm sogar noch viel Schlimmeres angetan. Einmal hat sie ihn gezwungen, in viel zu heißem Wasser zu baden, weil er frech zu ihr war, sodass er danach in die Notaufnahme musste.«

»Das wusste ich gar nicht«, entgegnete Jill. »Ich wusste ein paar schlimme Sachen, wie dass sie ihm die Hände mit einem Kabel zusammengebunden und ihn in einen Schrank gesperrt hat. Doch das mit dem heißen Wasser wusste ich nicht. Jetzt tut er mir richtig leid. Norma, du sagst ja gar nichts.«

Norma war schon wieder leicht eingenickt. Sie hatte alles gehört, was die jungen Frauen gesprochen hatten, aber wie aus weiter Ferne.

»Was soll ich denn dazu sagen?«

»Ist es verrückt, Mitleid mit ihm zu haben?«

»Das ist eine komplizierte Frage«, meinte Norma. »Selbst für mich, und ich hab eigentlich keine Angst vor komplizierten Fragen. Mitleid mit einem Schläger überfordert viele Leute. Es verlangt ihnen mehr ab, als sie verkraften können. Auf der einen Seite. Auf der anderen steht die Tatsache, dass die Typen, die zuschlagen, oft selbst misshandelt worden sind. Als kleinem Jungen wären ihm unsere Herzen zugeflogen, weil seine Mom ihn in einen Schrank gesperrt oder ihn verbrüht hat. Wer hätte kein Mitleid mit so einem armen Kind? Doch diese Gewalterfahrung verformt den kleinen Jungen derart, dass er selber zu Gewalt greift. Dann ist er ein Erwachsener und er ist genau das geworden, wozu er geformt worden ist, und wir hassen ihn, weil er ist, wie er ist. Einige Leute holen sich Hilfe und ich weiß nicht, warum andere das nicht tun. Ich meine, spätestens wenn er es nach außen kehrt und sich an anderen vergreift, überschreitet er eine Grenze. Trotzdem, ich weiß nicht. Ich hatte eine alte Freundin, als ich verheiratet war, die immer gesagt hat: ›Verletzte Menschen verletzen Menschen.‹ Das bietet zwar auch keine Lösung, aber es stimmt.«

Eine ganze Weile lang schwiegen sie alle.

Das Baby wachte auf und wurde unruhig und Jill reichte es an seine Mom weiter, die es zu stillen begann.

»Das klingt jetzt vielleicht komisch«, erklärte Jill, »doch es weckt fast den Wunsch in mir, irgendeine Form von Gedenkstein für den Teil von ihm, der kein Monster war, zu errichten. Aber das tue ich nicht. Denn im Moment müssen *wir* mir mehr leidtun.«

Kapitel Neunundzwanzig

Was man sich nicht aufladen soll

Norma hatte sich in Jills Schlafzimmer – dem einzigen Schlafzimmer – zu einem Nickerchen hingelegt, bis Wanda hereinkam, um sie zum Abendessen zu wecken.

»Hey«, sagte Wanda.

Norma blinzelte in das Licht, das durch die dünnen Vorhänge schien, und antwortete ebenfalls mit »Hey«.

»Jill hat Spaghetti gekocht. Ich hoffe, du magst das. Sie isst ja kein Fleisch, wie du vermutlich weißt.«

»Alles gut. Ich mag Spaghetti.«

Wanda ließ sich schwer auf der Bettkante nieder, als hätte sie etwas Bedeutsames zu verkünden.

»Was, wenn ich noch eine Weile hierbleiben möchte?«

»Wie lange?«

»Ein paar Tage. Vielleicht eine Woche. Ich sage nicht, dass du ebenfalls bleiben musst. Jill hat gemeint, sie würde etwas Geld beisteuern, damit ich mit der kleinen Betty mit dem Zug heimfahren kann. Es ist nur so, dass du dann den ganzen Weg nach Sloot allein im Auto zurücklegen musst.«

»Das schaff ich, schließlich hab ich das schon mal getan. Ich muss bloß unterwegs irgendwo übernachten.«

»Wäre es denn okay? Das wäre super. Jill und ich verstehen uns großartig. Wir haben ganz viel gemeinsam. Sie ist ein Einzelkind, so wie ich auch, und es fühlt sich beinahe so an, wie es sein muss, eine Schwester zu haben. Und das ist schön.«

»Nun, ich bin froh, dass ihr einander gefunden habt«, erklärte Norma. »Und jetzt mach Platz, damit ich aufstehen und was essen kann. Stell dich nie zwischen mich und mein Essen, wenn du weißt, was gut für dich ist.«

* * *

Das Baby saß in seinem Autositz am Tisch, hellwach, aber zufrieden. Es schaute in die Gesichter um sich herum, und die Gesichter erwiderten seinen Blick und lächelten, was die Kleine lustig zu finden schien.

Norma riss ein Stück Knoblauchbrot ab und legte es auf den Teller neben ihre Spaghetti.

Da meldete sich Wanda zu Wort.

»Wie wäre es mit einem kleinen Spiel? Jede muss reihum antworten: Weswegen empfindet ihr beide Schuldgefühle?«

Einen Moment lang lagen die Worte einfach so auf dem Tisch.

Schließlich fragte Jill: »Wegen dieser Sache mit Jake? Oder ganz allgemein?«

»Ich dachte eigentlich … du weißt schon … kürzlich. Also, ich fang an, wenn es euch recht ist. Ich fühle mich schuldig, weil ich Jake nicht früher verlassen habe. Gleich nach den ersten Misshandlungen. Ich hab mir gedacht, es sei meine eigene Entscheidung und ich sei die Einzige, die darunter zu leiden hätte. Doch ich bin geblieben, bis es beinah Mord war, und jetzt ist er deswegen tot.«

»Das würde ich mir nicht aufhalsen«, meinte Norma.

»Ich weiß, vielleicht sollte ich das nicht. Ich habe ihn ja nicht umgebracht. Aber man geht im Geiste zurück und überlegt sich, wie es wohl gelaufen wäre, wenn man sich zu einem bestimmten Zeitpunkt anders entschieden hätte. Was ist mit dir, Norma? Möchtest du weitermachen?«

»Warum sollte *ich* Schuldgefühle haben?«

»Ach, komm schon«, entgegnete Wanda. »Du bist Norma. Du nimmst alles so ernst und hältst dich immer an die Regeln. Es muss etwas geben, was du bereust.«

Norma war gerade dabei, sich eine Gabel mit Spaghetti in den Mund zu schieben, aber nun legte sie die Gabel wieder auf den Teller zurück und seufzte.

»Ich fühle mich schlecht, weil ich die anderen Mitglieder des Suchtrupps angelogen habe. Okay, vielleicht nicht direkt angelogen, doch ich habe ihnen die Wahrheit vorenthalten, was unterm Strich auf das Gleiche hinausläuft. Ian hat noch wochenlang Leute rausgeschickt. All die Ressourcen, die das verschwendet hat. Die ganze Mühe. Und Jill war längst auf dem Weg zum plastischen Chirurgen. Trotzdem ist es die Entscheidung, die ich getroffen habe, und mich plagen deswegen Gewissensbisse.«

»Ich werde euch sagen, was mir Schuldgefühle bereitet«, erklärte Jill. »All die Stunden für die Suchmannschaft. Die vielen Male, dass Norma für mich lügen musste, obwohl sie Lügen hasst. All die Frauen, deren Verschwinden keinerlei mediale Aufmerksamkeit erregt hat, während sich die gesamte Öffentlichkeit auf mich konzentriert hat. Und dass Wanda beinahe umgebracht worden wäre.«

Norma hatte wieder zu essen begonnen und verschluckte sich beinahe an einem Bissen Brot.

»Warte mal«, sagte sie mit vollem Mund. »Wie solltest du dafür verantwortlich sein?«

»Na ja, ich bin vor dem Problem weggerannt. Ich bin damit nicht an die Öffentlichkeit gegangen und habe gemeldet, dass er mich misshandelt hat. Ich habe Leute glauben lassen, was sie wollten. Daher denke ich, dass ich ihn irgendwie … auf die nächste Beziehung losgelassen habe. Ohne irgendwo zu Protokoll zu geben, dass die Frau in dieser nächsten Beziehung besser auf sich aufpassen sollte. Was ist mit dir, Norma? Hast du es der Polizei gemeldet, nachdem du deinen Ehemann verlassen hattest? Sodass die nächste Frau in seinem Leben Bescheid wusste und gewarnt war?«

Norma legte ihre Gabel wieder ab. Nicht nur, weil sie antworten wollte, sondern weil es ihr entschieden den Appetit verschlug.

»Nicht wirklich«, räumte sie ein. »Ich habe damit angefangen. Ich habe ihn angezeigt. Aber er hat alles abgestritten, und zwar nachdrücklich. Außerdem hatte er einen ausgezeichneten Rechtsbeistand. Ich hingegen hatte nur einen Anwalt vom Sozialamt, während seiner ein echter Hai war. Mir war klar, ich würde nicht gewinnen. Und meine Jungs litten zunehmend darunter, daher habe ich es dabei belassen und mein Leben weitergeführt.«

Danach schwiegen sie alle eine Weile. Saßen einfach da. Niemand begann wieder zu essen. Das Baby wurde unruhig, nahm die veränderte Stimmung wahr.

»Ich hab eine Idee«, brach Norma die Stille. »Wie wäre es, wenn wir das alles hinter uns lassen? Ich weiß, man kann diese Gefühle nicht ausschalten wie eine Lampe. Doch jedes Mal, wenn sie sich in unsere Gedanken schleichen wollen, könnten wir ihnen klar und deutlich sagen, dass sie nicht willkommen sind. Keine von uns ist eines Morgens aufgewacht und wollte irgendjemandem schaden. Die Einzigen, die sich schuldig fühlen sollten, sind Jake und Farley und mein Ex, auch wenn ich nie den Eindruck hatte, dass sie das getan haben. Und ich will verdammt sein, wenn ich all ihren Mist mit mir rumschleppe. Damit ist von jetzt an ein für alle Mal Schluss.«

Wieder Schweigen.

Dann sagte Jill mehr oder weniger in Wandas Richtung: »Siehst du? Norma weiß alles.«

»Tu ich gar nicht.«

»Aber du weißt viel«, beharrte Jill.

Und dann wandten sie sich alle wieder ihrem Essen zu. Norma fand, dass das ein gutes Zeichen war. Wenn man Dinge auf sich beruhen und hinter sich lassen konnte, dann verdarben sie einem nicht den Appetit und hielten einen auch nicht nachts wach. Sie ließen einen ausnahmsweise mal in Ruhe.

* * *

Als Norma am nächsten Morgen aufbrach, begleitete Wanda sie zum Pick-up. Sie hatte die kleine Betty nicht bei sich, daher nahm Norma an, dass das Baby bei Jill im Haus war.

»Es ist wirklich nett von dir, dass du mich das tun lässt«, erklärte Wanda.

Norma blieb jäh stehen, sodass sich ihre Absätze in die lose Erde gruben. Zugegeben, sie stand ohnehin praktisch vor der Fahrertür. Trotzdem waren es die Worte der jungen Frau, die sie so abrupt innehalten ließen.

»Ich lasse dich überhaupt nichts tun«, stellte Norma fest. »Du bist eine erwachsene Frau und kannst tun, was immer du willst.«

»Oh, richtig. Vermutlich war das ein Rückfall in meine Zeit mit Jake. Die Wiedergeburt der alten Wanda erfordert offenbar noch ein bisschen Arbeit.«

»So was geschieht nicht von heute auf morgen«, erwiderte Norma.

»Trotzdem. Was ich gemeint habe, war, es ist nett von dir, dass du die Rückfahrt allein antrittst, statt mich darauf hinzuweisen, dass wir eine Abmachung hatten, hier gemeinsam herzufahren und auch gemeinsam zurück.«

»Ich schaff das schon.«

»Du bist ein guter Mensch«, verkündete Wanda und ihre Stimme änderte sich. Ihr Gesicht änderte sich. Plötzlich war sie todernst. »Du bist nett. Man hat zwar das Gefühl, als wolltest du nicht, dass die Leute das wissen, doch du bist es. Ich bin mir nicht sicher, ob ich dir das schon mal gesagt habe oder nicht.«

Einen Augenblick standen sie gemeinsam schweigend da. Norma wusste nicht so recht, was sie darauf antworten sollte.

Dann fügte Wanda hinzu: »Jill will sich auch noch von dir verabschieden. Dazu muss ich reingehen und ihr das Baby abnehmen.«

Damit trat sie vor und umarmte Norma rasch, aber fest, bevor sie zum Haus zurücklief.

Ein paar Sekunden später trat Jill durch die Tür und schlenderte zu Norma, die Hände tief in ihren Jeanstaschen. Sie lächelte, doch irgendwie schüchtern, fand Norma.

Als sie an der Stelle ankam, wo Norma bei ihrem Pick-up wartete, standen sie da und musterten einander einen Moment lang. Es fühlte sich beinah so an, als ob zwischen ihnen Worte mittlerweile nicht mehr nötig wären.

»Ich werde mich an das erinnern, was du mir gesagt hast«, erklärte Jill. Bevor Norma den Mund öffnen könnte, um zu fragen, was genau sie meinte, sprach Jill weiter: »Wegen der Schuldgefühle. Mich fünf Jahre lang innerlich zu zerreißen, weil die Welt auf mich fixiert war und alle anderen ignoriert hat, die ebenfalls vermisst wurden. Aber ich selbst gehöre nicht zu denen, die mich für wichtiger als andere halten. Die Leute haben es ohne mein Zutun gemacht … Ich meine, ich war für sie das Thema, doch ich habe das nicht veranlasst. Ich bin mir nicht sicher, weshalb ich die Schuldgefühle so lange mit mir herumgeschleppt habe.«

»Es ist ziemlich einfach, sich Schuldgefühle aufzuladen, die eigentlich jemand anderem gehören. Manchmal glaube ich, wir merken gar nicht, dass wir das tun.«

Sie schwiegen. Warteten. Norma schien es, als ob Jill noch etwas Wichtiges zu sagen hätte, nur noch nicht bereit dazu wäre, es auch auszusprechen.

Dann öffnete sie den Mund und ließ es heraus.

»Jetzt ist es wirklich vorbei.«

»Ja«, pflichtete ihr Norma bei. »Das ist es definitiv. Aber bei dir klingt das gar nicht so, als seist du darüber erleichtert. Es hört sich vielmehr nach Enttäuschung an.«

»Oh, ich bin erleichtert. Es ist nur … Ich hoffe, das mit uns ist nicht ebenfalls vorbei. Ich meine, wir haben uns über diese seltsame Sache angefreundet, doch jetzt ist sie vorbei.«

»Sicher«, erwiderte Norma. »Wir haben über die Sache mit Jake Freundschaft geschlossen und ohne ihn hätten wir das vermutlich nie getan. Aber jetzt sind wir befreundet und diese Freundschaft verschwindet ja nicht einfach.«

Sie konnte sehen, wie sich Jills Miene entspannte.

»Das ist es, was ich von dir hören wollte.«

Jill trat vor und schlang die Arme um Norma. So verharrten sie eine Weile. Es fühlte sich wie ein Versprechen an. Als würden sie einander ein Versprechen für die Zukunft geben. Schließlich ließ Jill die Arme sinken und trat zurück.

Sie drehte sich um und ging ein paar Schritte zum Haus. Norma hatte die Hand am Türgriff, als Jill stehen blieb, sich umwandte und noch etwas sagte.

»Bist du eigentlich jemals einsam dort draußen? Ich bin bloß neugierig. Nur mit dir selbst als Gesellschaft, mitten im Nirgendwo, statt bei deiner Familie?«

»Nein, nicht wirklich. Das Pferd und die Hunde verhindern, dass ich mich einsam fühle. Sie sind meine Familie. Trotzdem schadet ein bisschen Familie natürlich nie. Um die Frage zurückzugeben: Was ist mit dir?«

»Ich habe darauf die gleiche Antwort«, erwiderte Jill. Sie lächelte wieder schüchtern. »Fahr vorsichtig.«

»Oh, das mache ich immer«, entgegnete Norma.

Und das tat sie auch.

* * *

Norma übernachtete in einem billigen Motel und kam am Mittag des folgenden Tages bei sich zu Hause an.

In der Nähe der Pferdekoppel parkte ein fremdes Auto, eins, das sie noch nie in ihrem Leben gesehen hatte, und auf den Stufen ihrer Veranda vor dem Haus saß ein Mann.

Er war irgendwo in den Dreißigern und hatte einen sorgsam getrimmten dunklen Bart. Er trug einen Hut, dessen Krempe die obere Hälfte seines Gesichts verbarg. Die Ärmel seines Hemdes hatte er zweimal umgekrempelt und er blickte auf sein Handy. Als er Norma vorfahren hörte, schaute er auf, doch dadurch konnte sie sein Gesicht nicht besser erkennen, denn unter dem Hut hatte er eine große dunkle Sonnenbrille auf.

Ihre Hunde lagen zu seinen Füßen auf der Erde.

Sie stellte ihren Wagen ab und ging zu ihm, ließ ihre Reisetasche im Pick-up liegen. Die Hunde erhoben sich und wedelten voller Freude über ihre Rückkehr.

»Kann ich Ihnen helfen?«

Er nahm sich mit einer Hand den Hut ab und die Sonnenbrille mit der anderen.

»Mom«, antwortete er. »Ich bin's.«

»Neal.« Sie hatte beinah nicht den Atem dafür, seinen Namen auszusprechen. »Wie lange sitzt du schon hier auf meiner Veranda?«

»Noch nicht allzu lang. Ich bin gestern spät hier eingetroffen und wollte dich eigentlich überraschen. Ich kann nicht sagen, warum ich mir das so vorgestellt hatte, aber ich hab ehrlich nicht geglaubt, dass du viel unterwegs bist.«

»Das bin ich normalerweise auch nicht.«

»Nun, egal. Ich bin jedenfalls zum Pub gefahren, und deine Freundin Betty hat mir erzählt, dass du die Cousine von dem toten Mädchen besuchst und dass sie sich in der Zwischenzeit um deine Tiere kümmert. Sie hat mich freundlicherweise bei sich übernachten lassen. Als du sie angerufen hast und ihr gesagt hast, wann ungefähr du zu Hause sein würdest … Nun, da bin ich hergefahren.«

»Sie hat dich am Telefon mit keinem Wort erwähnt.«

»Nein, weil ich sie darum gebeten hab, denn ich wollte dich überraschen.«

»Das ist dir auf jeden Fall gelungen.«

»Es ist schon eine gute Überraschung, oder?«

»Selbstverständlich. Du bist mein Sohn. Es ist eine ganz wunderbare Überraschung. Komm mit rein. Ich mach uns Kaffee. Du trinkst doch Kaffee?«

»Ich hätte sehr gern eine Tasse.«

Er erhob sich. Er war viel größer, als Norma es in Erinnerung hatte. Größer, als sie es sich je vorgestellt hätte. Er steckte sich das Handy in die Hemdtasche und klopfte sich die Rückseite seiner Jeans ab.

Einen Moment lang dachte Norma, er wolle sie in die Arme schließen. Oder sie ihn. Aber dann blieben sie beide einfach irgendwie unbeholfen stehen.

Norma öffnete die Haustür und sie traten ein.

»Setz dich«, forderte sie ihn auf und deutete zum Küchentisch.

Er nahm Platz, nachdem er seinen Hut auf der einen Seite an die Stuhllehne gehängt hatte. Er hatte bereits ausgeprägte Geheimratsecken und eine hohe Stirn, so wie sein Vater.

»Ich fand, es war überfällig, dass wir mal miteinander reden«, erklärte er.

»Seit ein paar Jahrzehnten überfällig.«

Er lächelte, doch das Lächeln wirkte traurig.

»Die Kinder haben Schule, daher musste ich sie bei Jane lassen. Nächstes Mal.«

»Ja«, sagte Norma und füllte Wasser in die Kaffeemaschine. »Nächstes Mal.«

»Rick hat es nicht geschafft.«

»Nächstes Mal«, meinte Norma wieder.

Sie setzte sich zu ihm an den Tisch, während die Kaffeemaschine gurgelte und das Wasser erhitzte, dann auf den Kaffee tropfen ließ. Sie wollte etwas sagen, irgendwas, aber wieder verloren sie sich in der Unbeholfenheit. Eine Minute oder mehr herrschte Schweigen.

»Ich muss dich etwas fragen«, verkündete sie. »Es könnte dir allerdings komisch vorkommen.«

»Okay. Schieß los.«

»Die zweite Frau von eurem Dad. Deine Stiefmutter. Wie hieß sie noch mal?«

»Patty.«

»Richtig. Patty. Ich meine das nicht respektlos, dass ich ihren Namen vergessen hab. Es ist nur einfach schon so lange her und ich hab in eurem Leben danach keine große Rolle mehr gespielt.«

Norma konnte hören, dass die Kaffeemaschine fertig war, daher stand sie auf und schenkte zwei Becher ein.

»Möchtest du irgendwas in deinen Kaffee?«

»Schwarz bitte.«

»Wie deine Mutter.« Dann, weil sie ihm immer noch den Rücken zukehrte, fragte sie: »Was denkst du, hat er auch Patty misshandelt?«

Langes Schweigen.

Sie trat an den Tisch und stellte den Kaffee hin, ließ sich auf ihrem Stuhl nieder.

»Das hat sie zumindest behauptet. Darum hat sie ihn verlassen.«

»Oh. Ich wusste gar nicht, dass sie sich getrennt haben.«

»O ja. Schon vor Jahren. Er hat es abgestritten und wir haben es nie mit eigenen Augen gesehen. Vermutlich haben wir entschieden, auch ihr nicht zu glauben. Ich kann natürlich nicht für Rick sprechen. Trotzdem wurde es dadurch schwieriger, es zu leugnen. Doch zu meiner Schande muss ich gestehen, so genau habe ich gar nicht hingeschaut. Es war beinah so … Wenn ich das getan hätte, hätte ich vielleicht zugeben müssen, dass ich mich bei dir geirrt habe, und dann hätte ich mich furchtbar gefühlt. Ich habe wegen der ganzen Sache jede Menge Schuldgefühle.«

»Vergiss sie«, verlangte Norma.

Sie nahm einen Schluck von ihrem Kaffee, aber er war viel zu heiß.

»Warum sonst erkundigst du dich nach Patty? Ich glaube dir jetzt ja, wenn es das ist, worauf du hinauswillst. Ich brauche keine weiteren Beweise.«

»Nein«, antwortete Norma. »Das war nicht der Grund, weshalb ich gefragt habe. Ich habe mich komisch gefühlt, weil ich die Vorwürfe gegen deinen Vater nicht weiterverfolgt habe und weggezogen bin, statt sie zu thematisieren. Jetzt frage ich mich, was ich damit der nächsten Frau in seinem Leben angetan habe. Denn sie konnte es nicht wissen. Als hätte ich ihr einfach den ganzen Mist überlassen. Ich hab mich mit Freundinnen darüber unterhalten, daher hat es mich beschäftigt.«

»Sie hätte dir ohnehin nicht geglaubt«, stellte Neal klar. »Sie hat gehört, was passiert war, und beschlossen, ihm zu glauben. Wenn du die Sache weiterverfolgt hättest, wäre sie nur wütender darüber geworden, dass du an der Lüge festhältst. An dem, was sie als Lüge bezeichnet hat. Man kann niemandem irgendwas sagen, was der nicht hören will. Jeder muss diese Dinge für sich selbst herausfinden. So ist die Welt nun mal. So sind die Menschen nun mal.«

»Wow«, meinte Norma.

»Was?«

»Du klingst wie ich.«

Neal lächelte schief und wieder dachte Norma, dass es leicht traurig wirkte.

Sie pusteten beide auf ihren Kaffee und tranken mehrere Minuten lang still. Norma befürchtete, dass ihnen bereits jetzt der Gesprächsstoff ausgegangen war.

Dann brach Neal das Schweigen.

»Es war nicht ganz richtig, was ich vorhin über Rick gesagt habe. Ich hab gesagt, er habe es nicht geschafft. Er hätte es schaffen können und hat es nicht getan. Wir haben darüber geredet, doch er ist noch nicht so weit.«

»Das ist okay«, antwortete Norma.

»Ist es das?«

»Ja. Ich meine … Es ist fünfzig Prozent mehr okay als vorher, bevor du hier aufgetaucht bist.«

»Er kommt auch noch dahin. Das glaube ich wirklich. Ich kenne ihn und er wird es schaffen. Es ist nur … Er macht das so, wie er alles macht. Du weißt schon. In seinem eigenen Tempo. Er braucht einfach mehr Zeit.«

»Süßer«, sagte Norma. »Wenn ich eins im Überfluss habe, dann Zeit.«

* * *

Am nächsten Morgen klopfte Betty gegen sieben an ihre Tür. Norma öffnete, noch in Morgenrock und Hausschuhen.

»Oh, hallo«, sagte sie, erstaunlich froh darüber, dass Betty da war. Was für sie eine völlig neue Erfahrung bei unangekündigten Besuchern war.

»Ist er schon wieder gefahren?«

»Wer? Neal? Nein, er schläft in meinem Bett.«

»War es richtig, dass ich ihn habe übernachten lassen und ihm verraten hab, wann du heimkommst? Du wolltest ihn sehen, oder?«

»Natürlich wollte ich ihn sehen. Er ist mein Sohn. Lass uns draußen weiterreden, damit wir ihn nicht aufwecken. Ich muss ohnehin das Pferd mit Heu versorgen.«

Sie gingen zu St. Freds Koppel. Norma holte zwei Ballen Heu aus der Futterkammer und kippte sie über den Zaun in die Futterraufe. Und dieses wunderbar liebe Pferd kam zu ihr und blies ihr seinen warmen Atem ins Gesicht, statt sich gleich über das Heu herzumachen. Er nahm sich sogar die Zeit, Betty zu begrüßen.

»Und, ist es gut gelaufen?«, erkundigte sich Betty, als das Pferd sich seinem Morgenfutter zugewandt hatte.

»Bislang schon«, antwortete Norma.

»Was ist mit deinem jüngeren Sohn?«

»Oh, dann hat er dir davon erzählt?«

»Er hat gesagt, seiner Ansicht nach brauche Rick mehr Zeit. Was denkst du?«

»Das Gleiche. Er war schon immer so, schon als kleiner Junge. Er hat immer länger gebraucht. Aber ich glaube wirklich, dass sich alles einrenken wird, Betty.«

»Ich hoffe, du hast recht. Ich weiß es allerdings nicht. Erwachsene Kinder und ihre Eltern tun sich manchmal schwer.

Doch du musst irgendwas wissen, wenn du so felsenfest davon überzeugt bist.«

»Nicht wirklich«, erwiderte Norma. »Es ist mehr ein Bauchgefühl.«

Sie standen einen Moment in der frischen Morgenluft und verfolgten, wie das Pferd sein Frühstück verzehrte. Ab und zu schaute St. Fred zu ihnen herüber und seufzte zufrieden.

Da klingelte plötzlich Normas Handy in ihrer Morgenrocktasche.

Sie holte es heraus und blickte aufs Display. Da wurde Ricks Name angezeigt.

Sie hielt Betty das Handy hin, sodass sie lesen konnte, wer anrief. Außerdem musste sie kurz durchatmen, bevor sie sich meldete.

»Siehst du?«, meinte Betty. »Ich hab dir ja gesagt, dass es sich einrenken wird.«

Norma öffnete den Mund, um ihr zu widersprechen, aber dann bemerkte sie Bettys schiefes Lächeln. Das setzte sie immer auf, wenn sie etwas von sich gegeben hatte, das sie für lustig hielt, unabhängig davon, ob jemand anders diese Ansicht teilte.

»Ach, hast du, ja?«

»Nun, das werde ich zumindest von jetzt an behaupten.«

Und dann ging Norma ran.

Folge der Autorin auf Amazon

Wenn dir dieses Buch gefallen hat, folge Catherine Ryan Hyde auf Amazon. Dann erhältst du eine Benachrichtigung, wenn die Autorin ihr nächstes Buch veröffentlicht. Um der Autorin zu folgen, gehe bitte folgendermaßen vor:

Desktop:

1) Suche auf Amazon.de oder in der Amazon App nach dem Namen der Autorin.
2) Klicke auf den Namen der Autorin, um auf die Autorenseite zu gelangen.
3) Klicke auf den »Folgen«-Button.

Smartphone und Tablet:

1) Suche auf Amazon.de oder in der Amazon App nach dem Namen der Autorin.
2) Klicke auf einen Titel der Autorin.
3) Klicke auf den Namen der Autorin, um auf die Autorenseite zu gelangen.
4) Klicke auf den »Folgen«-Button.

Kindle eReader und Kindle App:

Wenn du dieses Buch auf einem Kindle eReader oder in der Kindle App liest, wird dir automatisch angeboten, der Autorin zu folgen, nachdem du die letzte Seite des Buches gelesen hast.

Printed in Poland
by Amazon Fulfillment
Poland Sp. z o.o., Wrocław

37643497R00197